经济数学(第 3 版)
(微课版)

郭欣红　周　丹　编著

清华大学出版社

北　京

内 容 简 介

　　本书是高等院校公共基础课数学教材，作者是在教学第一线、从事数学教学多年、有丰富教学经验的教师．在教材的编写过程中，作者充分调研了当前高等院校的教育现状，通过走访经济管理类专业教师，在吸取全国院校数学教材的经验和成果的基础上编写了本书．

　　本书内容包括函数及常用经济函数模型、极限与连续、导数与微分、导数的应用、积分及其应用、行列式与矩阵、概率统计初步等内容，可作为普通高等院校、高等职业院校、成人高等学校经济管理类相关专业的教材或参考用书．

图书在版编目(CIP)数据

经济数学：微课版/郭欣红，周丹编著．—3 版．—北京：清华大学出版社，2022.1（2025.1重印）
　ISBN 978-7-302-58784-2

　Ⅰ．①经…　　Ⅱ．①郭…　②周…　　Ⅲ．①经济数学—高等学校—教材　　Ⅳ．①F224.0

　中国版本图书馆 CIP 数据核字(2021)第 146411 号

责任编辑：孙晓红
封面设计：刘孝琼
责任校对：周剑云
责任印制：曹婉颖
出版发行：清华大学出版社
　　　　网　　　址：https://www.tup.com.cn, https://www.wqxuetang.com
　　　　地　　　址：北京清华大学学研大厦 A 座　　　　邮　　编：100084
　　　　社　总　机：010-83470000　　　　　　　　　　邮　　购：010-62786544
　　　　投稿与读者服务：010-62776969, c-service@tup.tsinghua.edu.cn
　　　　质量反馈：010-62772015, zhiliang@tup.tsinghua.edu.cn
　　　　课件下载：https://www.tup.com.cn, 010-62791865
印　装　者：涿州汇美亿浓印刷有限公司
经　　　销：全国新华书店
开　　　本：185mm×260mm　　　印　张：14.5　　　字　　数：349 千字
版　　　次：2010 年 6 月第 1 版　2022 年 1 月第 3 版　　　印　次：2025 年 1 月第 5 次印刷
定　　　价：48.00 元

产品编号：092113-01

前　言

本书自 2018 年第 2 版出版发行以来，被许多高等院校作为教材选用. 为了适应高等教育发展和人才培养工作改革的需要，强调全程育人、全方位育人，发挥高等数学的课程思政和育人作用，本教材在第 2 版的基础上，对部分内容进行了修改和完善，突出表现在以下几个方面.

(1) 本教材的编写以"问题导向、案例化教学"为指导思想，贯彻"以能力为主线，遵循必需、够用"的原则，力求体现数学在经济类、管理类、理工类各专业中的应用，紧密结合经济类、管理类、理工类专业对数学知识的需要而编写.

(2) 力求在结构上优化，简化烦琐的理论推导过程，每章的内容力求简洁、明快，突出重点、难点. 每章的例题和课后习题的选择力求经典，体现专业特点和高职特色，使学生能够感受到学习数学的重要性和必要性.

(3) 突出素质目标和思政目标相结合的教育理念. 教材布局清晰明快，每章开篇都有知识目标和能力目标，以实际课堂教学的自然节分开，内容的选取、习题的设计等方面均符合教改目标和教学大纲的要求. 淡化理论方面的定理论证，强化图形与实例说明，例题和课后习题紧贴经济活动的实际，每章都配有与本章内容相关的阅读材料和数学史知识，突出课程思政的育人作用，有助于学生对概念的理解，使学生树立正确的世界观、人生观和价值观，增强教学的趣味性，方便教师教学，也方便学生自学.

(4) 二维码体现现代教育教学理念. 随着信息技术的发展，传统教育模式逐渐向信息化教学方式转变. 本教材为了方便学生学习和教师使用，对每章中的拓展阅读做了二维码视频处理，学生可以随时随地查阅和学习. 丰富了教学配套资源，在原有教材习题答案、课件的基础上增加了全部教材的微课，极大地方便了教学使用的需要.

第 3 版除了对第 2 版内容做了修改外，还突出了课程思政，坚持显性教育和隐性教育相统一，将价值塑造、知识传授和能力培养三者融为一体，从而实现课程思政与思政课程的协同育人目标.

本书由郭欣红、周丹编著，全书的框架结构安排和最终统稿、定稿由郭欣红完成. 尽管我们在寻求教材特色方面做了很多努力和工作，但由于编者水平有限，书中难免有不妥之处，希望专家和读者批评指正，以便进一步修改和完善.

编　者

目　　录

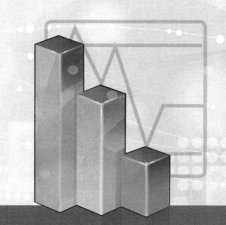

第1章 函数及常用经济函数模型

在中学数学课程中，我们对函数的概念和性质已经有了初步的了解，在微积分中我们将对函数的一些局部的和整体的性态进行进一步的研究．本章从预备知识入手复习一些基本知识，然后介绍函数的概念和几何性质，复习反函数、复合函数、初等函数等概念，掌握常用经济函数模型的建立，为进一步学习微积分知识奠定基础．

案例：银行房贷问题

人们在日常生活中，经常会遇到房贷问题．现在银行推出的个人住房贷款的还款方式有：等额本息还款、等额本金还款、固定利率还款、公积金自由还款．目前比较普遍的还款方式是等额本息还款和等额本金还款．我们关心的是：哪种还款方式对贷款人更合适？若干年后，哪种还款方式交付的利息更多？要回答这些问题，我们需要用到本章的函数知识．

1.1 函　　数

1.1.1 函数的概念

1. 函数的定义

函数的概念

我们在研究某一事物的变化过程中，经常会遇到几个变量，它们之间具有某种相互依赖的关系．

例如，在企业生产过程中，如果在一段时期内价格不变，我们研究销售收入，那么在这个过程中，销售收入 R (元)和销售量 x (件)这两个变量，它们之间有下列函数关系：

$$R(x) = px$$

其中，p 表示价格，$p > 0$ 且为常数．它反映了实际生产中销售量 x 与销售收入 R 之间的函数关系．一般有下列定义：

定义 1.1　设 x、y 是两个变量，D 是一个给定的数集，若 x 在其变化范围内任意取定一个值，y 按照一定的法则都有唯一确定的值与之对应，则称变量 y 是变量 x 的**函数**，记作 $y = f(x)$．

其中，x 称为自变量，y 称为因变量，D 称为这个函数的**定义域**；因变量 y 的取值范围叫作函数的**值域**．与 x 的值相对应的 y 的值叫作**函数值**．

当自变量 x 取某一定值 x_0 时，与 x_0 对应的数值 y_0 称为函数 $f(x)$ 在点 x_0 的函数值，记作

$$f(x_0) \text{ 或 } y|_{x=x_0}$$

2. 函数的两个要素

函数的定义域和对应法则称为函数的两个要素．求函数定义域，一般要考虑以下几个方面．

(1) 若函数的表达式含有分式，则分式的分母不能为零．

(2) 若函数的表达式含有偶次方根，则被开方式必为非负．

(3) 若函数的表达式含有对数，则对数的真数必大于零．

(4) 若函数的表达式含有 $\arcsin \varphi(x)$ 或 $\arccos \varphi(x)$，则必有 $|\varphi(x)| \leqslant 1$．

(5) 若函数的表达式由四则运算形式构成，应是函数定义域的公共部分(或交集)．

(6) 分段函数的定义域是各段函数定义域的并集．

(7) 对于实际问题，还要考虑使实际问题有意义的自变量 x 的取值范围．

例 1　求下列函数的定义域．

(1) $f(x) = \dfrac{\ln(3-x)}{2-x}$；　　　　(2) $f(x) = \sqrt{x^2 - 4} - \arcsin(5 - 2x)$．

解：(1) 要使函数有意义，应满足不等式组：$\begin{cases} 3 - x > 0 \\ 2 - x \neq 0 \end{cases}$

解得 $x < 3$ 且 $x \neq 2$，则函数的定义域为 $(-\infty, 2) \cup (2, 3)$．

(2) 函数的定义域应满足 $\begin{cases} x^2 - 4 \geq 0 \\ -1 \leq 5 - 2x \leq 1 \end{cases}$，解得 $2 \leq x \leq 3$，所以函数的定义域为 $[2,3]$．

例 2 已知 $f(x+1) = x^2 - x$，求 $f(x)$．

解：令 $x + 1 = t$，则 $x = t - 1$．

于是 $f(t) = (t-1)^2 - (t-1) = t^2 - 3t + 2$．

所以 $f(x) = x^2 - 3x + 2$．

两个函数相同的充分必要条件是它们的定义域和对应法则完全相同．

例 3 说明函数 $f(x) = \lg x^2$ 与 $g(x) = 2\lg x$ 是否为相同函数？

解：因为 $f(x) = \lg x^2$ 的定义域为 $(-\infty, 0) \bigcup (0, +\infty)$，而 $g(x) = 2\lg x$ 的定义域为 $(0, +\infty)$，因此，$f(x) = \lg x^2$ 与 $g(x) = 2\lg x$ 不是相同函数．

3. 函数的表示法

函数的表示法主要有三种，即解析法(公式法)、列表法和图像法．

解析法(公式法) 用数学表达式表示两个变量之间的函数关系，这种表示方法叫作解析法，这个数学表达式叫作函数的解析式．其特点是简明全面地概括了变量间的关系，例如 $y = \sin x + x^3 + 1$．

列表法 列一个两行多列的表格，第一行是自变量的取值，第二行是对应的函数值，这种用表格来表示两个变量之间的函数关系的方法叫作列表法．其特点是便于求出函数值，例如，数学用表中的平方表、平方根表、三角函数表，以及银行里常用的"利息表"等都是用列表法来表示函数关系的．

图像法 用直角坐标系中的几何图形来表示两个变量之间的函数关系，叫作图像法．其特点是直观形象地表示出函数的变化情况．

1.1.2 函数的性质

1. 有界性

设函数 $f(x)$ 的定义域为 D，如果存在正数 M，使得对任意的 $x \in D$，总有 $|f(x) \leq M|$ 成立，那么，我们称函数 $f(x)$ 为**有界函数**；否则，称函数 $f(x)$ 为**无界函数**．

有界函数的图像介于直线 $y = -M$ 与 $y = M$ 之间．

例如，函数 $y = \sin x$ 是有界函数，因为在它的定义域 $(-\infty, +\infty)$ 内，总有 $|\sin x| \leq 1$．

无界函数可能有上界而无下界(见图 1-1)，也可能有下界而无上界，或既无上界又无下界，函数的有界性与讨论的区间有关．

2. 单调性

设函数 $f(x)$ 在区间 I 上有定义，如果对任意的 $x_1, x_2 \in I$，当 $x_1 < x_2$ 时，有 $f(x_1) < f(x_2)$

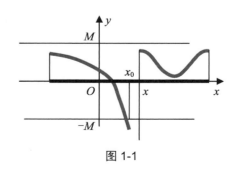

图 1-1

成立，则称函数 $y = f(x)$ 在 I 上是**单调增加的**(见图 1-2)；当 $x_1 < x_2$ 时，有 $f(x_1) > f(x_2)$ 成立，则称函数 $y = f(x)$ 在 I 上是**单调减少的**(见图 1-3)．

单调递增函数与单调递减函数统称为单调函数．

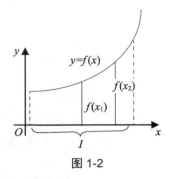

图 1-2

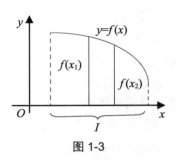

图 1-3

例如，函数 $y = x^2$ 在区间 $[0, +\infty)$ 上是单调增函数；在区间 $(-\infty, 0]$ 上是单调减函数．
又如，函数 $y = x^3$ 在区间 $(-\infty, +\infty)$ 内是单调递减的．

3. 奇偶性

设函数 $y = f(x)$ 的定义域 D 关于原点对称，若对于任意 $x \in D$，有 $f(-x) = -f(x)$，则称函数 $f(x)$ 为**奇函数**；如果对于任意 $x \in D$，有 $f(-x) = f(x)$，则称函数 $f(x)$ 为**偶函数**．既不是奇函数也不是偶函数的函数，称为非奇非偶函数．

奇函数图像关于原点对称(见图 1-4)，偶函数图像关于 y 轴对称(见图 1-5)．

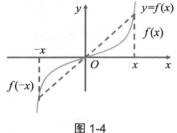

图 1-4

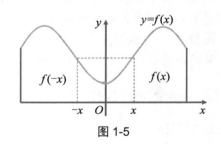

图 1-5

例 4 判断下列函数的奇偶性．

(1) $f(x) = \ln(\sqrt{x^2+1} - x)$；

(2) $f(x) = \dfrac{a^x + a^{-x}}{a^x - a^{-x}}$．

解：(1) 因为 $f(-x) = \ln(\sqrt{x^2+1} + x) = \ln \dfrac{(\sqrt{x^2+1} + x)(\sqrt{x^2+1} - x)}{\sqrt{x^2+1} - x}$

$$= \ln \frac{1}{\sqrt{x^2+1} - x} = -\ln(\sqrt{x^2+1} - x) = -f(x),$$

所以函数 $f(x) = \ln(\sqrt{x^2+1} - x)$ 为奇函数．

(2) 因为 $f(-x) = \dfrac{a^{-x} + a^x}{a^{-x} - a^x} = -\dfrac{a^{-x} + a^x}{a^x - a^{-x}} = -f(x)$，

所以函数 $f(x) = \dfrac{a^x + a^{-x}}{a^x - a^{-x}}$ 为奇函数．

4. 周期性

设函数 $y = f(x)$ 的定义域为 D，如果存在非零常数 T，对任意的 $x \in D$，有 $x + T \in D$，且有 $f(x+T) = f(x)$ 恒成立，称函数 $f(x)$ 为**周期函数**，常数 T 为函数 $y = f(x)$ 的周期．满足上式的最小正数 T 称为函数 $f(x)$ 的**最小正周期**，简称**周期**．周期函数的图像每隔一个周期重复出现．

例如，函数 $y = \sin x, y = \cos x$ 是以 2π 为周期的周期函数；函数 $y = \tan x, y = \cot x$，$y = |\sin x|$ 是以 π 为周期的周期函数．

1.1.3　反函数

定义 1.2 设函数 $y = f(x)$ 是定义在非空数集 D 上的函数，其值域为 M．如果对于数集 M 中的任意实数 y，在数集 D 中都有唯一确定的数 x，使得 $y = f(x)$ 成立，则得到一个定义在数集 M 上的以 y 为自变量，x 为因变量的函数，记作 $x = f^{-1}(y)$，并称其为 $y = f(x)$ 的反函数．

习惯上用 x 表示自变量，因此函数 $y = f(x)$ 的反函数可表示为 $y = f^{-1}(x)$，它的图像与 $y = f(x)$ 的图像关于直线 $y = x$ 对称(见图 1-6)．

反函数概念的几点说明如下．

① 只有一一对应的函数才有反函数．多值函数的反函数可以根据自变量的取值范围分成几个．

例如，函数 $y = x^2$ 在 $x \in (0, +\infty)$ 内的反函数是 $y = \sqrt{x}$；在 $x \in (-\infty, 0)$ 内的反函数是 $y = -\sqrt{x}$．

② 原函数与反函数的定义域和值域互换．

求反函数的步骤是把 x 作为未知量，从方程 $y = f(x)$ 中解出，得到 $x = f^{-1}(y)$，$y \in R_f$，再将 x 和 y 互换，即得 $y = f^{-1}(x)$．

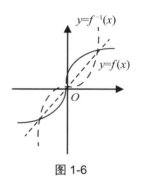

图 1-6

例 5 求 $y = 1 + \lg(x+2)$ 的反函数．

解： 由 $y = 1 + \lg(x+2)$，解得 $x + 2 = 10^{y-1}$．

所以 $x = 10^{y-1} - 2$，交换 x, y，解得所求反函数为 $y = 10^{x-1} - 2$．

习题 1.1

1. 求下列函数的定义域．

(1) $y = \dfrac{\ln(1-x)}{\sqrt{x+3}}$；　　　　(2) $y = \arcsin\dfrac{x-1}{2}$．

2. 下列函数是否表示同一函数？为什么？

(1) $f(x) = \ln x^3, g(x) = 3\ln x$；

(2) $f(x) = x\sqrt{x-1}, g(x) = \sqrt{x^3 - x^2}$；

(3) $f(x) = \arcsin(\sin x), g(x) = x$；

(4) $f(x)=\dfrac{1}{1-x}$，$g(x)=\dfrac{1}{1-x^2}$．

3. 设函数 $f(x)=\dfrac{1}{1-x^2}$，求 $f(-x),f[f(x)]$．

4. 设 $f(x)$ 的定义域为 $(0,1)$，求 $f(2x+1)$ 的定义域．

5. 求函数 $y=2+\ln(x+2)^3$ 的反函数．

6. 若 $f(x^2+1)=x^4+3x^2+2$，求 $f(x)$．

7. 判断下列函数的奇偶性．

(1) $f(x)=xe^{-x^2}$；　　　　(2) $f(x)=\begin{cases}1-x & x\leqslant 0 \\ 1+x & x>0\end{cases}$；　　　　(3) $f(x)=\dfrac{2^x-1}{2^x+1}$．

1.2 初 等 函 数

1.2.1 基本初等函数

我们把下列六类函数称为基本初等函数．

(1) 常数函数：$y=C$（C 为常数）．

(2) 幂函数：$y=x^{\mu}$（μ 为常数）．

(3) 指数函数：$y=a^x$（$a>0,a\neq 1$）．

(4) 对数函数：$y=\log_a x$（$a>0,a\neq 1$）．

(5) 三角函数：$y=\sin x$，$y=\cos x$，$y=\tan x$，$y=\cot x$，$y=\sec x$，$y=\csc x$．

(6) 反三角函数：$y=\arcsin x$，$y=\arccos x$，$y=\arctan x$，$y=\text{arccot}\,x$．

为了便于读者学习，现将六类函数的表达式、定义域、图像和简单特性列表(见表 1-1).

表 1-1

名　称	表达式	定义域	图　像	简单特性
常数函数	$y=C$	$(-\infty,+\infty)$		图像为平行于 x 轴的一条直线
幂函数	$y=x^{\mu}$	随 μ 的变化而有所不同，但在 $(0,+\infty)$ 内都有定义		经过点 $(1,1)$，在第一象限内，当 $\mu>0$ 时，为增函数；当 $\mu<0$ 时，为减函数

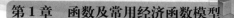

名　称	表达式	定义域	图　像	简单特性
指数函数	$y = a^x$	$(-\infty, +\infty)$		图像在 x 轴上方，且都经过点 $(0,1)$，当 $0 < a < 1$ 时，为减函数；当 $a > 1$ 时，为增函数
对数函数	$y = \log_a x$	$(0, +\infty)$		图像在 y 轴右侧，且都经过点 $(1,0)$，当 $0 < a < 1$ 时，为减函数；当 $a > 1$ 时，为增函数
正弦函数	$y = \sin x$	$(-\infty, +\infty)$		以 2π 为周期的有界的奇函数，值域为 $[-1,1]$
余弦函数	$y = \cos x$	$(-\infty, +\infty)$		以 2π 为周期的有界的偶函数，值域为 $[-1,1]$
正切函数	$y = \tan x$	$x \neq k\pi + \dfrac{\pi}{2}$ $k \in Z$		以 π 为周期的奇函数，在 $\left(-\dfrac{\pi}{2}, \dfrac{\pi}{2}\right)$ 内是增函数
余切函数	$y = \cot x$	$x \neq k\pi$ $k \in Z$		以 π 为周期的奇函数，在 $(0, \pi)$ 内是减函数

名　称	表达式	定义域	图　像	简单特性
反正弦函数	$y=\arcsin x$	$[-1,1]$		$y=\sin x$ 在 $\left[-\dfrac{\pi}{2},\dfrac{\pi}{2}\right]$ 上的反函数为 $y=\arcsin x$，是单调递增函数，值域为 $\left[-\dfrac{\pi}{2},\dfrac{\pi}{2}\right]$
反余弦函数	$y=\arccos x$	$[-1,1]$		$y=\cos x$ 在 $[0,\pi]$ 上的反函数为 $y=\arccos x$，是单调递减函数，值域为 $[0,\pi]$
反正切函数	$y=\arctan x$	$(-\infty,+\infty)$		是单调递增函数，值域为 $\left(-\dfrac{\pi}{2},\dfrac{\pi}{2}\right)$
反余切函数	$y=\operatorname{arccot} x$	$(-\infty,+\infty)$		是单调递减函数，值域为 $(0,\pi)$

1.2.2　复合函数

定义 1.3　若 y 是 u 的函数 $y=f(u)$，同时 u 是 x 的函数 $u=\varphi(x)$，如果 $u=\varphi(x)$ 的值域全部或部分包含在 $y=f(u)$ 的定义域中，则 y 通过中间变量 u 的联系成为 x 的函数，称为 x 的**复合函数**. 记作 $y=f[\varphi(x)]$，其中 x 是自变量，u 为中间变量.

例如 $y=\arcsin x^2$，可看作 $y=\arcsin u$ 和 $u=x^2$ 复合而成. $y=\sqrt{\cos\dfrac{x}{3}}$ 是由 $y=\sqrt{u}$，$u=\cos v,v=\dfrac{x}{3}$ 复合而成，其中 u,v 都是中间变量.

注　并非任意两个函数都可以复合成一个复合函数. 例如，$y=\arcsin u$，$u=x^2+2$ 就不能复合，因为函数 $u = x^2 + 2$ 的值域为 $u \geqslant 2$，函数 $y = \arcsin u$ 的定义域为 $[-1,1]$.

例　指出下列函数由哪些简单函数复合而成.

(1) $y = e^{\arctan x^2}$;　　　　(2) $y = \sin^3 \dfrac{1}{x}$;　　　　(3) $y = \ln[\arctan \sqrt{(1 + x^2)}\,]$.

解：(1) $y = e^{\arctan x^2}$ 是由 $y = e^u$，$u = \arctan v$，$v = x^2$ 复合而成的.

(2) $y = \sin^3 \dfrac{1}{x}$ 是由 $y = u^3$，$u = \sin v$，$v = \dfrac{1}{x}$ 复合而成的.

(3) $y = \ln[\arctan \sqrt{(1 + x^2)}\,]$ 是由 $y = \ln u$，$u = \arctan v$，$v = \sqrt{w}$，$w = 1 + x^2$ 复合而成的，其中 $1 + x^2$ 是简单函数.

由基本初等函数经过有限次的四则运算所得到的函数称为简单函数. 分析复合函数的复合结构就是最终将它拆分成基本初等函数和简单函数的形式.

1.2.3　初等函数

由基本初等函数经过有限次的四则运算及有限次的复合，并能用一个式子表示的函数称为**初等函数**.

例如，$y = \sqrt{1 + x^2}$，$y = 3\sin\left(2x + \dfrac{2}{3}\pi\right)$，$y = \cos 2x$ 都是初等函

初等函数

数. 而 $y = 1 + x + x^2 + \cdots$ 不是初等函数，因其由无限个基本初等函数之和构成. 分段函数也不是初等函数，因其不能由一个式子表达.

习题 1.2

1. 分析下列函数的复合结构.

(1) $y = e^{\sqrt{\ln \cos 2x}}$;　　　　(2) $y = \sqrt{\ln \tan x^2}$;　　　　(3) $y = \sin \sqrt{1 + 2x}$;

(4) $y = [\arcsin(1 + 2x)]^2$;　　　(5) $y = \tan e^{3x}$;　　　　(6) $y = \dfrac{\ln \tan 2x}{e^x}$.

2. 下列表达式中，哪一个不是初等函数？

(1) $y = \sqrt{x^2 \sqrt{1 - x}}$;　　　　　　(2) $y = \begin{cases} 3^x, & x \geqslant 0 \\ x^2, & x < 0 \end{cases}$;

(3) $f(x) = \sqrt{x - 1} + \dfrac{1}{\sqrt{1 - x}}$;　　　(4) $f(x) = \sqrt{x^2 + \sin^2 x}$.

3. 将 $y = e^{\sin^2(x^2 + 2x)}$ 分解为一系列简单函数.

1.3　常用经济函数模型

经济活动与数学有着广泛的联系，在经济分析中，常用数学方法建立模型，分析经济变量之间的关系，以及这些经济函数的特性，做出决策. 本节将介绍几个常见的经济函数.

1.3.1　需求与供给函数

1. 需求函数

经济学中的"需求"是指消费者在一定的价格条件下购买某种商品的愿望，一般来说，消费者对某种商品的需求量受到诸多因素的影响，如消费者的收入、商品的价格、政策、文化、流行时尚、传统习惯、季节、个人嗜好等，其中商品的价格是影响需求量的主要因素，假定其他因素暂时保持不变，只考虑价格对需求的关系，我们建立商品需求量 Q 与商品价格 p 之间的函数关系，称为**需求函数**，记作 $Q = Q(p)$．

一般来说，需求量随价格上涨而减少，随价格降低而增加，所以需求函数是单调递减函数(见图 1-7)．

常见的需求函数有以下三种．

(1) 线性需求函数：$Q = a - bp$，其中 $a \geqslant 0, b \geqslant 0$，均为常数．

(2) 二次需求函数：$Q = a - bp - cp^2$ （$a > 0, b \geqslant 0, c > 0$）．

(3) 指数需求函数：$Q = ae^{-bp}$，其中 $a > 0, b > 0$，均为常数．

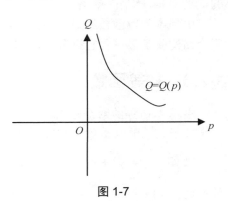

图 1-7

2. 供给函数

"供给"是指在一定的价格条件下，生产者愿意提供和出售的商品量．在市场经济规律下，商品的供给也是由多种因素决定的，这里仅考虑价格，一种商品由于价格不同，生产这种商品的厂商对市场提供的供给量将不同，商品的供给量 S 也是价格 p 的函数，称为**供给函数**，记作 $S = S(p)$．一般情况下，供给函数是价格的递增函数．这是由于价格上涨时，供应商为了追求利润往往愿意对该商品追加人力、物力，同时，其他供应商也会转向生产或经营该商品，从而使供给量增加．

常见的供给函数有以下三种．

(1) 线性供给函数：$S = -a + bp$ （$a > 0, b > 0$）．

(2) 二次供给函数：$S = ap^2 + bp - c$ （$a > 0, b \geqslant 0, c > 0$）．

(3) 指数供给函数：$S = Ae^{kp} - B$ （$B > A > 0, k > 0$）．

例 1　某商场销售某品牌电视机，当单价为 6000 元/台时，每月能销售 100 台；为了进一步吸引消费者，增加销售量，商场把该品牌电视机的价格调为 5500 元/台，这样每月可以多销售 20 台，假设需求函数是线性的，求这种电视机的需求函数．

解：设需求函数为　　$Q = a - bp$

将已知条件代入方程组，得

$$\begin{cases} a - 6000b = 100 \\ a - 5500b = 120 \end{cases}$$

解得　$a = 340, b = 0.04$，所求的需求函数为 $Q = 340 - 0.04p$．

3．均衡价格

对一种商品而言，需求量与供给量相等时的价格，称为**均衡价格**．在同一个坐标系中做出需求曲线 $Q = Q(p)$ 和供给曲线 $S = S(p)$，它们的交点 (p_0, q_0) 就是供需平衡点，p_0 称为均衡价格，q_0 称为均衡商品量(见图1-8)．

当市场价格 $p > p_0$ 时，供应量大于需求量，即商品"供过于求"，会导致商品价格下降；当市场价格 $p < p_0$ 时，供应量小于需求量，即商品"供不应求"，会导致商品价格上升．

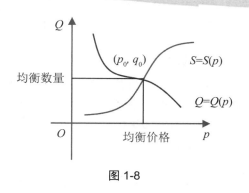

图1-8

例2 某种商品的供给函数和需求函数分别为 $S = 25p - 10$，$Q = 200 - 5p$，求该商品的市场均衡价格和均衡数量．

解：由供需均衡的条件 $S = Q$，可得市场均衡价格

$$25p - 10 = 200 - 5p$$

解得 $p = 7$，$Q = 165$．

1.3.2 成本函数、收入函数与利润函数

1．成本函数

成本是指在一定时期内，生产者用于生产产品所需的全部费用，它由固定成本和可变成本组成．固定成本是指在一定时间内一般不随产品数量变化而明显变化的成本，如厂房、设备、管理者的固定工资等，常用 C_0 表示；可变成本是指随产品数量变化而变化的成本，如原材料、税收、能源、工人工资等，常用 C_1 表示．

这两类成本的总和就是生产者投入的总成本，记作 C，即 $C = C_0 + C_1$．

总成本无法看出生产者生产水平的高低，因此还要考察单位产品的成本，即平均成本，记作 $\overline{C}$，即 $\overline{C} = \dfrac{C(q)}{q}$，其中 $C(q)$ 为总成本．

例3 某工厂生产某种产品的固定成本为30000元，每生产一个单位产品总成本增加100元，求：

(1) 总成本函数；

(2) 平均成本函数；

(3) 生产100个单位产品时的总成本和平均成本．

解：(1) 总成本函数

$$C(q) = 30000 + 100q$$

(2) 平均成本函数

$$\overline{C} = \frac{30000 + 100q}{q} = \frac{30000}{q} + 100$$

(3) $C(100) = 30000 + 100 \times 100 = 40000(元)$

$$\overline{C}(100) = \frac{30000}{100} + 100 = 400(元)$$

2. 收入函数

收入是指销售某种商品所获得的收入，可分为总收入和平均收入。总收入是指销售某种商品所获得的全部收入，用 R 表示。平均收入是指销售单位商品的收入，用 $\overline{R}$ 表示。

如果商品的单位售价为 p，销售量为 q，则收入函数为 $R = p \cdot q$。

平均收入函数为 $\overline{R} = \overline{R}(q) = \dfrac{p \cdot q}{q} = p$。

例 4 已知某商品的需求函数为 $q = 200 - 4p$，求该商品的收入函数，并求出销售 40 件时的总收入和平均收入。

解： 由需求函数 $q = 200 - 4p$，可得 $p = 50 - \dfrac{1}{4}q$。

商品的收入函数 $R = pq = \left(50 - \dfrac{1}{4}q\right)q = 50q - \dfrac{1}{4}q^2$。

销售 40 件时的总收入和平均收入：

$$R = 50 \times 40 - \frac{1}{4} \times 40^2 = 1600$$

$$\overline{R} = 50 - \frac{1}{4} \times 40 = 40$$

3. 利润函数和会计利润函数

生产一定数量产品的总收入与总成本之差称为总利润，记作 L，即
$$L(q) = R(q) - C(q)$$

例 5 已知某企业生产某商品的总成本函数(单位：万元)为 $C = 10 + q + 0.2q^2$，该商品每件售价是 8 万元，该企业按照销售收入的 4% 缴纳企业所得税，求：

(1) 该商品的总利润函数；

(2) 生产 10 件该商品时的总利润和会计利润；

(3) 生产 40 件该商品时的总利润。

解： (1) 按题意，收入函数 $R = 8q$，总利润函数

$$L(q) = R(q) - C(q) = 8q - (10 + q + 0.2q^2)$$
$$= 7q - 10 - 0.2q^2$$

(2) 生产 10 件该商品时的总利润为 $L(10) = 40$ (万元)。

会计利润为 $40 - 40 \times 4\% = 38.4$ (万元)。

(3) 生产 40 件该商品时的总利润为 $L(40) = -50$ (万元)。

由例 5 我们看到，总利润并不总是随着产量的增加而增加，有时产量增加反而亏损，我们把使 $L(q) = 0$ 的产量记为 q_0，称为无盈亏点。盈亏分析常用于企业生产经营的决策分析和定价中。

例 6 某商品的成本函数为 $C = 12 + 3q + q^2$，若销售单价定为 11 元/件，求：

(1) 该商品的利润函数；

(2) 该商品经营活动的无盈亏点；

(3) 生产 5 件该商品的总利润和平均利润；

(4) 若每天销售 10 件该商品，为了不亏本，销售单价应定为多少才合适？

解： (1) 利润函数 $\quad L(q) = R(q) - C(q)$

$$= 11q - (12 + 3q + q^2) = 8q - 12 - q^2$$

(2) 令 $L(q) = 0$，得出两个无盈亏点 $q_1 = 2, q_2 = 6$．

由 $L(q) = (q-2)(6-q)$ 可以看出，

当 $q < 2$ 或 $q > 6$ 时，都有 $L(q) < 0$，这时生产经营是亏损的．

当 $2 < q < 6$ 时，都有 $L(q) > 0$，生产经营是盈利的；因此，$q_1 = 2$，$q_2 = 6$ 分别是盈利的最低产量和最高产量．

(3) 生产 5 件该商品的总利润为 $L(5) = 8 \times 5 - 12 - 5^2 = 3(\text{元})$；

$$\text{平均利润为} \ \overline{L}(5) = \frac{L(5)}{5} = \frac{3}{5} = 0.6(\text{元})．$$

(4) 设定价为 p 元/件，则利润函数 $L(q) = pq - (12 + 3q + q^2)$．

为了不亏本，需要 $L(10) \geqslant 0$，即 $10p - 142 \geqslant 0$，也就是 $p \geqslant 14.2$．

因此，为了不亏本，销售单价应不低于 14.2 元/件．

1.3.3 单利、复利计算

利息是指借款者向贷款者支付的报酬，利息又分为存款利息、贷款利息、债券利息和贴现利息等几种主要形式．下面介绍单利和复利的计算公式．

1. 单利计算公式

设初始本金为 p 元，银行年利率为 r，S_n 表示第 n 年后的本利和．

单利计算公式(每期利息不计入下期本金)如下：

第一年末本利和 $\qquad S_1 = p + pr = p(1+r)$；

第二年末本利和 $\qquad S_2 = p(1+r) + rp = p(1+2r)$；

……

第 n 年末本利和 $\qquad S_n = p(1+nr)$．

2. 复利计算公式

设初始本金为 p 元，银行年利率为 r，S_n 表示第 n 年后的本利和．

复利计算公式(每期利息计入下期本金)如下：

第一年末本利和 $\qquad S_1 = p + pr = p(1+r)$

第二年末本利和 $\qquad S_2 = p(1+r) + rp(1+r) = p(1+r)^2$

……

第 n 年末本利和 $\qquad S_n = p(1+r)^n$．

若每期结算 m 次，则每期的利率可认为是 $\dfrac{r}{m}$，那么 n 年后的本利和为

$$S_n = \lim_{m \to \infty} p\left(1 + \frac{r}{m}\right)^{mn} = p \lim_{m \to \infty}\left[\left(1 + \frac{r}{m}\right)^{mn}\right] = p\mathrm{e}^{rn}$$

该公式称为**连续复利公式**.(公式证明见第 2 章第 3 节重要极限公式 II)

例 7 国家向某企业投资 1000 万元,年利率为 6%,按连续复利公式计算,20 年后企业应向国家缴回投资基金是多少?

解: 由题意可知,$p = 1000$,$r = 0.06$,$n = 20$.

所以 20 年后企业应向国家缴回投资基金

$$S = 1000 \times \mathrm{e}^{20 \times 0.06} \approx 3320.12 \,(万元)$$

例 8 某人希望 10 年后有 100 万元,如果投资一个年收益为 6% 的基金,那么他现在应该投资多少元钱?

解: 这属于复利现值问题,用复利公式作反向计算.

$k = 10$,终值 $S_{10} = 100$ 万元,$r = 6\%$,他需要投资的资金是现值

$$P = \frac{100}{(1 + 6\%)^{10}} \approx 55.87 \,(万元)$$

习题 1.3

1. 已知某商品的需求函数和供给函数分别为 $Q = 300 - 2p$,$S = -30 + 0.5p$,求该商品的均衡价格和均衡数量.

2. 当市场上鸡蛋的收购价格为每千克 2.5 元时,收购站每月能收购 5000 千克,若收购价每千克提高 0.1 元时,则每月能多收购 400 千克,求鸡蛋的线性供给函数.

3. 某人现在将 1000 元钱存入银行,银行年利率为 2.15%,按单利计算,5 年后的本利和是多少?

4. 某人若想 5 年后在银行提取 10 万元,银行年利率为 5%,按照复利计算,现在应该存入银行多少元钱?

5. 某商品的需求函数为 $Q = 10 - \dfrac{p}{4}$,总成本函数为 $C = 7 + 2q + q^2$,求:①商品的利润函数?②销售 10 件该商品时的利润?

6. 经营牛仔裤的某个体户的成本函数为 $C = 96 + 30q + q^2$,若销售单价定为 50 元/件,求:①该商品经营的保本点?②每天销售 20 件该商品,缴纳企业所得税 100 元,为了不亏本,销售单价定为多少元合适?

7. 某企业需要资金 100 万元,可向三家银行贷款,三家银行均要求 10 年后一次性还清本息,但计息方式分别为:①甲银行按单利计息,年利率为 15%;②乙银行按复利计息,年利率为 10%;③丙银行按连续复利计息,年利率为 10%. 问:企业向哪家银行贷款最有利?

本 章 小 结

一、本章主要内容及学习要点

1. 函数的概念

当变量 x 在非空数集 D 内任取某一个数值时，变量 y 按照一定的法则都有唯一确定的值与之对应，则称变量 y 是变量 x 的**函数**，记作 $y = f(x)$.

2. 函数的定义域

函数的定义域是使函数 $y = f(x)$ 解析式有意义的自变量的取值范围.

3. 函数的性质

(1) 奇偶性.

判断函数的奇偶性，除了定义法，还可以利用运算方法.

① 对于奇函数有 $f(x) + f(-x) = 0$.

② 对于偶函数有 $f(x) - f(-x) = 0$.

③ 奇+奇=奇；偶+偶=偶；奇×奇=偶；偶×偶=偶；奇×偶=奇.

(2) 单调性.

判断函数的单调性，常用差比法、分析法、反证法，对于比较复杂的函数，要利用导数判别法.

(3) 周期性.

判断函数的周期性，主要根据定义.

(4) 有界性.

判断函数的有界性，可以利用求值域的方法，也可以利用不等式的性质.

4. 反函数

严格单调函数必有反函数，在同一直角坐标系下，原函数 $y = f(x)$ 与反函数 $x = f^{-1}(y)$ 关于直线 $y = x$ 对称.

反函数的求法是从 $y = f(x)$ 解出 x，将 x 用含有 y 的解析式表示，然后互换 x, y 的位置，最后将对应的定义域与值域互换.

5. 复合函数

由两个或两个以上的函数通过中间变量复合而成的函数，称作复合函数.

注意：并非任意两个函数都可以复合；对于复合函数，关键是能分解其复合过程，一般分解到不能再分解的简单函数为止.

6. 基本初等函数和初等函数

熟记基本初等函数的定义、定义域、图像及性质.

由基本初等函数经过有限次四则运算及有限次复合而成，可用一个解析式表示的函数，叫作初等函数，在后续的学习过程中，用到的多数是初等函数.

7. 常用的经济函数

常用的经济函数有需求函数、供给函数、成本函数、收入函数和利润函数.

二、重点和难点

重点：函数的概念、定义域的求法、函数的性质、基本初等函数的图像性质、复合函数的结构拆分、常见的经济函数的关系式建立.

难点：分段函数、复合函数的结构拆分、经济函数模型的建立.

自 测 题

一、填空题

1. 函数 $y = \dfrac{\ln(x+2)}{\sqrt{3-x}}$ 的定义域为_____.

2. 设函数 $f(x) = \begin{cases} x + \sin x, & x > 0 \\ 1 - x^2, & x \leqslant 0 \end{cases}$，则 $f(-1) =$ _____.

3. 设函数 $f(x)$ 的定义域为 $[0,1)$，则函数 $f(x+1)$ 的定义域为_____.

4. 设 $f(x-1) = x^2 + x$，则 $f(x) =$ _____.

5. 函数 $y = 1 + \ln x$ 的反函数为_____.

6. 函数 $f(x) = 3\cos x - 1$ 的值域为_____.

7. 函数 $y = e^{\arctan\sqrt{x^2+1}}$ 是由_____复合而成的.

8. 函数 $f(x) = \ln(\sqrt{x^2+1} + x)$ 是_____. (填奇偶性)

9. 已知某产品的总成本函数为 $C(q) = q^2 + 3q + 50$ (元)，则产量为 10 件时的平均成本 $\overline{C}(10) =$ _____.

10. 某商品的需求函数是 $Q = 25 - 2p$，供给函数是 $S = 3p - 12$，则该商品的市场均衡价格是_____. 均衡数量是_____.

二、选择题

1. 下列函数为奇函数的是( ).

    A. $f(x) = x\sin x$ B. $f(x) = xe^x$

    C. $f(x) = 1 + \cos x$ D. $f(x) = x^3 - \sin x$

2. 函数 $y = \dfrac{\sqrt{x-2}}{(x-1)(x-4)}$ 的定义域为( ).

    A. $[2, +\infty)$ B. $[2,4) \cup (4, +\infty)$

    C. $(1,2) \cup (2,4)$ D. $(1,4) \cup (4, +\infty)$

3. 下列函数中定义域为 $[-1,1]$ 的是( ).

    A. $f(x) = \ln(1 - x^2)$ B. $f(x) = e^{\sin x}$

    C. $f(x) = \sqrt{2 - x^2} + \arcsin x$ D. $f(x) = (1 - x^2)^{-\frac{1}{2}}$

4. 下列各组中的两个函数表示同一函数的是(　　).

 A. $f(x) = \dfrac{4 - x^2}{x + 2}$，$g(x) = 2 - x$

 B. $f(x) = \ln x^2$，$g(x) = 2 \ln x$

 C. $f(x) = \sqrt{x}\sqrt{x + 1}$，$g(x) = \sqrt{x(x + 1)}$

 D. $f(x) = \mathrm{e}^{-\frac{1}{2}\ln x}$，$g(x) = \dfrac{1}{\sqrt{x}}$

5. 下列函数在区间 $(0, +\infty)$ 上单调增加的是(　　).

 A. $f(x) = x^{-2}$ B. $f(x) = \tan x$

 C. $f(x) = 2^x$ D. $f(x) = \log_{0.5} x$

6. 下列函数有界的是(　　).

 A. $f(x) = x + \sin x$ B. $f(x) = \mathrm{e}^{-x}$

 C. $f(x) = \arctan x - 2$ D. $f(x) = x \cos x$

7. 下列各组函数中不可进行复合运算的是(　　).

 A. $y = \sin u$，$u = \mathrm{e}^{-x}$ B. $y = \sqrt{u}$，$u = \sin x - 2$

 C. $y = \ln u$，$u = x - x^2$ D. $y = \tan u$，$u = \arctan x$

8. 以 π 为最小正周期的函数是(　　).

 A. $f(x) = \pi$ B. $f(x) = \dfrac{\cos x}{2}$

 C. $f(x) = 1 - \cos^2 x$ D. $f(x) = \tan 2x$

9. 设 $f\left(\sin \dfrac{x}{2}\right) = 1 + \cos x$，则 $f(\cos x) = ($　　$)$.

 A. $f(x) = \pi$ B. $f(x) = \dfrac{\cos x}{2}$

 C. $f(x) = 2 - 2\cos^2 x$ D. $f(x) = \tan 2x$

10. 函数 $y = \log_9 \sqrt{x} + \log_9 3$ 的反函数是(　　).

 A. $y = 9^{2x-1}$ B. $y = 9x - 1$ C. $y = 3^{2x-1}$ D. $y = 9^{x-1}$

三、计算题

1. 求下列函数的定义域.

(1) $y = \sqrt{x^2 + x - 12}$；   (2) $y = \dfrac{1}{\ln(2x - 1)}$；

(3) $y = \dfrac{1}{\sqrt{6 - x}} + \arcsin \dfrac{x - 6}{5}$；   (4) $y = \dfrac{\sqrt{2 - x}}{\ln 4x}$.

2. 设函数 $f(x) = \begin{cases} 1, & 0 \leqslant x \leqslant 1 \\ -2, & 1 < x \leqslant 2 \end{cases}$，求函数 $f(x + 3)$ 的定义域.

3. 判断下列函数的奇偶性.

(1) $y = \ln \dfrac{x - 1}{x + 1}$；   (2) $y = x^2(1 - x^2)$；

(3) $f(x) = \dfrac{1}{a^x - 1} + \dfrac{1}{2}$;

(4) $y = \sin x + \cos x - 2$.

4. 指出下列函数的复合过程.

(1) $y = \ln \sin(5x^2 - 3)$;

(2) $y = \sec^2\left(\dfrac{\pi}{3} - 2x\right)$;

(3) $y = (\arcsin\sqrt{\ln x})^2$;

(4) $y = \sin^2(x - 1)$;

(5) $y = 3^{\sin\frac{1}{x}}$;

(6) $y = e^{\sin^2 2x}$.

四、解答题

1. 火车站托运行李的收费标准如下：当行李重量不超过 40kg 时，每千克收费 2.50 元；当行李重量超过 40kg 时，超重部分按每千克 3.50 元收费，试求运费 y(元)与重量 x(kg)之间的函数关系.

2. 如果用 1000 元投资，银行年利率为 10%，分别按照连续复利计息方式计息时，两年后的资金总和是多少？①按年计息；②按季度计息；③按月计息.

 拓展阅读——房贷问题 →

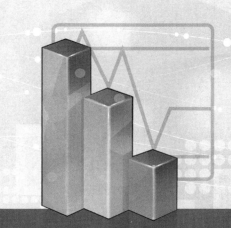

第 2 章　极限与连续

案例：非法传销为何如此吸引人？

近年来，非法传销引起了人们的广泛关注，相关的新闻报道层出不穷，其参与人数之多、波及范围之广，更是让人大为震惊. 那么，非法传销为何能吸引如此多的人呢？甚至很多大学生也深陷其中？学习本章极限的知识，能帮我们解开这个谜团.

极限在生活中很多领域都有着广泛的应用，如药物在人体内的代谢、细菌的繁殖、某产品的产量和价格变化等，都可以通过极限进行研究. 作为微积分的一个重要基本概念，微积分中的许多理论都是以极限为基础的，如连续、导数、定积分等，都是通过极限来定义的. 本章我们首先介绍极限的概念，在此基础上进一步学习极限的性质和计算方法，并引入函数的连续性，为学好微积分打好基础.

2.1 极　　限

2.1.1 数列的极限

引例 1　我国战国时期著名的思想家、哲学家庄周所著的《庄子·天下篇》里记载了名家学派的代表人物惠施的命题之一，即截杖问题："一尺之棰，日取其半，万世不竭"．所表达的意思是，一尺长的木棍，每天截取它的一半，永远也截取不尽．木棍剩余的长度组成的数列为

数列的极限

$$1, \frac{1}{2}, \frac{1}{2^2}, \cdots, \frac{1}{2^n}, \cdots$$

引例 2　我国魏晋时期的数学家刘徽(公元前 295—公元前 225)在其《九章算术》中，提出了用割圆术的方法确定圆的面积．即用圆内接正多边形的面积去无限逼近圆面积，并以此求圆周率的方法．刘徽形容他的"割圆术"说：割之弥细，所失弥少，割之又割，以至于不可割，则与圆合体，而无所失矣．

正多边形的面积分别记作 $A_1, A_2, A_3, \cdots, A_n$，$n$ 越大，对应的内接正多边形的面积就越接近圆的面积，但无论内接正多边形的边数 n 有多大，所得到的 A_n 始终不是圆的面积．只是当 n 无限增大(记作 $n \to \infty$)时，A_n 无限接近圆的面积．

上述两个引例有一个共同的特征：自变量无限增大时，相应的函数值接近某一个常数．

例 1　试分析下面几个数列的变化趋势．

(1)　$2, 4, \cdots, 2^n, \cdots$

(2)　$2, \dfrac{1}{2}, \dfrac{4}{3}, \dfrac{3}{4}, \cdots, \dfrac{n+(-1)^{n-1}}{n}, \cdots$

(3)　$\dfrac{1}{2}, \dfrac{1}{4}, \cdots, \dfrac{1}{2^n}, \cdots$

(4)　$1, -1, 1, \cdots, (-1)^{n+1}, \cdots$

解：这几个数列的变化趋势各异：

数列(1)是公比为 2 的等比数列，随着项数 n 的增加，a_n 的值无限增大．

数列(2)随着 n 的无限增大，$a_n = \dfrac{n+(-1)^{n-1}}{n}$ 无限接近常数 1．

数列(3)的各项正好是数列(1)的倒数，随着项数 n 的增加，a_n 的值逐渐减小，而且越来越趋近于常数零．

数列(4)的各项由 1，-1 交替出现构成，随着项数 n 的增加，a_n 的值不断地在 1 和 -1 之间摆动．

定义 2.1　对于数列 $\{a_n\}$，如果当 n 无限增大时，数列的通项 a_n 无限趋近于某一确定的数值 A，则称常数 A 是**数列 $\{a_n\}$ 的极限**，或称数列 $\{a_n\}$ 收敛于 A，记为 $\lim\limits_{n \to \infty} a_n = A$．否则称数列没有极限或称数列是发散的．

由定义可知，在例 1 中，数列(2)和数列(3)是收敛的；数列(1)和数列(4)是发散的.

例 2　考察下面数列当 $n \to \infty$ 时的变化趋势，写出它们的极限.

(1) $\{2\}$；　(2) $\left\{\dfrac{1}{n}\right\}$；　(3) $\left\{\dfrac{1+(-1)^n}{n}\right\}$；　(4) $\left\{2-\dfrac{1}{3^n}\right\}$.

解：(1) 数列的通项 $a_n = 2$，是一个常数数列，当 $n \to \infty$ 时，a_n 始终为 2，因此 $\lim\limits_{n\to\infty} a_n = \lim\limits_{n\to\infty} 2 = 2$.

(2) 数列的通项 $a_n = \dfrac{1}{n}$，当 $n \to \infty$ 时，a_n 无限接近于 0，因此 $\lim\limits_{n\to\infty} a_n = 0$.

(3) 数列的通项 $a_n = \dfrac{1+(-1)^n}{n}$，当 $n \to \infty$ 时，a_n 无限接近于 0，因此 $\lim\limits_{n\to\infty} \dfrac{1+(-1)^n}{n} = 0$.

(4) 数列的通项 $a_n = 2 - \dfrac{1}{3^n}$，当 $n \to \infty$ 时，$\dfrac{1}{3^n}$ 无限接近于 0，故 $2 - \dfrac{1}{3^n}$ 无限接近于 2，因此，$\lim\limits_{n\to\infty}\left(2-\dfrac{1}{3^n}\right) = 2$.

2.1.2　函数的极限

函数的极限

类似于数列极限，可以推广到函数的极限. 研究函数极限时，我们常常会遇到自变量在以下两种情况下的变化趋势.

1. 当 $x \to \infty$ 时的极限

函数 $y = \dfrac{1}{x}$（$x \in R, x \neq 0$）的图像，如图 2-1 所示，从图中可以看出，当自变量 $x \to \infty$ 时，函数 $y = \dfrac{1}{x}$ 无限趋近于常数 0.

定义 2.2　如果 $x \to \infty$（即 $|x|$ 无限增大）时，函数 $f(x)$ 无限趋近于某确定的常数 A，则称 A 为函数 $f(x)$ 当 $x \to \infty$ **时的极限**，记作 $\lim\limits_{x\to\infty} f(x) = A$ 或 $f(x) \to A$（$x \to \infty$），否则称当 $x \to \infty$ 时，函数 $f(x)$ 极限不存在.

定义 2.2 对于 $x \to -\infty$ 和 $x \to +\infty$ 两种情形也成立.

定理 2.1　极限 $\lim\limits_{x\to\infty} f(x)$ 存在且等于 A 的充分必要条件是极限 $\lim\limits_{x\to+\infty} f(x)$ 与 $\lim\limits_{x\to-\infty} f(x)$ 都存在且等于 A，即 $\lim\limits_{x\to\infty} f(x) = A \Leftrightarrow \lim\limits_{x\to+\infty} f(x) = \lim\limits_{x\to-\infty} f(x) = A$.

例 3　求 $\lim\limits_{x\to+\infty} \arctan x$ 与 $\lim\limits_{x\to-\infty} \arctan x$.

解：考查 $f(x) = \arctan x$，由图 2-2 可知，当 $x \to +\infty$ 时，函数 $f(x) = \arctan x$ 无限趋近于常数 $\dfrac{\pi}{2}$，所

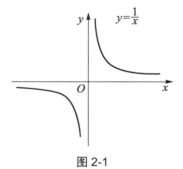

图 2-1

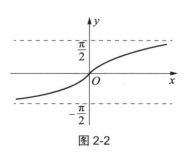

图 2-2

以 $\lim\limits_{x \to +\infty} \arctan x = \dfrac{\pi}{2}$.

同理当 $x \to -\infty$ 时，函数 $f(x) = \arctan x$ 无限趋近于常数 $-\dfrac{\pi}{2}$，

所以 $\lim\limits_{x \to -\infty} \arctan x = -\dfrac{\pi}{2}$. 由定理 2.1 可知，$\lim\limits_{x \to \infty} \arctan x$ 的极限是不存在的.

例 4 下列函数极限存在的是(   ).

(1) $\lim\limits_{x \to -\infty} 10^x$ ；

(2) $\lim\limits_{x \to +\infty} \log_2 x$ ；

(3) $\lim\limits_{x \to \infty} \cos x$ ；

(4) $\lim\limits_{x \to \infty} \operatorname{arccot} x$.

解：观察函数图像.

函数 (1) 图像单调递增 $\lim\limits_{x \to -\infty} 10^x = 0$ ，故此函数极限存在，如图 2-3 所示.

函数 (2) $y = \log_2 x$ 的值随着 x 的增大而增大，故 $\lim\limits_{x \to +\infty} \log_2 x$ 不存在，如图 2-4 所示.

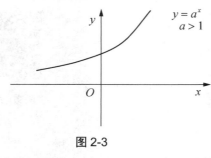

图 2-3

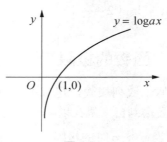

图 2-4

函数 (3) $y = \cos x$ 当 $x \to \infty$ 时，函数值在-1 和 1 之间来回摆动，极限不存在，如图 2-5 所示.

函数 (4) $\lim\limits_{x \to -\infty} \operatorname{arccot} x = \pi$ ， $\lim\limits_{x \to +\infty} \operatorname{arccot} x = 0$ ，故极限不存在，如图 2-6 所示.

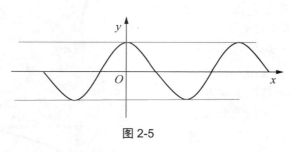

图 2-5

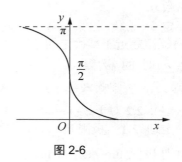

图 2-6

2. 当 $x \to x_0$ 时的极限

先考查如下例子.

例 5 讨论当 $x \to 1$ 时，函数 $y = \dfrac{x^2 - 1}{x - 1}$ 的变化趋势.

解：函数 $y = \dfrac{x^2 - 1}{x - 1}$ 的图像如图 2-7 所示，此函数在 $x = 1$

处没有定义，但从图像上可以看出，当 x 从 1 的左右两侧同

时趋近于 1 时，函数 $y = \dfrac{x^2 - 1}{x - 1}$ 的值无限地趋近于 2．

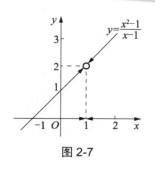

图 2-7

从上面的实例可以看到，函数 $f(x)$ 在点 x_0 处的极限是

否存在与其在点 x_0 处是否有定义无关．

定义 2.3 当自变量 x 从左右两侧同时无限趋近于常数

x_0 时，如果函数 $f(x)$ 无限趋近于一个常数 A，则称 A 为当

$x \to x_0$ 时函数 $f(x)$ 的极限，并记作 $\lim\limits_{x \to x_0} f(x) = A$，或当 $x \to x_0$ 时，$f(x) \to A$．

3. 左右极限

有时我们只考虑 x 从 x_0 右侧趋近于 x_0，记作 $x \to x_0^+$，或只考虑 x 从 x_0 左侧趋近于

x_0，记作 $x \to x_0^-$ 时函数的变化趋势，于是引出了左右极限的概念．

定义 2.4 如果当 x 从点 x_0 的左侧(即 $x < x_0$)无限趋近于 x_0 时，函数 $f(x)$ 无限趋近于

常数 A，称 A 是函数 $f(x)$ 的**左极限**，记作 $\lim\limits_{x \to x_0^-} f(x) = A$．

定义 2.5 如果当 x 从点 x_0 的右侧(即 $x > x_0$)无限趋近于 x_0 时，函数 $f(x)$ 无限趋近

于常数 A，称 A 是函数 $f(x)$ 的**右极限**，记作 $\lim\limits_{x \to x_0^+} f(x) = A$．

根据 $x \to x_0$ 时函数 $f(x)$ 的极限定义和左右极限的定义，很容易证明下面定理．

定理 2.2 $\lim\limits_{x \to x_0} f(x) = A$ 的充分必要条件是：$\lim\limits_{x \to x_0^-} f(x) = \lim\limits_{x \to x_0^+} f(x) = A$．

根据定义可以得到如下结论：

(1) $\lim\limits_{x \to x_0} x = x_0$ ； (2) $\lim\limits_{x \to x_0} C = C$ （C 为常数）．

例 6 设函数 $f(x) = \begin{cases} x + 2, & x < 0 \\ x, & 0 \leqslant x < 1 \\ (x-1)^2 + 1, & x > 1 \end{cases}$，分别讨论当 $x \to 0$ 和 $x \to 1$ 时的极限．

解：$\lim\limits_{x \to 0^-} f(x) = \lim\limits_{x \to 0^-} (x + 2) = 2$，$\lim\limits_{x \to 0^+} f(x) = \lim\limits_{x \to 0^+} x = 0$，

因为 $\lim\limits_{x \to 0^-} f(x) \neq \lim\limits_{x \to 0^+} f(x)$，由定理 2.2 可知，$\lim\limits_{x \to 0} f(x)$ 不存在．

又因为 $\lim\limits_{x \to 1^-} f(x) = \lim\limits_{x \to 1^-} x = 1$，$\lim\limits_{x \to 1^+} f(x) = \lim\limits_{x \to 1^+} \left[(x-1)^2 + 1 \right] = 1$，

$\lim\limits_{x \to 1^-} f(x) = \lim\limits_{x \to 1^+} f(x)$，所以 $\lim\limits_{x \to 1} f(x)$ 存在．

归纳起来，当 $x \to x_0$ 时，极限不存在的情形主要有以下三种．

(1) $\lim\limits_{x \to x_0^-} f(x) \neq \lim\limits_{x \to x_0^+} f(x)$．

例如，函数 $f(x) = \begin{cases} x^2, & x < 0 \\ x + 1, & x \geqslant 0 \end{cases}$，当 $x \to 0$ 时，$\lim\limits_{x \to 0^-} f(x) = 0$，$\lim\limits_{x \to 0^+} f(x) = 1$．左、右

极限都存在，但不相等，故极限不存在．

(2) 当 x 以某种趋势变化时，$f(x) \to \infty$.

例如，当 $x \to +\infty$ 时，$y = 2^x$ 无限趋近于 $+\infty$，故极限不存在.

(3) 当 x 以某种趋势变化时，$f(x)$ 的值不确定.

例如，当 $x \to \infty$ 时，$y = \sin x$ 和 $y = \cos x$ 的值反复振荡，不能趋向于某一确定的常数，故极限不存在.

2.1.3 极限的性质

性质 1(极限的唯一性) 如果 $\lim\limits_{x \to x_0} f(x)$ 存在，则极限唯一.

性质 2(局部有界性) 若 $\lim\limits_{x \to x_0} f(x)$ 存在，则在 x_0 的某去心邻域内 $f(x)$ 有界.

简言之，有极限的函数必为有界函数.

性质 2 的逆命题不成立，即有界函数未必有极限. 例如当 $x \neq 0$ 时，$f(x) = \sin \dfrac{1}{x}$ 是有界函数，但 $x \to 0$ 时，$f(x)$ 的值总在 -1 和 1 之间无穷次振荡，故此极限不存在.

性质 3(夹逼准则) 设有函数 $f(x)$，$g(x)$，$h(x)$，如图 2-8 所示，其中 $\lim\limits_{x \to x_0} g(x) = \lim\limits_{x \to x_0} h(x) = A$，如果在点 x_0 的某去心邻域内总满足条件 $g(x) \leqslant f(x) \leqslant h(x)$，则函数 $f(x)$ 的极限存在，且 $\lim\limits_{x \to x_0} f(x) = A$.

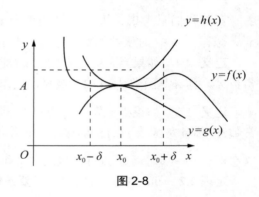

图 2-8

习题 2.1

1. 观察下列数列的变化趋势，并确定它们是否有极限.

(1) $x_n = (-1)^{n+1} \dfrac{1}{2n}$；

(2) $x_n = \dfrac{n + (-1)^{n-1}}{n}$；

(3) $x_n = 3 + \dfrac{1}{n^2}$；

(4) $x_n = \dfrac{1}{2}$.

2. 当 $x \to 0$ 时，讨论函数 $f(x) = \dfrac{|x|}{x}$ 的极限是否存在.

3. 设 $f(x) = \dfrac{2x}{|x| + 3x}$，问：$\lim\limits_{x \to 0} f(x)$ 是否存在？

4. 设函数 $f(x) = \begin{cases} x^2, & x < 2 \\ 0, & x = 2 \\ (x-1)^2 + 2, & x > 2 \end{cases}$，讨论当 $x \to 2$ 时，$f(x)$ 的极限.

5. 设 $f(x) = \begin{cases} 2x + b, & x < 0 \\ 0, & x = 0 \\ 2^x + 1, & x > 0 \end{cases}$，试确定 b 的值，使 $\lim\limits_{x \to 0} f(x)$ 存在.

6. 判断 $\lim\limits_{x\to\infty} e^{\frac{1}{x}}$ 是否存在，若将极限过程改为 $x\to 0$ 呢？

2.2 无穷小量和无穷大量

下面我们用极限的方法来介绍两个在理论和实际中都很重要的概念——无穷小量和无穷大量.

2.2.1 无穷小量

定义 2.6 以零为极限的变量称为**无穷小量**，简称**无穷小**. 常用希腊字母 $\alpha, \beta, \gamma, \cdots$ 表示.

例如，$\lim\limits_{x\to 1}(x-1)=0$，所以当 $x\to 1$ 时，函数 $x-1$ 是无穷小；又因为 $\lim\limits_{n\to\infty}\dfrac{1}{2^n}=0$，所以当 $n\to\infty$ 时，$\dfrac{1}{2^n}$ 也为无穷小.

关于无穷小有以下几点需要说明.

① 无穷小不能与很小的数等同，无穷小是变量.

② 谈无穷小一定要指明它的变化趋势.

③ 零是唯一可以看作无穷小的常数.

例 1 下列变量在怎样的变化过程中是无穷小？

(1) $y=\dfrac{1}{x-2}$；

(2) $y=\sin x$；

(3) $y=\dfrac{(-1)^n}{n}$；

(4) $y=\left(\dfrac{1}{3}\right)^x$.

解：(1) 因为 $\lim\limits_{x\to\infty}\dfrac{1}{x-2}=0$，所以当 $x\to 2$ 时，$y=\dfrac{1}{x-2}$ 是无穷小.

(2) 因为 $\lim\limits_{x\to 0}\sin x=0$，所以当 $x\to 0$ 时，$y=\sin x$ 是无穷小.

(3) 因为 $\lim\limits_{n\to\infty}\dfrac{(-1)^n}{n}=0$，所以当 $n\to\infty$ 时，$y=\dfrac{(-1)^n}{n}$ 是无穷小.

(4) 因为 $\lim\limits_{x\to+\infty}\left(\dfrac{1}{3}\right)^x=0$，所以当 $x\to+\infty$ 时，$y=\left(\dfrac{1}{3}\right)^x$ 是无穷小.

2.2.2 无穷小的性质

性质 1 有限个无穷小的代数和仍然是一个无穷小.

思考：无穷多个无穷小的代数和还是无穷小吗？

$$\lim\limits_{n\to\infty}\left(\dfrac{1}{n^2}+\dfrac{2}{n^2}+\cdots+\dfrac{n}{n^2}\right)=\lim\limits_{x\to\infty}\dfrac{n(n+1)}{2n^2}=\lim\limits_{x\to\infty}\left(\dfrac{1}{2}+\dfrac{1}{2n}\right)=\dfrac{1}{2}.$$

性质 2 有限个无穷小的乘积仍然是一个无穷小.

性质 3 有界函数与无穷小的乘积是无穷小.

例 2 求 $\lim\limits_{x \to 0} x^2 \sin \dfrac{1}{x}$.

解：因为 $\lim\limits_{x \to 0} x^2 = 0$，而 $\left| \sin \dfrac{1}{x} \right| \leqslant 1$，即函数 $\sin \dfrac{1}{x}$ 是有界函数.

由性质 3 可得 $\quad \lim\limits_{x \to 0} x^2 \sin \dfrac{1}{x} = 0$.

2.2.3 无穷大量

和无穷小量相反，对无穷大量我们有如下定义.

定义 2.7 在自变量的某个变化过程中，如果函数值的绝对值 $|f(x)|$ 无限地增大，则称 $f(x)$ 为在该自变量变化过程中的**无穷大量**，简称**无穷大**，记作

$$\lim f(x) = \infty .$$

例如，$f(x) = \dfrac{1}{x^2}$，当 $x \to 0$ 时，$\left| \dfrac{1}{x^2} \right|$ 无限增大. 这时我们就称 $\dfrac{1}{x^2}$ 是当 $x \to 0$ 时的无穷大量；$\dfrac{1}{x-1}$ 为 $x \to 1$ 时的无穷大；$2x+1$ 为 $x \to \infty$ 时的无穷大.

关于无穷大要注意以下几点.

(1) 无穷大是一个变量，这里借用 $\lim f(x) = \infty$ 并不表示函数极限存在.

(2) 谈无穷大不能离开自变量的变化趋势.

2.2.4 无穷小与无穷大的关系

定理 2.3 在自变量的同一变化过程中，无穷大的倒数为无穷小，非零无穷小的倒数为无穷大.

例如，当 $x \to 1$ 时，$\dfrac{1}{x-1}$ 是无穷大，$x-1$ 是无穷小.

无穷小量与
无穷大量

例 3 求极限 $\lim\limits_{x \to 1} \dfrac{3x-1}{x^2 + 2x - 3}$.

解：当 $x \to 1$ 时，分母的极限为零，故不能应用商的极限运算法则. 这时可利用无穷小与无穷大的关系.

因为 $\quad \lim\limits_{x \to 1}(x^2 + 2x - 3) = 0$，而 $\lim\limits_{x \to 1}(3x - 1) \neq 0$，故

$$\lim\limits_{x \to 1} \frac{x^2 + 2x - 3}{3x - 1} = 0 ,$$

所以 $\quad \lim\limits_{x \to 1} \dfrac{3x-1}{x^2 + 2x - 3} = \infty$

2.2.5 无穷小的阶

我们已经知道，两个无穷小的和、差及乘积仍然是无穷小，但两个无穷小的商却会出现不同的情况. 例如当 $x \to 0$ 时，x^2，$2x$，$\sin x$

无穷小阶的比较

都是无穷小，但它们之比的极限 $\lim\limits_{x\to 0}\dfrac{x^2}{2x}=0$ ，$\lim\limits_{x\to 0}\dfrac{2x}{x^2}=\infty$ ，$\lim\limits_{x\to 0}\dfrac{\sin x}{2x}=\dfrac{1}{2}$ ．

可以看出，各个无穷小趋近于零的快慢程度不一样，x^2 比 x 快些，x 比 x^2 慢些，$\sin x$ 与 $2x$ 大致相同，因此引入"阶"的概念来描述无穷小趋于零的快慢程度．

定义 2.8　α,β 是同一变化过程中的无穷小，且 $\beta\neq 0$ ，

(1) 如果 $\lim\dfrac{\alpha}{\beta}=0$ ，则称 α 是比 β **高阶**的无穷小，记作 $\alpha=0(\beta)$ ．

(2) 如果 $\lim\dfrac{\alpha}{\beta}=\infty$ ，则称 α 是比 β **低阶**的无穷小．

(3) 如果 $\lim\dfrac{\alpha}{\beta}=C\neq 0\neq 1(C$ 为常数$)$ ，则称 α 与 β 是**同阶**的无穷小．

(4) 如果 $\lim\dfrac{\alpha}{\beta}=1$ ，则称 α 与 β 是等价无穷小，记作 $\alpha\sim\beta$ ．

例 4　比较下列无穷小的阶．

(1)　$x\to 0$ 时，$x^{\frac{1}{3}}$ 和 $x^{\frac{2}{3}}$ ；　　　　(2)　$x\to 1$ 时，$1-x$ 和 $\sqrt{1-x}$ ；

(3)　$x\to 0$ 时，$\sqrt{x+1}-1$ 和 $\dfrac{1}{2}x$ ；　　(4)　$x\to 1$ 时，$1-x$ 和 $\dfrac{1}{3}(1-x^2)$ ．

解： (1) 因为 $\lim\limits_{x\to 0}\dfrac{x^{\frac{1}{3}}}{x^{\frac{2}{3}}}=\lim\limits_{x\to 0}\dfrac{1}{x^{\frac{1}{3}}}=\infty$ ，所以 $x^{\frac{1}{3}}$ 是比 $x^{\frac{2}{3}}$ 低阶的无穷小．

(2) 因为 $\lim\limits_{x\to 1}\dfrac{1-x}{\sqrt{1-x}}=\lim\limits_{x\to 1}\sqrt{1-x}=0$ ，所以 $1-x$ 是比 $\sqrt{1-x}$ 高阶的无穷小．

(3) 因为 $\lim\limits_{x\to 0}\dfrac{\sqrt{x+1}-1}{\dfrac{1}{2}x}=\lim\limits_{x\to 0}\dfrac{2x}{x(\sqrt{x+1}+1)}=1$ ，所以 $\sqrt{x+1}-1$ 与 $\dfrac{1}{2}x$ 是等价无穷小．

(4) 因为 $\lim\limits_{x\to 1}\dfrac{1-x}{\dfrac{1}{3}(1-x^2)}=\lim\limits_{x\to 1}\dfrac{3}{(1+x)}=\dfrac{3}{2}$ ，所以 $1-x$ 与 $\dfrac{1}{3}(1-x^2)$ 是同阶无穷小．

定理 2.4　若 $\alpha\sim\alpha'$ ，$\beta\sim\beta'$ ，且 $\lim\dfrac{\alpha'}{\beta'}$ 存在(或为 ∞)，则 $\lim\dfrac{\alpha}{\beta}=\lim\dfrac{\alpha'}{\beta'}$ ．

下面给出几个常用的等价无穷小代换：当 $x\to 0$ 时，有

$$\sin x\sim x，\quad \tan x\sim x，\quad \arcsin x\sim x，\quad \arctan x\sim x，\quad 1-\cos x\sim\frac{x^2}{2}，\quad \ln(1+x)\sim x，$$

$$\mathrm{e}^x-1\sim x，\quad \sqrt{1+x}-1\sim\frac{1}{2}x．$$

在求某些函数乘积或商的极限时，往往可以用等价无穷小来代替以简化计算．

例 5　求 $\lim\limits_{x\to 0}\dfrac{x\sin x}{1-\cos x}$ ．

解： 当 $x\to 0$ 时，$\sin x\sim x$ ，$1-\cos x\sim\dfrac{1}{2}x^2$ ，所以

$$\lim_{x\to 0}\frac{x\sin x}{1-\cos x}=\lim_{x\to 0}\frac{x\cdot x}{\dfrac{x^2}{2}}=2\lim_{x\to 0}\frac{x^2}{x^2}=2 .$$

例 6 求极限 $\lim\limits_{x\to 0}\dfrac{e^x-1}{x^2+5x}$.

解： $\lim\limits_{x\to 0}\dfrac{e^x-1}{x^2+5x}=\lim\limits_{x\to 0}\dfrac{x}{x(x+5)}=\lim\limits_{x\to 0}\dfrac{1}{x+5}=\dfrac{1}{5}$.

需要注意的是，等价代换是对分子或分母的整体进行替换，或对分子、分母的因式进行替换，对分子、分母中用"＋""－"号连接的部分一般情况下不能替换，如需替换，需要满足一定的条件．

例 7 求 $\lim\limits_{x\to 0}\dfrac{\tan x-\sin x}{\sin^3 x}$.

解： 若对分子中的 $\tan x$ 与 $\sin x$ 分别用其等价无穷小替换，则有

$$\lim_{x\to 0}\frac{\tan x-\sin x}{\sin^3 x}=\lim_{x\to 0}\frac{x-x}{x^3} ，\text{显然是错误的．}$$

正确解法：当 $x\to 0$ 时，$\sin x\sim x$，$1-\cos x\sim\dfrac{1}{2}x^2$，所以

$$\lim_{x\to 0}\frac{\tan x-\sin x}{\sin^3 x}=\lim_{x\to 0}\frac{\sin x\left(\dfrac{1}{\cos x}-1\right)}{x^3}$$

$$=\lim_{x\to 0}\frac{\sin x(1-\cos x)}{x^3\cos x}=\lim_{x\to 0}\frac{x\cdot\dfrac{1}{2}x^2}{x^3\cos x}=\frac{1}{2} .$$

习题 2.2

1. 下列变量哪些是无穷大量，哪些是无穷小量？

(1) $e^{-x}\ (x\to+\infty)$ ；

(2) $\dfrac{e^n}{2^n}\ (n\to\infty)$ ；

(3) $\dfrac{x+1}{x^2-1}\ (x\to 1)$ ；

(4) $\tan x\ \left(x\to\dfrac{\pi}{2}\right)$.

2. 函数 $y=\dfrac{x+2}{(x-1)^2}$ 在什么情况下是无穷大量，在什么情况下是无穷小量？

3. 当 $x\to 0$ 时，$f(x)$ 是比 x^3 高阶的无穷小，求 $\lim\limits_{x\to 0}\dfrac{f(x)}{\sin^3 x}$.

4. 计算下列极限．

(1) $\lim\limits_{x\to 0}x\sin\dfrac{1}{x}$ ；

(2) $\lim\limits_{x\to 0}\dfrac{\tan 2x}{\sin 3x}$ ；

(3) $\lim\limits_{x\to\infty}\dfrac{1}{x}\cos x$ ；

(4) $\lim\limits_{x\to\infty}x\tan\dfrac{1}{x}$ ；

(5) $\lim\limits_{x \to 0} \dfrac{\sqrt{1+x^4}-1}{x^2(1-\cos x)}$;

(6) $\lim\limits_{x \to 0} \dfrac{\ln(1+2x)}{\arcsin 3x}$;

(7) $\lim\limits_{x \to 0} \dfrac{\sqrt{1+x\sin x}-1}{x\arctan x}$;

(8) $\lim\limits_{x \to 0} \dfrac{\tan x - \sin x}{\mathrm{e}^{x^3}-1}$.

2.3　极限的运算

前面我们研究了函数当 $x \to \infty$ 时以及当 $x \to x_0$ 时的极限，下面以 $x \to x_0$ 为例，我们进一步研究函数极限的运算与性质，对于 $x \to \infty$ 也有类似的结果.

2.3.1　极限的四则运算法则

设在自变量 x 的同一变化过程中，极限 $\lim\limits_{x \to x_0} f(x)$ 与 $\lim\limits_{x \to x_0} g(x)$ 皆存

极限的四则运算

在，则有下列运算法则.

法则 1　$\lim\limits_{x \to x_0}[f(x) \pm g(x)] = \lim\limits_{x \to x_0} f(x) \pm \lim\limits_{x \to x_0} g(x)$.

法则 2　$\lim\limits_{x \to x_0} f(x) \cdot g(x) = \lim\limits_{x \to x_0} f(x) \cdot \lim\limits_{x \to x_0} g(x)$.

法则 1 和法则 2 可以推广到有限多个函数的情形.

推论 1　$\lim\limits_{x \to x_0}[Cf(x)] = C \lim\limits_{x \to x_0} f(x)$（$C$ 为任意常数）.

推论 2　$\lim\limits_{x \to x_0}[f(x)]^k = [\lim\limits_{x \to x_0} f(x)]^k$（$k$ 为自然数）.

法则 3　若 $\lim\limits_{x \to x_0} g(x) \neq 0$ ，则 $\lim\limits_{x \to x_0} \dfrac{f(x)}{g(x)} = \dfrac{\lim\limits_{x \to x_0} f(x)}{\lim\limits_{x \to x_0} g(x)}$.

注　① 上述法则对自变量 $x \to \infty$ 时也是成立的.

② 上述法则对数列极限也成立.

例 1　求 $\lim\limits_{x \to 2}(3x^2 - 2x + 1)$.

解： $\lim\limits_{x \to 2}(3x^2 - 2x + 1) = \lim\limits_{x \to 2} 3x^2 - \lim\limits_{x \to 2} 2x + \lim\limits_{x \to 2} 1$

$\qquad = 3\lim\limits_{x \to 2} x^2 - 2\lim\limits_{x \to 2} x + \lim\limits_{x \to 2} 1 = 3 \times 4 - 2 \times 2 + 1 = 9$.

例 2　求 $\lim\limits_{x \to 2}\left(\dfrac{x^2+5}{3x^2-4x+2}\right)$.

解： 因为 $\lim\limits_{x \to 2}(3x^2 - 4x + 2) = 6 \neq 0$ ，所以

$$\lim\limits_{x \to 2}\left(\dfrac{x^2+5}{3x^2-4x+2}\right) = \dfrac{\lim\limits_{x \to 2}(x^2+5)}{\lim\limits_{x \to 2}(3x^2-4x+2)} = \dfrac{9}{6} = \dfrac{3}{2}$$.

例 3　求 $\lim\limits_{x \to 1} \dfrac{x^2+2x-3}{x^2-3x+2}$.

解： 当 $x \to 1$ 时，分母的极限为零，故不能直接用极限的运算法则，我们发现在 $x \to 1$ 的过程中，$x-1$ 趋于 0 但并不等于 0，故可以约去公因式 $(x-1)$ ，得

$$\lim_{x\to 1}\frac{x^2+2x-3}{x^2-3x+2}=\lim_{x\to 1}\frac{(x-1)(x+3)}{(x-1)(x-2)}=\lim_{x\to 1}\frac{x+3}{x-2}=-4.$$

例 4 求下列极限.

(1) $\lim\limits_{x\to 0}\dfrac{x^2}{\sqrt{1+x^2}-1}$;   (2) $\lim\limits_{x\to 1}\left(\dfrac{1}{x-1}-\dfrac{3}{x^3-1}\right).$

解: (1) 我们看到,当 $x\to 0$ 时,分子分母的极限都为 0,不能直接用商的运算法则,因为分母含有根式,先对分母进行有理化.

$$\lim_{x\to 0}\frac{x^2}{\sqrt{1+x^2}-1}=\lim_{x\to 0}\frac{x^2\cdot(\sqrt{1+x^2}+1)}{(\sqrt{1+x^2}-1)\cdot(\sqrt{1+x^2}+1)}$$
$$=\lim_{x\to 0}(\sqrt{1+x^2}+1)=2.$$

(2) 当 $x\to 1$ 时,$\dfrac{1}{x-1}$ 与 $\dfrac{3}{x^3-1}$ 的极限均不存在,这时可以先通分.

$$\lim_{x\to 1}\left(\frac{1}{x-1}-\frac{3}{x^3-1}\right)=\lim_{x\to 1}\left(\frac{x^2+x+1}{x^3-1}-\frac{3}{x^3-1}\right)$$
$$=\lim_{x\to 1}\frac{x^2+x-2}{x^3-1}=\lim_{x\to 1}\frac{x+2}{x^2+x+1}=1.$$

例 5 求 $\lim\limits_{x\to\infty}\dfrac{x^2-2x+1}{3x^3+6x+5}.$

解: 当 $x\to\infty$ 时,分式的分子和分母趋向于无穷大,因此不能直接用商的极限运算法则,我们可以先用最高次幂 x^3 同时去除分子和分母,然后再求极限

$$\lim_{x\to\infty}\frac{x^2-2x+1}{3x^3+6x+5}=\lim_{x\to\infty}\frac{\dfrac{1}{x}-\dfrac{2}{x^2}+\dfrac{1}{x^3}}{3+\dfrac{6}{x^2}+\dfrac{5}{x^3}}=0.$$

例 6 求 $\lim\limits_{x\to\infty}\dfrac{2x^3-3x^2+5}{5x^3+2x^2-3}.$

解: $\lim\limits_{x\to\infty}\dfrac{2x^3-3x^2+5}{5x^3+2x^2-3}=\lim\limits_{x\to\infty}\dfrac{2-\dfrac{3}{x}+\dfrac{5}{x^3}}{5+\dfrac{2}{x}-\dfrac{3}{x^3}}=\dfrac{2-0+0}{5+0-0}=\dfrac{2}{5}.$

在求有理函数(两个多项式相除)当 $x\to\infty$ 时的极限时,应把分子分母同时除以 x 的最高次方,可得到下述规律($a_0\neq 0$,$b_0\neq 0$).

$$\lim_{x\to\infty}\frac{a_0x^m+a_1x^{m-1}+\cdots+a_{m-1}x+a_m}{b_0x^n+b_1x^{n-1}+\cdots+b_{n-1}x+b_n}=\begin{cases}\dfrac{a_0}{b_0}, & \text{当 }m=n,b_0\neq 0\text{时.}\\[2mm] 0, & \text{当 }m<n\text{时.}\\[2mm] \infty, & \text{当 }m>n\text{时.}\end{cases}$$

2.3.2 两个重要极限

求函数极限的方法有很多，除了上述几种方法之外，还会经常遇到下面要讨论的两个重要极限公式.

1. 重要极限公式 Ⅰ

第一个重要极限

$$\lim_{x \to 0} \frac{\sin x}{x} = 1 \qquad (2.1)$$

列表观察当 $x \to 0$ 时，$\dfrac{\sin x}{x}$ 的变化趋势，见表 2-1.

表 2-1

x	± 1	± 0.5	± 0.1	± 0.05	± 0.01	± 0.001	…
$\dfrac{\sin x}{x}$	0.84147	0.95885	0.99833	0.99958	0.99998	0.99999	…

由表 2-1 很容易看出，当 $|x|$ 的值无限趋近于零时，$\dfrac{\sin x}{x}$ 的值无限趋近于 1，即

$$\lim_{x \to 0} \frac{\sin x}{x} = 1 \left(或 \lim_{x \to 0} \frac{x}{\sin x} = 1 \right).$$

重要极限公式 Ⅰ 在形式上呈现的是 “$\dfrac{0}{0}$” 的形态，它的推广形式记为

$$\lim_{\square \to 0} \frac{\sin \square}{\square} = 1 (其中 “\square” 代表同一个变量).$$

这个极限主要解决含有三角函数的 “$\dfrac{0}{0}$” 极限.

例 7　求 $\lim\limits_{x \to 0} \dfrac{\sin ax}{\sin bx}$（$a, b$ 是不为零的常数）.

解：$\lim\limits_{x \to 0} \dfrac{\sin ax}{\sin bx} = \lim\limits_{x \to 0} \dfrac{\sin ax}{ax} \cdot \dfrac{bx}{\sin bx} \cdot \dfrac{a}{b}$

$$= \frac{a}{b} \cdot \lim_{x \to 0} \frac{\sin ax}{ax} \cdot \lim_{x \to 0} \frac{bx}{\sin bx} = \frac{a}{b}.$$

例 8　求 $\lim\limits_{x \to 0} \dfrac{2 \tan x}{x}$.

解：$\lim\limits_{x \to 0} \dfrac{2 \tan x}{x} = \lim\limits_{x \to 0} \dfrac{\sin x}{x} \cdot \dfrac{2}{\cos x} = \lim\limits_{x \to 0} \dfrac{\sin x}{x} \cdot \lim\limits_{x \to 0} \dfrac{2}{\cos x} = 1 \times 2 = 2$.

例 9　求 $\lim\limits_{x \to \infty} x \sin \dfrac{1}{x}$.

解：$\lim\limits_{x \to \infty} x \sin \dfrac{1}{x} = \lim\limits_{x \to \infty} \dfrac{\sin \dfrac{1}{x}}{\dfrac{1}{x}} = \lim\limits_{\frac{1}{x} \to 0} \dfrac{\sin \dfrac{1}{x}}{\dfrac{1}{x}} = 1$.

例 10 求 $\lim\limits_{x\to 2}\dfrac{\sin(x^2-4)}{x-2}$.

解： $\lim\limits_{x\to 2}\dfrac{\sin(x^2-4)}{x-2}=\lim\limits_{x\to 2}\dfrac{\sin(x^2-4)}{x^2-4}\cdot(x+2)$

$$=\lim\limits_{x\to 2}\dfrac{\sin(x^2-4)}{x^2-4}\cdot\lim\limits_{x\to 2}(x+2)=4 .$$

2．重要极限公式Ⅱ

$$\lim\limits_{x\to\infty}\left(1+\dfrac{1}{x}\right)^x=\mathrm{e} \tag{2.2}$$

第二个重要极限

同样我们列表观察 $\left(1+\dfrac{1}{x}\right)^x$ 的变化趋势，见表 2-2.

表 2-2

x	…	10	10^2	10^3	10^4	10^5	…
$\left(1+\dfrac{1}{x}\right)^x$	…	2.59374	2.70481	2.71692	2.71815	2.71827	…

由表 2-2 很容易看出，当 x 无限增大时，函数 $\left(1+\dfrac{1}{x}\right)^x$ 的值无限趋近于无理数

e（ $\mathrm{e}=2.7182818284\cdots$ ），即 $\lim\limits_{x\to\infty}\left(1+\dfrac{1}{x}\right)^x=\mathrm{e}$.

重要极限公式Ⅱ的推广形式为 $\lim\limits_{\square\to\infty}\left(1+\dfrac{1}{\square}\right)^{\square}=\mathrm{e}$ (其中"□"代表同一个变量).

作变换 $t=\dfrac{1}{x}$ ，当 $x\to\infty$ 时， $t\to 0$ ，上式可表示为 $\lim\limits_{t\to 0}(1+t)^{\frac{1}{t}}=\mathrm{e}$ ，即 $\lim\limits_{x\to 0}(1+x)^{\frac{1}{x}}=\mathrm{e}$ ，可作为重要极限公式Ⅱ的第二种形式直接使用.

说明：① 重要极限公式Ⅱ属于 1^{∞} 型的极限.

② 重要极限公式Ⅱ的特点是 $(1+无穷小)^{\frac{1}{无穷小}}\to\mathrm{e}$.

例 11 求极限 $\lim\limits_{x\to\infty}\left(1+\dfrac{3}{x}\right)^x$.

解： $\lim\limits_{x\to\infty}\left(1+\dfrac{3}{x}\right)^x=\lim\limits_{x\to\infty}\left[\left(1+\dfrac{3}{x}\right)^{\frac{x}{3}}\right]^3=\mathrm{e}^3 .$

例 12 求 $\lim\limits_{x\to 0}(1-2x)^{\frac{1}{x}}$.

解： $\lim\limits_{x\to 0}(1-2x)^{\frac{1}{x}}=\lim\limits_{x\to 0}[1+(-2x)]^{\frac{1}{-2x}\cdot(-2)}$

$$=\left\{\lim\limits_{x\to 0}[1+(-2x)]^{\frac{1}{-2x}}\right\}^{-2}=\mathrm{e}^{-2} .$$

例 13 求 $\lim\limits_{x\to\infty}\left(1-\dfrac{1}{x}\right)^{2x+5}$.

解： $\lim\limits_{x\to\infty}\left(1-\dfrac{1}{x}\right)^{2x+5}=\lim\limits_{x\to\infty}\left(1-\dfrac{1}{x}\right)^{2x}\cdot\lim\limits_{x\to\infty}\left(1-\dfrac{1}{x}\right)^{5}$

$$=\left[\lim\limits_{x\to\infty}\left(1-\dfrac{1}{x}\right)^{-x}\right]^{(-2)}\cdot 1=\mathrm{e}^{-2}.$$

由例 13，我们得到以下结论：

$$\lim\limits_{x\to\infty}\left(1+\dfrac{a}{x}\right)^{bx+c}=\mathrm{e}^{ab}.$$

例 14 求极限 $\lim\limits_{n\to\infty}\left(\dfrac{n}{n+1}\right)^{n}$.

解： 由 $\left(\dfrac{n}{n+1}\right)^{n}=\left(\dfrac{1}{1+\dfrac{1}{n}}\right)^{n}=\dfrac{1}{\left(1+\dfrac{1}{n}\right)^{n}}$，得

$$\lim\limits_{n\to\infty}\left(\dfrac{n}{n+1}\right)^{n}=\lim\limits_{n\to\infty}\dfrac{1}{\left(1+\dfrac{1}{n}\right)^{n}}=\dfrac{1}{\lim\limits_{n\to\infty}\left(1+\dfrac{1}{n}\right)^{n}}=\dfrac{1}{\mathrm{e}}.$$

例 15 求 $\lim\limits_{x\to\infty}\left(\dfrac{x-3}{x+1}\right)^{x}$.

解： $\lim\limits_{x\to\infty}\left(\dfrac{x-3}{x+1}\right)^{x}=\lim\limits_{x\to\infty}\left(\dfrac{1-\dfrac{3}{x}}{1+\dfrac{1}{x}}\right)^{x}=\dfrac{\lim\limits_{x\to\infty}\left(1-\dfrac{3}{x}\right)^{x}}{\lim\limits_{x\to\infty}\left(1+\dfrac{1}{x}\right)^{x}}=\dfrac{\lim\limits_{x\to\infty}\left(1-\dfrac{3}{x}\right)^{-\frac{x}{3}\cdot(-3)}}{\lim\limits_{x\to\infty}\left(1+\dfrac{1}{x}\right)^{x}}$

$$=\dfrac{\mathrm{e}^{-3}}{\mathrm{e}}=\mathrm{e}^{-4}.$$

根据重要极限公式 Ⅱ，现在我们可以证明第 1 章第 3 节中的连续复利计算公式

$$S_n=\lim\limits_{m\to\infty}p\left(1+\dfrac{r}{m}\right)^{mn}=p\lim\limits_{m\to\infty}\left[\left(1+\dfrac{r}{m}\right)^{\frac{m}{r}}\right]^{nr}=p\mathrm{e}^{nr}.$$

习题 2.3

1. 选择题.

(1) 下列极限正确的是(   ).

    A. $\lim\limits_{x\to\infty}\dfrac{\sin x}{x}=1$ B. $\lim\limits_{x\to 0}\dfrac{\sin x}{2x}=1$

C. $\lim\limits_{x\to\infty} x\sin\dfrac{1}{x}=1$
D. $\lim\limits_{x\to 0}\dfrac{\sin\dfrac{1}{x}}{\dfrac{1}{x}}=1$

(2) 若 $\lim\limits_{x\to\infty}(1+x^2)^{f(x)}=\mathrm{e}$，则 $f(x)=($).

   A. $\sin^2 x$ B. $\cos^2 x$ C. $\tan^2 x$ D. $\cot^2 x$

(3) $\lim\limits_{x\to\infty}\left(1-\dfrac{k}{x}\right)^x=\mathrm{e}^2$，则 $k=($).

   A. 2   B. -2 C. $\dfrac{1}{2}$ D. $-\dfrac{1}{2}$

2. 求下列各极限.

(1) $\lim\limits_{x\to 1}\dfrac{x^2-1}{x^2+2x-3}$；

(2) $\lim\limits_{x\to 0}\dfrac{x}{\sqrt{x+2}-\sqrt{2}}$；

(3) $\lim\limits_{x\to 1}\dfrac{x^2-2x+1}{x^3-x}$；

(4) $\lim\limits_{x\to 0}\dfrac{\sqrt{x+2}-\sqrt{3}}{x-1}$；

(5) $\lim\limits_{x\to 1}\left(\dfrac{1}{1-x}-\dfrac{3}{1-x^3}\right)$；

(6) $\lim\limits_{x\to\infty}\dfrac{3x^2-4x+2}{7x^2+3x+1}$；

(7) $\lim\limits_{n\to\infty}\dfrac{n^2+1}{(n+1)(n^2+4)}$；

(8) $\lim\limits_{x\to\infty}\dfrac{(2x-3)^5(x-2)^3}{(2x+9)^8}$；

(9) $\lim\limits_{n\to\infty}\left(1+\dfrac{1}{2}+\dfrac{1}{2^2}+\cdots+\dfrac{1}{2^n}\right)$；

(10) $\lim\limits_{n\to\infty}\dfrac{1+\dfrac{1}{2}+\dfrac{1}{4}+\ldots+\dfrac{1}{2^n}}{1+\dfrac{1}{5}+\dfrac{1}{5^2}+\ldots+\dfrac{1}{5^n}}$；

(11) $\lim\limits_{x\to 0}\dfrac{\sin 3x}{\sin 5x}$；

(12) $\lim\limits_{x\to 0}\dfrac{x-\sin x}{x+\sin x}$；

(13) $\lim\limits_{x\to 0}(1-2x)^{\frac{3}{x}}$；

(14) $\lim\limits_{x\to 0}\left(\dfrac{1}{1+x}\right)^{\frac{4}{x}}$；

(15) $\lim\limits_{x\to\infty}\left(\dfrac{x-1}{x+1}\right)^x$；

(16) $\lim\limits_{x\to\infty}\left(\dfrac{2x+1}{2x-1}\right)^x$.

2.4   函数的连续性

    连续性是函数的重要性态之一，客观世界的许多现象都是连续变化的，如气温的变化、水位的升高、生物的进化；经济学中成本的增加、供求关系的变化、社会经济的发展等. 这些现象反映到数学上，就是函数的连续性. 连续函数的图像是一条连续不断点的曲线.

2.4.1   函数连续的概念

函数的连续性

    定义 2.9   设函数 $y=f(x)$ 在点 x_0 的某一邻域内有定义，当自变量的增量 Δx 趋于 0

时，相应函数的增量 Δy 也趋于 0，即 $\lim\limits_{\Delta x \to 0} \Delta y = 0$，那么就称**函数** $y = f(x)$ **在点** x_0 **处连续**，

即 $\quad \lim\limits_{\Delta x \to 0} \Delta y = \lim\limits_{\Delta x \to 0} [f(x_0 + \Delta x) - f(x_0)] = 0$.

由函数连续的等价定义可知，如果函数在点 x_0 的某一邻域内有定义，当 $x \to x_0$ 时，$f(x) \to f(x_0)$，即 $\lim\limits_{x \to x_0} f(x) = f(x_0)$，由此可得函数连续的另一个定义.

定义 2.10　设函数 $y = f(x)$ 在点 x_0 的某一邻域内有定义，如果当 $x \to x_0$ 时，函数 $f(x)$ 的极限存在，且等于 $f(x)$ 在点 x_0 的函数值 $f(x_0)$，即

$$\lim\limits_{x \to x_0} f(x) = f(x_0).$$

那么，称函数 $y = f(x)$ 在点 x_0 处连续.

由定义 2.10 可以看出，函数 $y = f(x)$ 在点 x_0 处连续，必须同时满足如下条件.

(1) 在点 x_0 及附近有定义.

(2) 极限 $\lim\limits_{x \to x_0} f(x)$ 存在.

(3) $\lim\limits_{x \to x_0} f(x) = f(x_0)$.

例 1　讨论函数 $f(x) = \begin{cases} x^2 \sin \dfrac{1}{x}, & x \neq 0 \\ 0, & x = 0 \end{cases}$ 在 $x = 0$ 处的连续性.

解：$\lim\limits_{x \to 0} f(x) = \lim\limits_{x \to 0} x^2 \sin \dfrac{1}{x} = 0$，且函数在 $x = 0$ 处的函数值 $f(0) = 0$，

显然，$\lim\limits_{x \to 0} f(x) = f(0)$，故函数 $f(x)$ 在 $x = 0$ 处连续.

定义 2.11　如果 $\lim\limits_{x \to x_0^-} f(x) = f(x_0)$，则称函数 $f(x)$ 在点 x_0 处**左连续**.

如果 $\lim\limits_{x \to x_0^+} f(x) = f(x_0)$，则称函数 $f(x)$ 在点 x_0 处**右连续**.

定理 2.5　函数 $y = f(x)$ 在点 x_0 处连续的充分必要条件是函数 $y = f(x)$ 在点 x_0 处左连续且右连续.

在开区间内每一点都连续的函数，称作在该区间上的连续函数.

如果函数在开区间 (a, b) 内连续，且在左端点右连续，在右端点左连续，则称函数在闭区间 $[a, b]$ 上连续.

例 2　讨论函数 $f(x) = \begin{cases} x^2 + 1, & x < 1 \\ 2x - 1, & x \geq 1 \end{cases}$ 在点 $x = 1$ 处的连续性.

解：$\lim\limits_{x \to 1^-} f(x) = \lim\limits_{x \to 1^-} (x^2 + 1) = 2$，$\quad \lim\limits_{x \to 1^+} f(x) = \lim\limits_{x \to 1^+} (2x - 1) = 1$.

因为 $\lim\limits_{x \to 1^-} f(x) \neq \lim\limits_{x \to 1^+} f(x)$，所以 $\lim\limits_{x \to 1} f(x)$ 不存在. 故函数在点 $x = 1$ 处不连续.

2.4.2　函数的间断点

定义 2.12　如果函数 $f(x)$ 在点 x_0 处不连续，则称函数在点 x_0 处**间断**，点 x_0 称为函数的**间断点**.

根据函数连续的定义，有下述三种情况之一的点即为函数的间断点.

函数的间断点

(1) 在 $x = x_0$ 处没有定义.

(2) 虽在 $x = x_0$ 处有定义,但 $\lim\limits_{x \to x_0} f(x)$ 不存在.

(3) 虽在 $x = x_0$ 处有定义,且 $\lim\limits_{x \to x_0} f(x)$ 存在,但 $\lim\limits_{x \to x_0} f(x) \neq f(x_0)$.

函数的间断点分为两类:函数的左、右极限都存在的间断点,称为**第一类间断点**,其他间断点称为**第二类间断点**.在第一类间断点中,左、右极限相等的间断点称为**可去间断点**;左、右极限不相等的间断点称为**跳跃间断点**.在第二类间断点中,左、右极限至少有一个趋于无穷大的间断点为**无穷间断点**;函数的变化趋势是无限振荡的,称为**振荡间断点**.

例 3 讨论函数 $f(x) = \begin{cases} \dfrac{\sin x}{x}, & x \neq 0 \\ 0, & x = 0 \end{cases}$ 在 $x = 0$ 处的连续性.

解: $\lim\limits_{x \to 0} \dfrac{\sin x}{x} = 1$,函数在 $x = 0$ 处有定义 $f(0) = 0$,

因为 $\lim\limits_{x \to 0} f(x) \neq f(0)$,所以 $x = 0$ 是函数的间断点,且为第一类可去间断点.

例 4 试讨论函数 $f(x) = \begin{cases} x+1, & x < 1 \\ x, & x \geqslant 1 \end{cases}$ 在 $x = 1$ 处的连续性.

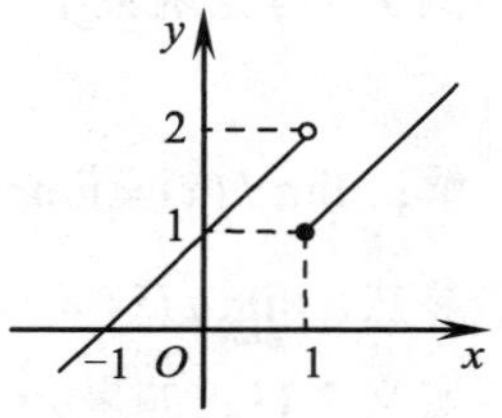

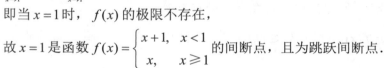

解: 如图 2-9 所示,函数 $f(x)$ 在 $x = 1$ 处有定义,

且 $f(1) = 1$, $\lim\limits_{x \to 1^-} f(x) = \lim\limits_{x \to 1^-} (x+1) = 2$,

$\lim\limits_{x \to 1^+} f(x) = \lim\limits_{x \to 1^+} x = 1$. 左右极限都存在但不相等,

即当 $x = 1$ 时, $f(x)$ 的极限不存在,

图 2-9

故 $x = 1$ 是函数 $f(x) = \begin{cases} x+1, & x < 1 \\ x, & x \geqslant 1 \end{cases}$ 的间断点,且为跳跃间断点.

例 5 试讨论 $y = \tan x$ 在 $x = \dfrac{\pi}{2}$ 处的连续性.

解: 如图 2-10 所示,正切函数 $y = \tan x$ 在 $x = \dfrac{\pi}{2}$ 处没有定义,从而 $x = \dfrac{\pi}{2}$ 是 $y = \tan x$ 的间断点.

又因为 $\lim\limits_{x \to \frac{\pi}{2}} \tan x = \infty$,所以 $x = \dfrac{\pi}{2}$ 是 $y = \tan x$ 的第二类无穷间断点.

例 6 讨论函数 $f(x) = \sin \dfrac{1}{x}$ 在 $x = 0$ 处的连续性.

解: 因为在 $x = 0$ 处函数无定义,所以 $x = 0$ 是函数的间断点.

又因为当 $x \to 0$ 时,函数值在 -1 和 $+1$ 之间无限次变动,所以点 $x = 0$ 称为函数 $f(x) = \sin \dfrac{1}{x}$ 的振荡间断点(见图 2-11).

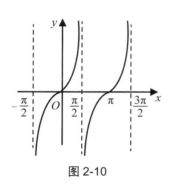

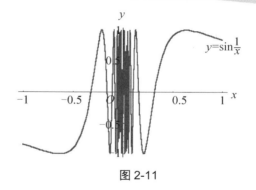

图 2-10　　　　　　　　　　　　　图 2-11

2.4.3　初等函数的连续性

1. 连续函数的四则运算

定理 2.6　若函数 $f(x), g(x)$ 在点 x_0 处连续，则 $Cf(x)$（C 为常数），$f(x) \pm g(x)$，

$f(x) \cdot g(x)$，$\dfrac{f(x)}{g(x)}$，（$g(x) \neq 0$）在点 x_0 处也连续.

2. 复合函数的连续性

根据连续函数的定义和复合函数的运算法则可得到如下定理.

定理 2.7　如果函数 $u = \varphi(x)$ 在点 x_0 处连续，而函数 $y = f(u)$ 在对应点 $u_0 = \varphi(x_0)$ 处连续，

那么复合函数 $y = f[\varphi(x)]$ 在点 x_0 处也是连续的，即

$$\lim_{x \to x_0} f[\varphi(x)] = f[\lim_{x \to x_0} \varphi(x)] = f[\varphi(x_0)].$$

上式说明，在函数连续的情形下，求复合函数的极限时，函数记号与极限记号可以交换运算次序，也可以直接代入求值.

例 7　求 $\lim_{x \to 1} \cos \sqrt{x + 2}$.

解：因为 $x = 1$ 为函数 $y = \cos \sqrt{x + 2}$ 定义域中的点，且函数为初等函数，所以由连续函数概念可知，$\lim_{x \to 1} \cos \sqrt{x + 2} = \cos \sqrt{3}$.

例 8　求 $\lim_{x \to 0} \ln \dfrac{\sin x}{x}$.

解：$\lim_{x \to 0} \ln \dfrac{\sin x}{x} = \ln \lim_{x \to 0} \dfrac{\sin x}{x} = \ln 1 = 0$.

例 9　求 $\lim_{x \to 3} \sqrt{\dfrac{x - 3}{x^2 - 9}}$.

解：函数 $\sqrt{\dfrac{x - 3}{x^2 - 9}}$ 可以看作是 $y = \sqrt{u}$ 和 $u = \dfrac{x - 3}{x^2 - 9}$ 复合而成的. 所以

$$\lim_{x \to 3} \sqrt{\dfrac{x - 3}{x^2 - 9}} = \sqrt{\lim_{x \to 3} \dfrac{x - 3}{x^2 - 9}} = \dfrac{\sqrt{6}}{6}.$$

3. 初等函数的连续性

前面我们已经指出，基本初等函数在其定义域内是连续的，根据初等函数的定义，得出下面的重要结论.

一切初等函数在其定义域内都是连续的.

注 这个结论告诉我们，若求连续函数在某点的极限，只要求出函数在该点的函数值即可.

例 10 求极限 $\lim\limits_{x \to 1} \dfrac{x^2 + \ln(2-x)}{4\arctan x}$.

解：因为 $x=1$ 是初等函数 $y = \dfrac{x^2 + \ln(2-x)}{4\arctan x}$ 定义区间内的点， 所以

$$\lim\limits_{x \to 1} \frac{x^2 + \ln(2-x)}{4\arctan x} = \frac{1^2 + \ln(2-1)}{4\arctan 1} = \frac{1}{\pi}. \quad (代入法)$$

2.4.4 闭区间上连续函数的性质

定理 2.8(最值定理) 闭区间上的连续函数，一定取得最大值和最小值(见图 2-12).

注 此定理对于开区间 (a,b) 内的连续函数或在闭区间 $[a,b]$ 上非连续的函数，定理的结论未必成立.

例如，函数 $f(x) = \dfrac{1}{x}$ 在开区间 $(0,1)$ 内连续，

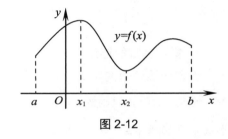

图 2-12

但在 $(0,1)$ 内无界. 又如函数

$$f(x) = \begin{cases} -x-1, & -1 \leqslant x < 0 \\ 0, & x=0 \\ -x+1, & 0 < x \leqslant 1 \end{cases}$$

在闭区间 $[-1,1]$ 上有间断点 $x=0$（见图 2-13），显然 $f(x)$ 在

$[-1,1]$ 上虽然有界，但是既无最大值也无最小值.

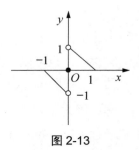

图 2-13

定理 2.9(介值定理) 如果函数 $y = f(x)$ 在闭区间 $[a, b]$ 上连续，m 和 n 分别是函数 $y = f(x)$ 在 $[a, b]$ 上的最大值和最小值，那么对于介于 m 和 n 之间的任意常数 c，至少存在一点 $\xi \in (a, b)$，使得 $f(\xi) = c$，如图 2-14 所示.

定理 2.10(零值定理) 如果函数 $y = f(x)$ 在闭区间 $[a, b]$ 上连续，且函数在两端点的函数值 $f(a)$ 与 $f(b)$ 异号，那么至少存在一点 $\xi \in (a, b)$，使得 $f(\xi) = 0$，如图 2-15 所示.

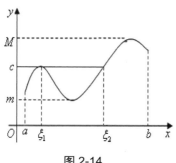

图 2-14

图 2-15

例 11　证明方程 $x^4 - 3x - 1 = 0$ 至少有一个根介于 1 和 2 之间.

证明: 设 $f(x) = x^4 - 3x - 1$, 它在闭区间 $[1, 2]$ 上连续. 因为

$$f(1) = 1^4 - 3 \times 1 - 1 = -3 < 0 ,$$

$$f(2) = 2^4 - 3 \times 2 - 1 = 9 > 0 .$$

根据零值定理, 在开区间 $(1, 2)$ 内至少存在一点 ξ, 使 $f(\xi) = 0$, 即 $x = \xi$ 是方程的根.

习题 2.4

1. 选择题.

(1) 函数 $y = f(x)$ 在点 $x = x_0$ 处有定义是它在该点处连续的(　　).

    A. 必要条件　　　　B. 充分条件　　　　C. 充分必要条件　　　　D. 既不充分也不必要

(2) 函数 $f(x) = \begin{cases} x - 1, & 0 < x \leqslant 1 \\ 3 - x, & 1 < x \leqslant 4 \end{cases}$ 在 $x = 1$ 处间断是因为(　　).

    A. 在 $x = 1$ 点无定义　　　　　　　　　B. $\lim\limits_{x \to 1^-} f(x)$ 不存在

    C. $\lim\limits_{x \to 1^+} f(x)$ 不存在　　　　　　　　D. $\lim\limits_{x \to 1} f(x)$ 不存在

(3) 设 $f(x) = \dfrac{e^{\frac{1}{x}} + 1}{e^{\frac{1}{x}} - 1}$, 则 $x = 0$ 是 $f(x)$ 的(　　).

    A. 可去间断点　　　B. 跳跃间断点　　　C. 第二类间断点　　　D. 连续点

(4) 若函数 $f(x) = \begin{cases} x \sin \dfrac{1}{x}, & x > 0 \\ a + x^2, & x \leqslant 0 \end{cases}$ 在 $(-\infty, +\infty)$ 内连续, 则 $a = ($　　$)$.

    A. 0　　　　　　　B. 1　　　　　　　C. 2　　　　　　　D. 3

(5) 函数 $y = \dfrac{\sqrt{x - 2}}{(x - 1)(x - 4)}$ 的连续区间为(　　).

    A. $[2, +\infty)$　　　　　　　　　　　　B. $[2, 4) \cup (4, +\infty)$

    C. $(1, 2) \cup (2, 4)$　　　　　　　　　D. $(1, 4) \cup (4, +\infty)$

(6) 函数 $y = \dfrac{1}{x^2 - 3x - 4}$ 的间断点是(　　).

    A. $1, -4$　　　　　B. $1, 4$　　　　　C. $-1, 4$　　　　D. $-1, -4$

2. 求下列极限.

(1) $\lim\limits_{x\to\frac{\pi}{6}}\ln(2\cos 2x)$;

(2) $\lim\limits_{x\to\frac{\pi}{4}}\dfrac{\sin 2x}{\cos(\pi-x)}$;

(3) $\lim\limits_{x\to+\infty}x\cdot[\ln(1+x)-\ln x]$;

(4) $\lim\limits_{x\to 1}\sqrt{\sin(\ln x)+\arcsin(2x^2-1)}$.

3. 求下列函数的间断点并指出其类型.

(1) $f(x)=\dfrac{e^x-1}{x}$;

(2) $f(x)=\begin{cases}x-1, & x\leqslant 1 \\ 3-x, & x>1\end{cases}$;

(3) $f(x)=\cos^2\dfrac{1}{x}$;

(4) $f(x)=\dfrac{x^3+3x^2-x-3}{x^2+x-6}$.

4. 当 a,b 为何值时，函数 $f(x)=\begin{cases}(1+ax)^{\frac{1}{x}}, & x>0 \\ e, & x=0 \\ \dfrac{\sin ax}{bx}, & x<0\end{cases}$ ，在 $x=0$ 处连续？

5. 证明方程 $e^x=3x$ 至少存在一个小于 1 的正根.

本 章 小 结

一、本章主要内容及学习要点

1. 极限的概念

极限的概念分为数列的极限和函数的极限.

2. 无穷小量与无穷大量

(1) 以零为极限的变量称为无穷小量，简称无穷小. 一般来说，无穷小表达的是变量的变化状态，而不是变量的大小，一个变量无论多小，都不能是无穷小量，零是唯一可作为无穷小的常数.

(2) 等价无穷小代换是有原则的. 在通常情况下，因子可以替换掉，但不能替换代数和当中的一部分，对分子、分母的代数和的替换可以整体替换，否则会导致错误.

3. 函数的连续性

(1) 连续函数的两个定义形式：① $\lim\limits_{\Delta x\to 0}\Delta y=0$ ；② $\lim\limits_{x\to x_0}f(x)=f(x_0)$.

(2) 函数 $f(x)$ 在点 x_0 处连续，必须同时满足以下三个条件.

① 在点 x_0 及附近有定义.

② 极限 $\lim\limits_{x\to x_0}f(x)$ 存在.

③ $\lim\limits_{x\to x_0}f(x)=f(x_0)$.

(3) 函数的间断点分为第一类间断点和第二类间断点.

对于第一类间断点，有以下两种情形.

① 当 $\lim\limits_{x\to x_0^-}f(x)$ 与 $\lim\limits_{x\to x_0^+}f(x)$ 都存在，但不相等时，称 x_0 为 $f(x)$ 的跳跃间断点.

②　当 $\lim\limits_{x \to x_0} f(x)$ 存在，但极限不等于 $f(x_0)$ 时，称 x_0 为 $f(x)$ 的可去间断点.

对于第二类间断点有以下两种情形.

①　左、右极限至少有一个为无穷大的点称为函数的无穷间断点.

②　如果在自变量趋于这点时，函数的变化趋势是无限地振荡，则称此点为振荡间断点.

4. 极限的计算方法

(1) 利用极限的定义来观察，求出极限.

(2) 利用极限的四则运算法则.

(3) 利用初等函数的恒等变形，如因式分解、根式有理化、通分等.

(4) 利用无穷小、无穷大性质以及二者之间的关系.

(5) 利用等价无穷小代换，常用等价无穷小有：

当 $x \to 0$ 时，$x \sim \sin x \sim \tan x \sim \arcsin x \sim \arctan x \sim \ln(1+x) \sim \mathrm{e}^x - 1$，

$$1 - \cos x \sim \frac{1}{2}x^2 , \quad \sqrt{1+x} - 1 \sim \frac{1}{2}x .$$

(6) 利用有理分式极限的结论.

一般地，当 $x \to \infty$ 时，有理分式 $(a_0 \neq 0, b_0 \neq 0)$ 的极限有以下几种结果：

$$\lim_{x \to \infty} \frac{a_0 x^n + a_1 x^{n-1} + \cdots + a_n}{b_0 x^m + b_1 x^{m-1} + \cdots + b_m} = \begin{cases} 0, & n < m \\ \dfrac{a_0}{b_0}, & n = m \\ \infty, & n > m \end{cases} .$$

(7) 利用两个重要极限.

重要极限 I：$\lim\limits_{x \to 0} \dfrac{\sin x}{x} = 1 \left(\text{或} \lim\limits_{x \to 0} \dfrac{x}{\sin x} = 1 \right).$

重要极限 II：$\lim\limits_{x \to 0} (1+x)^{\frac{1}{x}} = \mathrm{e} \left(\text{或} \lim\limits_{x \to \infty} \left(1 + \dfrac{1}{x}\right)^x = \mathrm{e} \right).$

二、重点和难点

重点：函数极限的描述性定义，函数在一点处连续的概念，初等函数的连续性，函数极限的四则运算法则，两个重要极限的理解与应用，极限的求法.

难点：极限与连续的概念的理解，无穷小，无穷大，无穷小阶的比较；判断分段函数在分界点处的极限与连续性.

自　测　题

一、填空题

1. 若 $\lim\limits_{x \to 1} \dfrac{x^2 - ax + 4}{x - 1} = -3$，则 $a = $ _____.

2. 函数 $f(x) = \dfrac{x-2}{x^2 + 3x + 2}$ 的间断点是 _____.

3. 函数 $f(x)$ 在点 x_0 处有极限是它在该点处连续的_____条件.

4. $\lim\limits_{x \to 0} \dfrac{x^2 \cos \dfrac{1}{x}}{\sin x} = $_____.

5. $\lim\limits_{x \to \infty} \dfrac{(2x-1)^{20}(3x+1)^{30}}{(2x+1)^{50}} = $_____.

6. 当 $x \to 0$ 时，$x - x^2$ 是比 $x^2 - x^3$ 的_____无穷小.

7. $f(x) = \begin{cases} x^2, & x > 0 \\ x + a, & x \leqslant 0 \end{cases}$，在 $x=0$ 处连续，则 $a = $_____.

8. $\lim\limits_{x \to 0} \dfrac{e^{5x} - 1}{x} = $_____.

9. 设 $f(x) = \dfrac{1}{x+1}$，则当 $x \to$ _____时 $f(x)$ 为无穷小，当 $x \to$ _____时 $f(x)$ 为无穷大.

10. 要使函数 $f(x) = \dfrac{x^2 - 3x + 2}{x - 2}$ 在 $x=2$ 处连续，则应在 $x=2$ 处补充定义_____.

二、选择题

1. 当 $x \to 0$ 时，与 $2x^2 + x^4$ 为同阶无穷小的是(　　).

    A. x　　　　　　B. x^2　　　　　　C. x^3　　　　　　　　D. x^4

2. 若 $\lim\limits_{x \to 0} \dfrac{f(x)}{x^2} = \dfrac{1}{2}$，则 $\lim\limits_{x \to 0} \dfrac{f(x)}{1 - \cos x} = ($ 　　).

    A. 0　　　　　　　B. 1　　　　　　　C. 2　　　　　　　D. 4

3. 下列极限存在的是(　　).

    A. $\lim\limits_{x \to 0} e^{\frac{1}{x}}$　　　B. $\lim\limits_{x \to 0} \sin \dfrac{1}{x}$　　　C. $\lim\limits_{x \to 1} \dfrac{1}{x^2 - 2x + 1}$　　　D. $\lim\limits_{x \to \infty} x \sin \dfrac{1}{x}$

4. 函数 $y = \sin \dfrac{1}{x}$ 为无穷小量的条件是(　　).

    A. $x \to 0$　　　　B. $x \to \dfrac{1}{\pi}$　　　C. $x \to \pi$　　　D. $x \to \sqrt{\pi}$

5. $\lim\limits_{x \to 1} \dfrac{\sin(x-1)}{1 - x^2} = ($ 　　).

    A. $-\dfrac{1}{2}$　　　　B. 0　　　　　　C. 1　　　　　　D. $\dfrac{1}{2}$

6. 设函数 $f(x) = \begin{cases} x^2, & x \geqslant 0 \\ e^x, & x < 0 \end{cases}$，则 $x=0$ 是 $f(x)$ 的(　　).

    A. 连续点　　　　B. 可去间断点　　　C. 跳跃间断点　　　D. 第二类间断点

7. 当 $x \to x_0$ 时，α 和 β 都是无穷小量，下列变量中，可能不是无穷小量的是(　　).

    A. $\alpha + \beta$　　　　B. $\alpha - \beta$　　　　C. $\alpha\beta$　　　　D. $\dfrac{\alpha}{\beta} (\beta \neq 0)$

8. 方程 $e^x = 3x$ 在开区间 $(0, 1)$ 内(　　).

    A. 至少有一个实根　　　　　　　　B. 至少有两个实根

C. 有三个实根　　　　　　　　　　D. 没有实根

9. 下列结论正确的是(　　).

A. 基本初等函数在定义区间上不一定连续

B. 分段函数在定义区间上必连续

C. 在定义区间上连续的函数都是初等函数

D. 分段函数在分段点不一定连续

10. 下列极限正确的是(　　).

A. $\lim\limits_{x\to\infty}\left(1+\dfrac{1}{x}\right)^{x+1}=\mathrm{e}$　　　　　　　B. $\lim\limits_{x\to\infty}(1+x)^{\frac{1}{x}}=\mathrm{e}$

C. $\lim\limits_{x\to\infty}(1-x)^{\frac{1}{x}}=\mathrm{e}$　　　　　　　　D. $\lim\limits_{x\to\infty}\left(1-\dfrac{2}{x^2}\right)^{x^2}=\mathrm{e}$

三、求极限

(1) $\lim\limits_{x\to-2}\dfrac{x^3+3x^2+2x}{x^2-x-6}$;　　　　　　(2) $\lim\limits_{n\to\infty}\left(\dfrac{2n-3}{3n+7}\right)^2$;

(3) $\lim\limits_{n\to\infty}\left[\dfrac{1}{1\cdot 2}+\dfrac{1}{2\cdot 3}+\cdots+\dfrac{1}{n(n+1)}\right]$;　　(4) $\lim\limits_{x\to+\infty}x(\sqrt{x^2+1}-x)$;

(5) $\lim\limits_{x\to0}\dfrac{\sin x}{\sin 5x}$;　　　　　　　　(6) $\lim\limits_{x\to0}(1-4x)^{\frac{1}{x}}$;

(7) $\lim\limits_{x\to\infty}\left(1+\dfrac{2}{x}\right)^{x+3}$;　　　　　　(8) $\lim\limits_{x\to0}\left(\dfrac{2x-1}{3x-1}\right)^{\frac{1}{x}}$;

(9) $\lim\limits_{x\to\infty}\left(\dfrac{2-x}{3-x}\right)^x$;　　　　　　(10) $\lim\limits_{x\to0}\dfrac{\sqrt{1+2x^2}-1}{\sin^2 x}$;

(11) $\lim\limits_{x\to0}\ln\dfrac{\sin x}{x}$;　　　　　　(12) $\lim\limits_{x\to\infty}\dfrac{(2+x^2)\arctan x}{x+x^3}$.

四、解答题

1. 讨论 $f(x)=\begin{cases}x^2-2x+2, & x\leqslant 0\\ \dfrac{\sin kx}{x}, & x>0\end{cases}$，$k$ 为何值时，函数在 $x=0$ 处连续.

2. 已知 $f(x)=\begin{cases}x+2, & x\leqslant-1\\ x^2, & -1<x<2\\ x, & x\geqslant 2\end{cases}$，试判断 $f(x)$ 在 $x=-1$ 处和 $x=2$ 处的连续性.

3. 求下列函数的间断点并判断类型.

(1) $y=\dfrac{x^2-1}{x^2-3x+2}$;　　　　　　(2) $y=\dfrac{1}{x^2+x-2}$;

(3) $f(x)=\begin{cases}x-1, & x>0\\ \sin x, & x\leqslant 0\end{cases}$;　　　　(4) $y=\dfrac{3^{\frac{1}{x}}-1}{3^{\frac{1}{x}}+1}$.

4. 已知 $\lim\limits_{x\to\infty}\left(\dfrac{x+c}{x-c}\right)^{x}=\mathrm{e}^{4}$ ，求 c 的值.

5. 设 $\lim\limits_{x\to 0}\left(\dfrac{1}{1+2x}\right)^{\frac{k}{x}}=\lim\limits_{x\to\infty}2x\sin\dfrac{1}{x}$ ，求 k 的值.

6. 设 $\lim\limits_{x\to\infty}\left(\dfrac{x^{3}+1}{x^{2}+1}-ax-b\right)=0$ ，求常数 a 和 b .

7. 证明方程 $x^{5}-3x=1$ 至少有一个实根介于 1 与 2 之间.

 拓展阅读——中国古代的数学成就　→

第3章 导数与微分

【知识目标】

- 理解导数的概念，了解导数的几何意义，掌握可导与连续的关系.
- 熟练掌握导数的基本公式.
- 熟练掌握导数的四则运算法则以及复合函数的求导法.
- 了解隐函数求导法、对数求导法.
- 了解高阶导数的概念，会求函数的二阶导数.
- 理解微分的概念，了解微分的几何意义和微分形式不变性，掌握微分公式和运算法则，了解微分的应用.

【能力目标】

- 能根据定义求函数在一点处的导数.
- 能根据导数的基本公式和求导法则求函数的导数.
- 能根据微分定义和运算法则求函数的微分.

案例：搭建帐篷的问题

　　某学院组织学生到野外集训，需要搭建一个下部是正六棱柱、上部侧面形状是正六棱锥的帐篷，已知下部的正六棱柱的高是 3 米，上部的侧面正六棱锥的棱长为 2 米，问当帐篷的顶端到地面中心的距离是多少时，搭建出来的帐篷体积最大？要想解决搭建帐篷的问题，需要先学习本章的导数与微分知识.

　　数学中研究导数、微分及其应用的部分称为**微分学**，研究不定积分、定积分及其应用的部分称为**积分学**. 微分学与积分学统称为**微积分学**.

　　在科学技术和经济分析中，常常需要讨论函数对自变量变化的快慢程度，即变化率问题. 例如，物体运动的瞬时速度、曲线的切线斜率、产品成本的变化率等问题. 求变化率在微分学中称为求导数. 本章将从变化率问题的实例引入导数的概念，给出导数的基本公式和运算法则. 至于它们的应用，将在后面章节中讨论.

3.1 导数概述

3.1.1 两个引例

我们先讨论产品的边际成本和切线的问题．这两个问题与导数概念的形成有密切关系．

引例 1 变速直线运动的速度问题

设有一质点沿直线做变速运动，其运动规律为 $s = s(t)$，现在来讨论质点在 t_0 时刻的瞬时速度．

对于匀速直线运动来说，速度公式是：

$$速度 = \bar{v} = \frac{S}{t}$$

对于变速直线运动，上述公式不适用．但我们知道，在很短的时间内，速度变化很小，变速运动接近于匀速运动，因此，可以利用上述公式先求出平均速度，再利用极限这个数学工具解决瞬时速度问题．

在 $[t_0, t_0 + \Delta t]$ 这段时间间隔内，质点的平均速度为

$$\bar{v} = \frac{\Delta s}{\Delta t} = \frac{s(t_0 + \Delta t) - s(t_0)}{\Delta t}$$

显然，时间间隔越短，$\bar{v}$ 就越接近于 t_0 时刻的速度，因此，考虑当 $\Delta t \to 0$ 时，如果上式的极限存在，此极限就定义为质点在 t_0 时刻的瞬时速度，即

$$v(t_0) = \lim_{\Delta t \to 0} \frac{\Delta s}{\Delta t} = \lim_{\Delta t \to 0} \frac{s(t_0 + \Delta t) - s(t_0)}{\Delta t}$$

引例 2 曲线的切线斜率问题

如图 3-1 所示，设 $A(x_0, y_0)$ 为曲线 $y = f(x)$ 上的一个定点，$B(x_0 + \Delta x, y_0 + \Delta y)$ 为曲线上的动点，当 B 点沿曲线无限接近于 A 点时，即 $\Delta x \to 0$．此时割线 AB 也无限趋近于它的极限位置 AT，我们称直线 AT 为曲线在 A 点处的切线．此时割线 AB 的倾斜角 β 也无限地趋近于切线的倾斜角 α，则切线的斜率为

$$\tan \alpha = \lim_{\Delta x \to 0} \tan \beta = \lim_{\Delta x \to 0} \frac{\Delta y}{\Delta x}$$

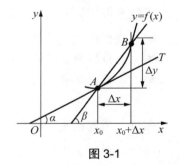

图 3-1

上面两个实际问题的具体含义虽然不同，但形式上都归结为计算当自变量的增量趋于零时，函数增量与自变量增量的比的极限．这种特殊的极限称为函数的导数．

3.1.2 导数的定义

1. 函数在一点处的导数与导函数

定义 3.1 设函数 $y = f(x)$ 在点 x_0 的某个邻域内有定义，当自变量 x 在点 x_0 处取得增量 Δx 时，相应地函数 y 也取得增量

$$\Delta y = f(x_0 + \Delta x) - f(x_0)$$

导数的定义

如果 Δy 与 Δx 之比的极限

$$\lim_{\Delta x \to 0} \frac{\Delta y}{\Delta x} = \lim_{\Delta x \to 0} \frac{f(x_0 + \Delta x) - f(x_0)}{\Delta x} \tag{3.1}$$

存在，则称函数在点 x_0 处**可导**，并称此极限为函数 $y = f(x)$ 在点 x_0 处的**导数**，记作

$$f'(x_0), \quad y' \big|_{x=x_0}, \quad \frac{\mathrm{d}y}{\mathrm{d}x} \Big|_{x=x_0}, \quad \frac{\mathrm{d}f}{\mathrm{d}x} \Big|_{x=x_0}$$

即

$$f'(x_0) = \lim_{\Delta x \to 0} \frac{\Delta y}{\Delta x} = \lim_{\Delta x \to 0} \frac{f(x_0 + \Delta x) - f(x_0)}{\Delta x}. \tag{3.2}$$

若式(3.1)极限不存在，则称函数 $y = f(x)$ 在点 x_0 处不可导.

如果函数 $y = f(x)$ 在开区间 (a, b) 内的每一点都可导，则称函数 $y = f(x)$ 在开区间 (a, b) 内可导. 这时对于开区间 (a, b) 内的每一点 x，都对应一个确定的导数值 $f'(x)$. 这样就构成了一个新的函数，这个函数就称作 $y = f(x)$ 的**导函数**，简称**导数**，记为

$$f'(x), \quad y', \quad \frac{\mathrm{d}y}{\mathrm{d}x} \text{ 或 } \frac{\mathrm{d}f(x)}{\mathrm{d}x}$$

在式(3.2)中，把 x_0 换成 x，即得导函数的定义式为

$$f'(x) = \lim_{\Delta x \to 0} \frac{\Delta y}{\Delta x} = \lim_{\Delta x \to 0} \frac{f(x + \Delta x) - f(x)}{\Delta x}. \tag{3.3}$$

显然，对于可导函数 $f(x)$ 在点 x_0 处的导数 $f'(x_0)$，就是导函数 $f'(x)$ 在 $x = x_0$ 处的函数值，即

$$f'(x_0) = f'(x) \big|_{x=x_0}.$$

2．左、右导数

求函数 $y = f(x)$ 在点 x_0 处的导数时，$x \to x_0$ 的方式是任意的. 如果 x 仅从 x_0 的左侧趋于 x_0 (记为 $\Delta x \to 0^-$)时，极限

$$\lim_{\Delta x \to 0^-} \frac{\Delta y}{\Delta x} = \lim_{\Delta x \to 0^-} \frac{f(x_0 + \Delta x) - f(x_0)}{\Delta x}$$

存在，则称该极限值为函数 $y = f(x)$ 在点 x_0 处的左导数，记为 $f'_-(x_0)$，即

$$f'_-(x_0) = \lim_{\Delta x \to 0^-} \frac{\Delta y}{\Delta x} = \lim_{\Delta x \to 0^-} \frac{f(x_0 + \Delta x) - f(x_0)}{\Delta x}$$

类似地，可定义函数 $y = f(x)$ 在点 x_0 处的右导数，记为 $f'_+(x_0)$，即：

$$f'_+(x_0) = \lim_{\Delta x \to 0^+} \frac{\Delta y}{\Delta x} = \lim_{\Delta x \to 0^+} \frac{f(x_0 + \Delta x) - f(x_0)}{\Delta x}$$

定理 3.1　函数 $y = f(x)$ 在点 x_0 处可导的充分必要条件是：函数 $y = f(x)$ 在点 x_0 处的左、右导数均存在且相等.

这个定理经常被用于判定分段函数在分段点处是否可导.

3．利用定义计算导数

用导数定义求函数导数可按以下步骤进行.

(1) 求增量：$\Delta y = f(x + \Delta x) - f(x)$.

(2) 算比值：$\dfrac{\Delta y}{\Delta x}$.

(3) 求极限：$f'(x)=\lim\limits_{\Delta x\to 0}\dfrac{\Delta y}{\Delta x}=\lim\limits_{\Delta x\to 0}\dfrac{f(x+\Delta x)-f(x)}{\Delta x}$.

例 1 求函数 $y=c$（c 为常数）的导数.

解：(1) $\Delta y=f(x+\Delta x)-f(x)=c-c=0$;

(2) $\dfrac{\Delta y}{\Delta x}=0$;

(3) $y'=\lim\limits_{\Delta x\to 0}\dfrac{\Delta y}{\Delta x}=0$.

即　$c'=0$.

例 2 求函数 $f(x)=x^n(n\in\mathbf{N})$ 的导数.

解：(1) $\Delta y=(x+\Delta x)^n-x^n$

$\qquad =C_n^0x^n+C_n^1x^{n-1}\Delta x+C_n^2x^{n-2}(\Delta x)^2+\cdots+C_n^n(\Delta x)^n-x^n$

$\qquad =C_n^1x^{n-1}\Delta x+C_n^2x^{n-2}(\Delta x)^2+\cdots+(\Delta x)^n$;

(2) $\dfrac{\Delta y}{\Delta x}=C_n^1x^{n-1}+C_n^2x^{n-2}(\Delta x)+\cdots+(\Delta x)^{n-1}$;

(3) $\lim\limits_{\Delta x\to 0}\dfrac{\Delta y}{\Delta x}=C_n^1x^{n-1}=nx^{n-1}$, 即

$$(x^n)'=nx^{n-1}.$$

更一般地，$f(x)=x^\mu$（μ 为常数）的导数为

$$(x^\mu)'=\mu x^{\mu-1}.$$

例如，当 $\mu=1$ 时，得到 $x'=1$；当 $\mu=\dfrac{1}{2}$ 时，得到 $(\sqrt{x})'=\dfrac{1}{2\sqrt{x}}$;

当 $\mu=-1$ 时，得到 $\left(\dfrac{1}{x}\right)'=-\dfrac{1}{x^2}$.

例 3 求函数 $y=\sin x$ 的导数.

解：(1) $\Delta y=f(x+\Delta x)-f(x)$

$\qquad =\sin(x+\Delta x)-\sin x=2\cos\left(x+\dfrac{\Delta x}{2}\right)\sin\dfrac{\Delta x}{2}$;

(2) $\dfrac{\Delta y}{\Delta x}=\cos\left(x+\dfrac{\Delta x}{2}\right)\dfrac{\sin\dfrac{\Delta x}{2}}{\dfrac{\Delta x}{2}}$;

(3) $y'=\lim\limits_{\Delta x\to 0}\dfrac{\Delta y}{\Delta x}=\lim\limits_{\Delta x\to 0}\cos\left(x+\dfrac{\Delta x}{2}\right)\dfrac{\sin\dfrac{\Delta x}{2}}{\dfrac{\Delta x}{2}}=\cos x$.

即

$$(\sin x)'=\cos x.$$

同理可求得　$(\cos x)'=-\sin x$.

例 4　求函数 $y = \log_a x$ 的导数.

解： (1)　$\Delta y = f(x + \Delta x) - f(x)$

$$= \log_a (x + \Delta x) - \log_a x$$

$$= \log_a \frac{x + \Delta x}{x} = \log_a \left(1 + \frac{\Delta x}{x}\right);$$

(2)　$\dfrac{\Delta y}{\Delta x} = \dfrac{\log_a \left(1 + \dfrac{\Delta x}{x}\right)}{\Delta x} = \dfrac{1}{x} \log_a \left(1 + \dfrac{\Delta x}{x}\right)^{\frac{x}{\Delta x}};$

(3)　$y' = \lim\limits_{\Delta x \to 0} \dfrac{\Delta y}{\Delta x} = \lim\limits_{\Delta x \to 0} \dfrac{1}{x} \log_a \left(1 + \dfrac{\Delta x}{x}\right)^{\frac{x}{\Delta x}} = \dfrac{1}{x} \log_a \left[\lim\limits_{\Delta x \to 0} \left(1 + \dfrac{\Delta x}{x}\right)^{\frac{x}{\Delta x}}\right]$

$$= \frac{1}{x} \log_a \mathrm{e} = \frac{1}{x \ln a}.$$

即　$(\log_a x)' = \dfrac{1}{x \ln a}.$

特别的是，当 $a = \mathrm{e}$ 时，$(\ln x)' = \dfrac{1}{x}.$

3.1.3　连续与可导的关系

在微分学中，函数的可导和连续是两个重要概念，它们之间有什么内在的联系呢？

函数连续与可导

定理 3.2　若函数 $y = f(x)$ 在点 x_0 处可导，则 $f(x)$ 在点 x_0 处连续.

事实上，若函数 $y = f(x)$ 在 x_0 点可导，则有 $\lim\limits_{\Delta x \to 0} \dfrac{\Delta y}{\Delta x} = f'(x_0)$ 存在.

$$\lim\limits_{\Delta x \to 0} \Delta y = \lim\limits_{\Delta x \to 0} \frac{\Delta y}{\Delta x} \cdot \Delta x = \lim\limits_{\Delta x \to 0} \frac{\Delta y}{\Delta x} \cdot \lim\limits_{\Delta x \to 0} \Delta x = f'(x_0) \cdot 0 = 0.$$

所以函数 $f(x)$ 在点 x_0 处连续.

但是，函数 $y = f(x)$ 在 x_0 处连续，却不一定可导.

例 5　讨论函数 $f(x) = |x|$ 在点 $x = 0$ 处的可导性.

解： $\dfrac{\Delta y}{\Delta x} = \dfrac{f(0 + \Delta x) - f(0)}{\Delta x} = \dfrac{|\Delta x|}{\Delta x}.$

于是　$f'_+(0) = \lim\limits_{\Delta x \to 0^+} \dfrac{\Delta y}{\Delta x} = \lim\limits_{\Delta x \to 0^+} \dfrac{|\Delta x|}{\Delta x} = \lim\limits_{\Delta x \to 0^+} \dfrac{\Delta x}{\Delta x} = 1;$

$f'_-(0) = \lim\limits_{\Delta x \to 0^-} \dfrac{\Delta y}{\Delta x} = \lim\limits_{\Delta x \to 0^-} \dfrac{|\Delta x|}{\Delta x} = \lim\limits_{\Delta x \to 0^-} \dfrac{-\Delta x}{\Delta x} = -1.$

因为 $f'_+(0) \neq f'_-(0)$，所以函数 $f(x) = |x|$ 在点 $x = 0$ 处不可导.

从上例可以看出，函数在一点处连续是函数在该点处可导的必要条件.

3.1.4 导数的几何意义

由前面的讨论我们已经知道，函数 $y = f(x)$ 在 x_0 处的导数 $f'(x_0)$ 是曲线 $y = f(x)$ 在点 $A(x_0, y_0)$ 处的切线的斜率. 这是导数的几何意义.

曲线 $y = f(x)$ 在点 $A(x_0, y_0)$ 处的切线方程为

$$y - y_0 = f'(x_0)(x - x_0).$$

法线方程为

$$y - y_0 = -\frac{1}{f'(x_0)}(x - x_0).$$

例 6 求曲线 $f(x) = \sin x$ 在点 $\left(\frac{\pi}{3}, \frac{\sqrt{3}}{2}\right)$ 处的切线方程和法线方程.

解：设切线和法线的斜率分别为 k_1, k_2，因切点处的导数等于切线的斜率，故

$$k_1 = f'\left(\frac{\pi}{3}\right) = \cos\frac{\pi}{3} = \frac{1}{2}.$$

则切线为

$$y - \frac{\sqrt{3}}{2} = \frac{1}{2}\left(x - \frac{\pi}{3}\right).$$

即

$$3x - 6y + 3\sqrt{3} - \pi = 0.$$

由 $k_1 \cdot k_2 = -1$，所以法线的斜率为 $k_2 = -2$，

则法线为

$$y - \frac{\sqrt{3}}{2} = -2\left(x - \frac{\pi}{3}\right),$$

即

$$12x + 6y - 3\sqrt{3} - 4\pi = 0.$$

习题 3.1

一、填空题

1. 已知 $f'(3) = 2$，则 $\lim\limits_{h \to 0}\frac{f(3+2h) - f(3)}{h} = $ _____.

2. 设 $f'(x_0) = \frac{1}{5}$，则 $\lim\limits_{x \to x_0}\frac{x - x_0}{f(x) - f(x_0)} = $ _____.

3. 已知 $f'(x_0)$ 存在，则 $\lim\limits_{h \to 0}\frac{f(x_0 + h) - f(x_0 - h)}{h} = $ _____.

4. $f(x)$ 在 $x = 1$ 处可导，且 $f'(1) = -1$，则 $\lim\limits_{h \to 0}\frac{f(1-2h) - f(1+h)}{h} = $ _____.

5. 设函数 $f(x)$ 可导，且 $\lim\limits_{x \to 0}\frac{f(1) - f(1-x)}{2x} = 1$，则 $f'(1) = $ _____.

二、选择题

1. 设函数 $f(x)$ 在点 x_0 处可导，则下列式子表示 $f'(x_0)$ 的有(　　).

　A. $\lim\limits_{\Delta x \to 0}\frac{f(x_0 - \Delta x) - f(x_0)}{\Delta x}$　　　　B. $\lim\limits_{x \to x_0}\frac{f(x) - f(x_0)}{x - x_0}$

C. $\lim\limits_{h \to 0} \dfrac{f(x_0 - h) - f(x_0)}{2h}$ D. $\lim\limits_{\Delta x \to 0} \dfrac{f(x_0 + 2\Delta x) - f(x_0)}{\Delta x}$

2. 设函数 $f(x)$ 在点 $x = 1$ 处可导，且 $\lim\limits_{\Delta x \to 0} \dfrac{f(1 - \Delta x) - f(1)}{\Delta x} = \dfrac{1}{2}$，则 $f'(1) = ($ $)$.

     A. $\dfrac{1}{2}$ B. $-\dfrac{1}{2}$ C. 2 D. -2

3. 曲线 $y = \ln x$ 在点 $(1, 0)$ 处的切线方程为(   ).

     A. $y = x - 1$ B. $y = -x - 1$ C. $y = x + 1$ D. $y = -x + 1$

4. 设曲线 $y = x^2 + x - 2$ 在点 M 处的切线斜率为 3，则点 M 的坐标为(   ).

     A. $(0, 0)$ B. $(1, 1)$ C. $(1, 0)$ D. $(-1, 0)$

5. 如果曲线 $f(x)$ 在点 x_0 处有切线，则 $f'(x_0)$(   ).

     A. 为零   B. 一定存在   C. 一定不存在   D. 不一定存在

6. 设函数 $y = \dfrac{\sqrt{x}}{\sqrt[3]{x}}$，则 $y' = ($ $)$.

     A. $\dfrac{1}{3} x^{-\frac{5}{6}}$ B. $\dfrac{1}{6} x^{-\frac{1}{6}}$ C. $\dfrac{1}{6} x^{-\frac{5}{6}}$ D. $x^{-\frac{5}{6}}$

7. 函数 $f(x) = \begin{cases} 2x, & x < 0 \\ x^2, & x \geqslant 0 \end{cases}$ 在 $x = 0$ 处(   ).

     A. 连续，可导   B. 连续，不可导

     C. 不连续，可导   D. 不连续，不可导

三、讨论题

试讨论函数 $y = \begin{cases} x^2 \sin \dfrac{1}{x}, & x \neq 0 \\ 0, & x = 0 \end{cases}$ 在 $x = 0$ 处的连续性与可导性.

3.2 导数的基本公式与四则运算法则

     初等函数是微积分研究的主要对象，求初等函数的导数是微积分的基本运算. 在上一节中，我们给出了用定义求导数的方法，但当函数较复杂时，直接用定义求导数比较困难，甚至求不出来. 因此，我们需要探索求函数导数的一般方法.

3.2.1 导数的四则运算法则

     设函数 $u = u(x), v = v(x)$ 在 x 处均可导，则有

法则 1 $(u \pm v)' = u' \pm v'$ (3.4)

法则 2 $(uv)' = u'v + uv'$ (3.5)

导数的四则运算

法则 1、法则 2 可以推广到有限个函数的情形.

特别地，当 $v = C$（C 为常数），有 $(Cu)' = Cu'$.

法则 3
$$\left(\frac{u}{v}\right)' = \frac{u'v - uv'}{v^2} \quad (v \neq 0) \tag{3.6}$$

特别地
$$\left(\frac{c}{v}\right)' = -\frac{cv'}{v^2} \quad (v \neq 0).$$

例 1 求函数 $y = x^3 - 2x^2 + \sin x$ 的导数.

解： $y' = (x^3)' - (2x^2)' + (\sin x)' = 3x^2 - 4x + \cos x$.

例 2 求函数 $y = \dfrac{x^3 + \sqrt{x} - 2}{x}$ 的导数.

解： 如果直接用四则运算法则求这个函数的导数，那么会显得很烦琐。这时要先化简，再求解.

$$y = \frac{x^3 + \sqrt{x} - 2}{x} = x^2 + x^{-\frac{1}{2}} - \frac{2}{x};$$

$$y' = 2x - \frac{1}{2}x^{-\frac{3}{2}} + \frac{2}{x^2}.$$

例 3 求函数 $y = 2\sqrt{x}\ln x$ 的导数.

解： $y' = (2\sqrt{x}\ln x)' = 2(\sqrt{x}\ln x)' = 2[(\sqrt{x})'\ln x + \sqrt{x}(\ln x)']$

$$= 2\left(\frac{1}{2\sqrt{x}}\ln x + \sqrt{x} \cdot \frac{1}{x}\right) = \frac{1}{\sqrt{x}}\ln x + 2\frac{1}{\sqrt{x}} = \frac{1}{\sqrt{x}}(\ln x + 2).$$

例 4 求函数 $y = \tan x$ 的导数.

解： $y' = (\tan x)' = \left(\dfrac{\sin x}{\cos x}\right)'$

$$= \frac{(\sin x)'\cos x - \sin x(\cos x)'}{\cos^2 x} = \frac{\cos^2 x + \sin^2 x}{\cos^2 x}$$

$$= \frac{1}{\cos^2 x} = \sec^2 x.$$

即
$$(\tan x)' = \sec^2 x.$$

同理可得
$$(\cot x)' = -\csc^2 x.$$

例 5 求函数 $y = \sec x$ 的导数.

解： $y' = (\sec x)' = \left(\dfrac{1}{\cos x}\right)' = -\dfrac{(\cos x)'}{\cos^2 x} = -\dfrac{-\sin x}{\cos^2 x} = \sec x \tan x.$

即
$$(\sec x)' = \sec x \tan x.$$

同理可得
$$(\csc x)' = -\csc x \cot x.$$

3.2.2 基本初等函数的导数公式

关于其他基本初等函数的导数，在这里就不一一推导了. 为了便于读者阅读计算，现将基本初等函数的求导公式汇总如下.

(1) $(c)' = 0$；

(2) $(x^{\alpha})' = \alpha x^{\alpha-1}$；

(3) $(\log_a x)' = \dfrac{1}{x \ln a}$；

(4) $(\ln x)' = \dfrac{1}{x}$；

(5) $(a^x)' = a^x \ln a$；

(6) $(e^x)' = e^x$；

(7) $(\sin x)' = \cos x$；

(8) $(\cos x)' = -\sin x$；

(9) $(\tan x)' = \sec^2 x$；

(10) $(\cot x)' = -\csc^2 x$；

(11) $(\sec x)' = \sec x \tan x$；

(12) $(\csc x)' = -\csc x \cot x$；

(13) $(\arcsin x)' = \dfrac{1}{\sqrt{1-x^2}}$；

(14) $(\arccos x)' = -\dfrac{1}{\sqrt{1-x^2}}$；

(15) $(\arctan x)' = \dfrac{1}{1+x^2}$；

(16) $(\operatorname{arc cot} x)' = -\dfrac{1}{1+x^2}$.

习题 3.2

1. 计算下列函数的导数.

(1) $y = \ln x + 3\sin x - 5x$；

(2) $y = x^3 \ln x$；

(3) $y = \sqrt[3]{x^2} + \sqrt{x\sqrt{x}}$ ；

(4) $y = 3x^5 \cdot \sqrt[3]{x^2} - \dfrac{1}{x^3} + \sqrt{6}$；

(5) $y = (x+1)(x+2)(x+3)$；

(6) $y = \dfrac{\sin x}{1 + \cos x}$；

(7) $y = \dfrac{1 + \sin 2x}{\sin x + \cos x}$ ；

(8) $y = \dfrac{1 - \ln x}{1 + \ln x}$.

2. 已知函数 $f(x) = x \arctan x \ln x$，求 $f'(1)$.

3. 已知函数 $f(x) = \dfrac{1 + \sin x}{1 - \sin x}$，求 $f'(0)$，$f'\left(\dfrac{\pi}{6}\right)$.

3.3　复合函数的导数

已知 $(e^x)' = e^x$，如果 $y = e^{2x}$，是否有 $y' = (e^{2x})' = e^{2x}$ 呢？由指数运算公式 $e^{2x} = e^{x+x} = e^x \cdot e^x$，用导数的乘法法则，可以得到

$$y' = (e^x)' e^x + e^x (e^x)' = e^x \cdot e^x + e^x \cdot e^x = 2e^{2x}.$$

这说明 $(e^{2x})' \ne e^{2x}$，其原因在于 $y = e^{2x}$ 是复合函数，它是由 $y = e^u$，$u = 2x$ 复合而成的，直接套用基本公式求复合函数的导数是不行的.

那么如何求复合函数的导数呢？

定理 3.3　若函数 $u = \varphi(x)$ 在 x 处可导，而函数 $y = f(u)$ 在对应点 u 处可导，则复合函数 $y = f[\varphi(x)]$ 在 x 处可导，且有 $\dfrac{\mathrm{d}y}{\mathrm{d}x} = \dfrac{\mathrm{d}y}{\mathrm{d}u} \cdot \dfrac{\mathrm{d}u}{\mathrm{d}x}$ 或 $y_x' = y_u' u_x'$.

复合函数的导数

上式说明，复合函数的导数等于函数对中间变量的导数乘以中间变量对自变量的导数. 该法则可以推广到有限个中间变量的情形.

例如，$y = f(u)$，$u = \varphi(v)$，$v = \psi(x)$ 均是可导函数，则复合函数 $y = f\{\varphi[\psi(x)]\}$ 可导，且 $\dfrac{\mathrm{d}y}{\mathrm{d}x} = \dfrac{\mathrm{d}y}{\mathrm{d}u} \cdot \dfrac{\mathrm{d}u}{\mathrm{d}v} \cdot \dfrac{\mathrm{d}v}{\mathrm{d}x}$ 或 $y'_x = y'_u \cdot u'_v \cdot v'_x$．

例 1 求函数 $y = \cos x^2$ 的导数．

解： 设 $y = \cos u$，$u = x^2$，所以

$$\frac{\mathrm{d}y}{\mathrm{d}x} = \frac{\mathrm{d}y}{\mathrm{d}u} \cdot \frac{\mathrm{d}u}{\mathrm{d}x} = -\sin u \cdot 2x = -2x \sin u = -2x \sin x^2.$$

例 2 求函数 $y = (x^2 + 1)^{10}$ 的导数．

解： 设 $y = u^{10}$，$u = x^2 + 1$，则由复合函数的求导法则可得

$$y' = (u^{10})'_u \cdot (x^2 + 1)'_x = 10u^9 \cdot 2x = 20xu^9 = 20x(x^2 + 1)^9.$$

例 3 设 $y = \mathrm{e}^{\tan\sqrt{x}}$，求 y'．

解： 令 $y = \mathrm{e}^u$，$u = \tan v$，$v = \sqrt{x}$，则

$$\frac{\mathrm{d}y}{\mathrm{d}x} = \frac{\mathrm{d}y}{\mathrm{d}u} \cdot \frac{\mathrm{d}u}{\mathrm{d}v} \cdot \frac{\mathrm{d}v}{\mathrm{d}x} = \mathrm{e}^u \cdot \sec^2 v \cdot \frac{1}{2\sqrt{x}} = \mathrm{e}^{\tan\sqrt{x}} \cdot \sec^2\sqrt{x} \cdot \frac{1}{2\sqrt{x}}.$$

注 在求复合函数的导数时，首先要分清函数的复合层次，然后从外向里，逐层推进求导，不要遗漏，也不要重复．在求导过程中，始终要明确所求的导数是哪个函数对哪个变量的导数．当熟练了之后计算时不必再将中间变量写出来，可以"一步到位"．

例 4 设 $y = \ln\cos\mathrm{e}^x$，求 $\dfrac{\mathrm{d}y}{\mathrm{d}x}$．

解：
$$\frac{\mathrm{d}y}{\mathrm{d}x} = [\ln\cos\mathrm{e}^x]' = \frac{1}{\cos\mathrm{e}^x} \cdot [\cos\mathrm{e}^x]'$$
$$= \frac{1}{\cos\mathrm{e}^x} \cdot [-\sin\mathrm{e}^x] \cdot (\mathrm{e}^x)' = -\mathrm{e}^x \tan\mathrm{e}^x.$$

例 5 设 $y = \mathrm{e}^{\sin\frac{1}{x}}$，求 y'．

解：
$$y' = \mathrm{e}^{\sin\frac{1}{x}} \cdot \left(\sin\frac{1}{x}\right)' = \mathrm{e}^{\sin\frac{1}{x}} \cdot \cos\frac{1}{x} \cdot \left(\frac{1}{x}\right)'$$
$$= -\mathrm{e}^{\sin\frac{1}{x}} \cdot \cos\frac{1}{x} \cdot \frac{1}{x^2}.$$

例 6 设 $y = \ln\sqrt{\dfrac{x-1}{x+1}}$ $(x > 1)$，求 y'．

解： 先用对数运算性质化为和差式，再求导数．

因为 $y = \dfrac{1}{2}[\ln(x-1) - \ln(x+1)]$，所以

$$y' = \frac{1}{2}\left(\frac{1}{x-1} - \frac{1}{x+1}\right) = \frac{1}{x^2-1}.$$

从例 5 可以看出，有时先将式子化简再求导，能使问题简化很多．

用链式法则求复合函数的导数，关键在于将一个比较复杂的函数分解成一系列比较简单的函数的复合．所谓简单的函数是指基本初等函数或者由基本初等函数经过有限次的四则运算所构成的函数．

习题 3.3

1. 求下列函数的导数.

(1) $y = \cos(4 - 3x)$；

(2) $y = e^{-3x^2}$；

(3) $y = \sqrt{a^2 - x^2}$；

(4) $y = \arctan(e^x)$；

(5) $y = \arccos\dfrac{1}{x}$；

(6) $y = \arcsin(1 - 2x)$；

(7) $y = \ln[\ln(\ln x)]$；

(8) $y = \ln(x + \sqrt{x^2 - a^2})$；

(9) $y = \dfrac{1}{x + \sqrt{x^2 + 1}}$；

(10) $y = \ln\dfrac{1 + \sqrt{x}}{1 - \sqrt{x}}$；

(11) $y = e^{-\frac{x}{2}}\cos 3x$；

(12) $y = \ln(\sec x + \tan x)$.

2. 已知函数 $f(x) = f(\sin^2 x)$，求 $f'(x)$.

3.4　隐函数求导法则

前面讨论的函数都是把变量 y 写成自变量 x 的显式表达式 $y = f(x)$，这样的函数称作显函数. 在实际问题中，有时还会遇到用一个方程表示函数关系的情形，如 $y = \sin(x + y)$，$e^y + xy - e^x = 0$. 我们把一个由二元方程 $F(x, y) = 0$ 所确定的函数 $y = f(x)$ 称作隐函数.

3.4.1　隐函数的导数

隐函数求导法则：首先在方程 $F(x, y) = 0$ 两边同时对 x 求导，遇到 y 时，把 y 看成是 x 的函数，遇到 y 的函数时，要把它看作是 x 的复合函数，y 是中间变量，然后从所得的关系式中解出 y'_x，即得到隐函数 y 的导数.

隐函数的导数

例 1　求 $x^2 + y^2 = r^2$ 所确定的隐函数 $y = f(x)$ 的导数.

解：在方程 $x^2 + y^2 = r^2$ 两端同时对 x 求导，得

$$2x + 2yy' = 0.$$

解得　$y' = -\dfrac{x}{y}$　$(y \neq 0)$.

例 2　求由方程 $y\sin x - \cos(x - y) = 0$ 所确定的函数的导数.

解：在方程两边同时对自变量 x 求导，得

$$y\cos x + \sin x \cdot \frac{dy}{dx} + \sin(x - y) \cdot \left(1 - \frac{dy}{dx}\right) = 0.$$

整理得　$[\sin(x - y) - \sin x]\dfrac{dy}{dx} = \sin(x - y) + y\cos x.$

解得 $\dfrac{\mathrm{d}y}{\mathrm{d}x} = \dfrac{\sin(x-y) + y\cos x}{\sin(x-y) - \sin x}$.

例3 求曲线 $x^2 + xy + y^2 = 4$ 在点 $(2,-2)$ 处的切线方程.

解： 先求切线的斜率，即 $y'(2)$.

在方程两边同时对 x 求导，得 $2x + y + xy' + 2yy' = 0$.

解出 y'，得

$$y' = -\frac{2x+y}{x+2y} ;$$

$$y'(2) = -\frac{2 \times 2 + (-2)}{2 + 2(-2)} = 1 .$$

于是，曲线在点 $(2,-2)$ 处的切线方程为

$$y - (-2) = 1 \times (x - 2) .$$

即

$$y = x - 4 .$$

3.4.2 对数求导法

对数求导法

在求导运算中，常常会遇到以下两类函数的求导问题，一类是幂指函数，即形如 $[f(x)]^{g(x)}$ 的函数；另一类是一系列函数的乘、除、乘方及开方所构成的函数.

对于幂指函数 $y = [f(x)]^{g(x)}$ 的求导，可以先将函数变形为 $y = [f(x)]^{g(x)} = \mathrm{e}^{\ln[f(x)]g(x)} = \mathrm{e}^{g(x)\ln f(x)}$，然后再用复合函数求导法求出其导数 y'；对于后一类函数的求导，则可利用四则运算法则和复合函数求导法则来解决. 但是对于上述两类函数的求导，经常采用对数求导法，其优点在于计算更简单，书写更方便. 所谓对数求导法，就是在 $y = f(x)$ 的两边分别取对数，然后用隐函数求导法来求导的方法.

例4 设 $y = (\sin x)^x$，求 y'.

解1： 利用对数恒等式，得

$$y = (\sin x)^x = \mathrm{e}^{\ln(\sin x)^x} = \mathrm{e}^{x\ln\sin x} ;$$

$$y' = (\mathrm{e}^{x\ln\sin x})' = \mathrm{e}^{x\ln\sin x} \cdot \left(\ln\sin x + x \cdot \frac{1}{\sin x} \cdot \cos x \right)$$

$$= (\sin x)^x (\ln\sin x + x\cot x) .$$

解2： 对数求导法：方程两边取以 e 为底的对数，得

$$\ln y = \ln(\sin x)^x = x\ln\sin x .$$

两边同时对 x 求导，得

$$\frac{1}{y} \cdot y' = \ln\sin x + x \cdot \frac{1}{\sin x} \cdot \cos x = \ln\sin x + x\cot x .$$

所以 $y' = y \cdot (\ln\sin x + x\cot x) = (\sin x)^x (\ln\sin x + x\cot x)$.

例5 设 $y = x^x$，求 y'.

解： 方程两边取以 e 为底的对数，得

$$\ln y = x\ln x .$$

方程两端同时对 x 求导，得

$$\frac{1}{y}y' = \ln x + x \cdot \frac{1}{x}.$$

即

$$y' = x^x(\ln x + 1).$$

例 6 利用取对数求导法求函数 $y = \sqrt[3]{\dfrac{(x-1)(x-2)}{(x-3)(x-4)}}$ 的导数.

解：方程两端取对数，得

$$\ln y = \frac{1}{3}[\ln(x-1) + \ln(x-2) - \ln(x-3) - \ln(x-4)].$$

上式两端对 x 求导，得

$$\frac{1}{y}y' = \frac{1}{3}\left(\frac{1}{x-1} + \frac{1}{x-2} - \frac{1}{x-3} - \frac{1}{x-4}\right).$$

整理得

$$y' = \frac{1}{3}\sqrt[3]{\frac{(x-1)(x-2)}{(x-3)(x-4)}}\left(\frac{1}{x-1} + \frac{1}{x-2} - \frac{1}{x-3} - \frac{1}{x-4}\right).$$

例 7 设 $f(x) = \dfrac{(1+x)^3 \cdot \sqrt{1+2x} \cdot \mathrm{e}^{\arctan x}}{(1+4x)^2 \cdot \sqrt[3]{1-3x}}$，求 $f'(0)$.

解：等式两端取对数，得

$$\ln f(x) = 3\ln(1+x) + \frac{1}{2}\ln(1+2x) + \arctan x - 2\ln(1+4x) - \frac{1}{3}\ln(1-3x).$$

上式两端对 x 求导数，得

$$\frac{1}{f(x)}f'(x) = \frac{3}{1+x} + \frac{1}{1+2x} + \frac{1}{1+x^2} - \frac{8}{1+4x} + \frac{1}{1-3x}.$$

所以

$$f'(0) = \left[f(x)\left(\frac{3}{1+x} + \frac{1}{1+2x} + \frac{1}{1+x^2} - \frac{8}{1+4x} + \frac{1}{1-3x}\right)\Big|_{x=0}\right]$$

$$= 3 + 1 + 1 - 8 + 1 = -2.$$

读者也许有疑问，一个函数能否取对数，取了对数后其定义域是否会改变，是否会影响上述方法的使用？因此我们指出，这些都可以通过适当的运算步骤，证明对数求导法所得出的结果是正确的.

习题 3.4

1. 求下列方程所确定的隐函数 y 的导数 $\dfrac{\mathrm{d}y}{\mathrm{d}x}$.

(1) $x^3 + y^3 - 3xy = 0$；

(2) $xy = \mathrm{e}^{x+y}$；

(3) $xy - \sin(\pi y^2) = 0$；

(4) $\mathrm{e}^{xy} + y^3 - 5x = 0$；

(5) $y = 1 + x\mathrm{e}^y$；

(6) $\arctan\dfrac{y}{x} = \ln\sqrt{x^2 + y^2}$.

2. 求由方程 $y^5 + 2y - x - 3x^7 = 0$ 所确定的隐函数 y 在 $x = 0$ 处的导数 $\dfrac{\mathrm{d}y}{\mathrm{d}x}\Big|_{x=0}$.

3. 求曲线 $x^2 + xy + 2y^2 - 4 = 0$ 在点 $(1,1)$ 处的切线方程和法线方程.

4. 用对数求导法则求下列函数的导数.

(1) $y = x^{\frac{1}{x}}$；　　　(2) $y = \dfrac{\sqrt[5]{x-3} \cdot \sqrt[3]{3x-2}}{\sqrt{x+2}}$；　　　(3) $y = \dfrac{\sqrt{x+2}(3-x)^4}{(x+1)^5}$.

3.5　高 阶 导 数

引例　设某企业即将开展一个项目，根据市场调研，利润有两个方案可供选择，函数关系分别为 $L_1(t) = 1 + t + \dfrac{1}{t+1}$，$L_2(t) = 4 - \dfrac{3}{t+1}$，其中 t 表示时间，那么当 $t=1$ 时，哪一个方案更好？

当 $t=1$ 时，$L_1(1) = L_2(1) = \dfrac{5}{2}$，两个方案的利润相等.

再看利润的变化率，即边际利润

$$L_1'(t) = 1 - \frac{1}{(t+1)^2}，\quad L_2'(t) = \frac{3}{(t+1)^2}.$$

当 $t=1$ 时，$L_1'(1) = L_2'(1) = \dfrac{3}{4}$，两个方案的边际利润仍然相等.

显然，此时无法分辨出哪一种方案更好. 由此可见，在决策分析中，不仅要考虑利润及利润的变化率 $L'(t)$，还要考虑利润变化的变化率 $[L'(t)]' = \dfrac{\mathrm{d}}{\mathrm{d}t}\left(\dfrac{\mathrm{d}L}{\mathrm{d}t}\right)$.

由引例可以看出，在某些问题中，多次求函数的导数是有意义的. 连续两次或两次以上对某个函数求导数，所得结果称为这个函数的高阶导数.

定义 3.2　函数 $y = f(x)$ 的导数 $y' = f'(x)$ 仍然是 x 的函数，它的导数称为 $f(x)$ 的二阶导数，记为

$$y''，\quad f''(x)，\quad \frac{\mathrm{d}^2 y}{\mathrm{d}x^2}，\quad \frac{\mathrm{d}^2 f(x)}{\mathrm{d}x^2}$$

同样，$f(x)$ 的二阶导数的导数称为 $f(x)$ 的三阶导数，依次类推，$(n-1)$ 阶导数的导数称为函数的 n 阶导数，分别记为

$$y'''，y^{(4)}，\cdots，y^{(n)} \quad \text{或} \quad f'''(x)，f^{(4)}(x)，\cdots，f^{(n)}(x)$$

$$\frac{\mathrm{d}^3 y}{\mathrm{d}x^3}，\frac{\mathrm{d}^4 y}{\mathrm{d}x^4}，\cdots，\frac{\mathrm{d}^n y}{\mathrm{d}x^n} \quad \text{或} \quad \frac{\mathrm{d}^3 f(x)}{\mathrm{d}x^3}，\frac{\mathrm{d}^4 f(x)}{\mathrm{d}x^4}，\cdots，\frac{\mathrm{d}^n f(x)}{\mathrm{d}x^n}$$

二阶及二阶以上的导数统称**高阶导数**. 相对于高阶导数来说，$f'(x)$ 也称为一阶导数.

例 1　设 $y = 2x^3 - 3x^2 + 5$，求 y''.

解：$y' = 6x^2 - 6x$，

$$y'' = (6x^2 - 6x)' = 12x - 6.$$

显然，对于 n 次多项式

$$y = a_0 x^n + a_1 x^{n-1} + \cdots + a_{n-1} x + a_n \ (a_0 \neq 0)$$

有　$y^{(n)} = a_0 n!$，$y^{(n+1)} = 0$.

高阶导数

例 2　设 $y = x^2 \ln x$，求 $f'''(2)$．

解： $y' = (x^2 \ln x)' = (x^2)' \ln x + x^2 (\ln x)' = 2x \ln x + x$，

$$y'' = 2 \ln x + 3, \qquad y''' = \frac{2}{x}.$$

所以　　$f'''(2) = \frac{2}{x} \Big|_{x=2} = 1$．

例 3　求函数 $y = \mathrm{e}^{ax}$ 的 n 阶导数．

解： $y' = \mathrm{e}^{ax}(ax)' = a\mathrm{e}^{ax}$．

$\qquad y'' = (a\mathrm{e}^{ax})' = a^2 \mathrm{e}^{ax}$．

$\qquad \cdots$

一般地　　$y^{(n)} = a^n \mathrm{e}^{ax}$．

例 4　求函数 $y = \sin x$ 的 n 阶导数．

解： $y' = \cos x = \sin\left(x + \frac{\pi}{2}\right)$，

$y'' = \cos\left(x + \frac{\pi}{2}\right) = \sin\left(x + 2 \cdot \frac{\pi}{2}\right)$，

$y''' = \cos\left(x + 2 \cdot \frac{\pi}{2}\right) = \sin\left(x + 3 \cdot \frac{\pi}{2}\right)$，

$\cdots$

$y^{(n)} = (\sin x)^{(n)} = \sin\left(x + n \cdot \frac{\pi}{2}\right), \qquad n \in \mathbf{Z}^+$

即　　$(\sin x)^{(n)} = \sin\left(x + n \cdot \frac{\pi}{2}\right), \qquad n \in \mathbf{Z}^+$．

同理有　　$(\cos x)^{(n)} = \cos\left(x + n \cdot \frac{\pi}{2}\right), \qquad n \in \mathbf{Z}^+$．

引例解答：

边际利润的变化率为　　$L_1''(t) = \dfrac{2}{(1+t)^3}$，　$L_2''(t) = -\dfrac{6}{(1+t)^3}$．

当 $t = 1$ 时，$L_1''(1) = \dfrac{1}{4}$，$L_2''(1) = -\dfrac{3}{4}$．

由此可见，在 $t = 1$ 时，利润变化率 $L_1'(t)$ 的变化率在增加，而利润变化率 $L_2'(t)$ 的变化率在减少，因此，方案 L_1 比方案 L_2 更佳．

习题 3.5

1. 求下列函数的二阶导数．

(1)　$y = x^5 + 4x^3 + 2x$；　　　　(2)　$y = \mathrm{e}^{3x-2}$；　　　　(3)　$y = x \sin x$；

(4)　$y = \tan x$；　　　　(5)　$y = \sqrt{1 - x^2}$；　　　　(6)　$y = x\mathrm{e}^{x^2}$．

2. 已知 $f(x) = \mathrm{e}^{2x-1}$，求 $f^{2007}(0)$．

3. 求函数 $y = x\mathrm{e}^x$ 的 n 阶导数.

4. 求函数 $y = \ln(1+x)$ 的各阶导数.

3.6　函数的微分

在许多实际问题中，不仅需要知道自变量的变化引起函数变化的快慢程度，还需要计算当自变量在某一点取得一个微小增量时，函数取得相应增量的大小. 一般来说，利用公式 $\Delta y = f(x + \Delta x) - f(x)$ 计算函数 $y = f(x)$ 的增量 Δy 的精确值是一件很不容易做到的事情，实际中往往只需求出它的近似值就可以了. 因此，我们引入微分的概念及其运算.

微分的定义及计算

3.6.1　微分的概念

引例　铁路钢轨的空隙如何预留?

设有一个正方形金属钢轨，因受温度变化的影响，其边长由 x_0 增至 $x_0 + \Delta x$(见图3-2)时，其面积 S 的改变量为

$$\Delta S = (x_0 + \Delta x)^2 - x_0^2 = 2x_0\Delta x + (\Delta x)^2.$$

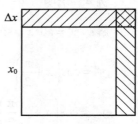

图 3-2

上式面积函数的改变量可以被表示成两部分的和.

第一项：$2x_0$ 是常数，$2x_0\Delta x$ 是变量 Δx 的线性函数.

第二项：$(\Delta x)^2$ 当 $\Delta x \to 0$ 时是比 Δx 高阶的无穷小.

显然，当 Δx 很小时，可以用 ΔS 的线性主要部分 $2x_0\Delta x$ 近似地代替 ΔS 的值，即 $\Delta S \approx 2x_0\Delta x$. 这种略去关于 Δx 的高阶无穷小，以 Δx 的线性函数取代 ΔS 的处理方法正是微分概念的本质所在.

定义 3.3　设函数 $y = f(x)$ 在某区间内有定义，如果 $\Delta y = f(x_0 + \Delta x) - f(x_0)$ $= A \cdot \Delta x + o(\Delta x)$ 成立(其中 A 是与 Δx 无关的常数)，则称函数 $y = f(x)$ 在点 x_0 处可微，并称 $A \cdot \Delta x$ 为函数 $y = f(x)$ 在点 x_0 处的**微分**，记作 $\mathrm{d}y\big|_{x=x_0}$，即

$$\mathrm{d}y\big|_{x=x_0} = f'(x_0) \cdot \Delta x.$$

定义 3.4　若函数 $y = f(x)$ 在区间内的每一点都可微，则称函数在 $y = f(x)$ 在此区间内可微，函数 $y = f(x)$ 在区间内任一点的微分记作 $\mathrm{d}y$ 或 $\mathrm{d}f(x)$，即 $\mathrm{d}y = f'(x)\Delta x$.

特别地，若 $y = x$，则 $\mathrm{d}y = \mathrm{d}x = x'\Delta x = \Delta x$. 也就是说，自变量的微分就等于自变量的增量. 于是函数 $y = f(x)$ 的微分又可记为

$$\mathrm{d}y = f'(x)\mathrm{d}x \text{ 或 } \mathrm{d}y = y'\mathrm{d}x.$$

显然，有 $f'(x) = \dfrac{\mathrm{d}y}{\mathrm{d}x}$.

从上式可以看到，函数的微分 $\mathrm{d}y$ 与自变量微分 $\mathrm{d}x$ 的商就等于该函数的导数，因此，函数的导数也称作"**微商**".

例 1　分别计算函数 $y = x^2$ 在点 $x = 2$ 处，① $\Delta x = 0.1$，② $\Delta x = 0.01$ 时的增量和微分，并写出增量与微分的差值.

解：因为
$$\Delta y = (x + \Delta x)^2 - x^2 = 2x\Delta x + (\Delta x)^2,$$
$$dy = y'\Delta x = 2x\Delta x.$$

所以① $\Delta x = 0.1$ 时， $\Delta y = 2 \times 2 \times 0.1 + (0.1)^2 = 0.41$ ，
$$dy = 2 \times 2 \times 0.1 = 0.4,$$
$$\Delta y - dy = 0.01.$$

② $\Delta x = 0.01$ 时， $\Delta y = 2 \times 2 \times 0.01 + (0.01)^2 = 0.0401$ ，
$$dy = 2 \times 2 \times 0.01 = 0.04.$$
$$\Delta y - dy = 0.0001.$$

所以，$\qquad\qquad \Delta y \approx dy.$

3.6.2　微分的几何意义

为了更好地理解微分的概念，我们探讨一下微分的几何意义.

在直角坐标系中，函数 $y = f(x)$ 是一条曲线，如图 3-3 所示. 在曲线上给定一个点 $M(x, y)$ 及点 $N(x + \Delta x, y + \Delta y)$. 过点 M 做曲线的切线 MT ，它的倾角为 α ，由图 3-3 可知
$$MP = \Delta x, \quad NP = \Delta y.$$

则 $\qquad\qquad PQ = \tan\alpha\Delta x = f'(x)\Delta x = dy.$

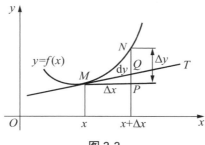

图 3-3

这就是说，当 Δy 是曲线 $y = f(x)$ 上的点的纵坐标的增量时， dy 就是曲线的切线上的点的纵坐标的相应增量. 且当 $|\Delta x|$ 很小时， PN 可用 PQ 近似代替，也就是说，在点 M 的邻近，我们可以用曲线的切线段来近似代替曲线段.

3.6.3　微分公式与法则

根据函数的导数与微分之间的关系，可以得到微分的基本公式与运算法则.

1. 基本初等函数的微分公式

(1)　$dC = 0$(C为常数) ；

(2)　$d(x^\mu) = \mu x^{\mu-1}dx$ (μ 为实数);

(3)　$d(a^x) = a^x \ln a\, dx$ ；

(4)　$d(e^x) = e^x dx$ ；

(5)　$d(\log_a x) = \dfrac{1}{x \ln a} dx$ ；

(6)　$d(\ln x) = \dfrac{1}{x} dx$ ；

(7)　$d(\sin x) = \cos x\, dx$ ；

(8)　$d(\cos x) = -\sin x\, dx$ ；

(9)　$d(\tan x) = \sec^2 x\, dx$ ；

(10)　$d(\cot x) = -\csc^2 x\, dx$ ；

(11) $\mathrm{d}(\sec x) = \sec x \tan x \mathrm{d}x$; (12) $\mathrm{d}(\csc x) = -\csc x \cot x \mathrm{d}x$;

(13) $\mathrm{d}(\arcsin x) = \dfrac{1}{\sqrt{1-x^2}} \mathrm{d}x$; (14) $\mathrm{d}(\operatorname{arc}\cot x) = -\dfrac{1}{\sqrt{1-x^2}} \mathrm{d}x$;

(15) $\mathrm{d}(\arctan x) = \dfrac{1}{1+x^2} \mathrm{d}x$; (16) $\mathrm{d}(\operatorname{arc}\cot x) = -\dfrac{1}{1+x^2} \mathrm{d}x$.

2. 函数的微分的四则运算法则

(1) $\mathrm{d}(u \pm v) = \mathrm{d}u \pm \mathrm{d}v$; (2) $\mathrm{d}(Cu) = C\mathrm{d}u$;

(3) $\mathrm{d}(uv) = v\mathrm{d}u + u\mathrm{d}v$; (4) $\mathrm{d}\left(\dfrac{u}{v}\right) = \dfrac{v\mathrm{d}u - u\mathrm{d}v}{v^2}$ ($v \neq 0$) .

3. 复合函数的微分法则

设函数 $y = f(u)$ 与函数 $u = \varphi(x)$ 复合而成的函数为 $y = f[\varphi(x)]$，则复合函数的微分为
$$\mathrm{d}y = y'\mathrm{d}x = f'(u)\varphi'(x)\mathrm{d}x .$$

因为， $\mathrm{d}u = \varphi'(x)\mathrm{d}x$ ，故
$$\mathrm{d}y = f'(u)\mathrm{d}u .$$

上式表示，不论 u 是自变量还是中间变量，函数 $y = f(u)$ 的微分都可以表示为 $\mathrm{d}y = f'(u)\mathrm{d}u$ ，这个性质称作一阶**微分形式不变性**.

例2 求函数 $y = \ln x$ 在点 $x = 2$ 处的微分.

解： $\mathrm{d}y\big|_{x=2} = (\ln x)'\big|_{x=2} \mathrm{d}x$

$\qquad = \dfrac{1}{x}\big|_{x=2} \mathrm{d}x = \dfrac{1}{2} \mathrm{d}x$.

例3 求函数 $y = x^2 - 3\ln x$ 的微分.

解： $\mathrm{d}y = \mathrm{d}(x^2 - 3\ln x) = \mathrm{d}x^2 - \mathrm{d}(3\ln x)$

$\qquad = 2x\mathrm{d}x - 3\mathrm{d}\ln x = 2x\mathrm{d}x - \dfrac{3}{x}\mathrm{d}x = \left(2x - \dfrac{3}{x}\right)\mathrm{d}x$.

例4 求函数 $y = x^3 \mathrm{e}^{2x}$ 的微分.

解： $\mathrm{d}y = \mathrm{d}(x^3 \mathrm{e}^{2x}) = x^3 \mathrm{d}\mathrm{e}^{2x} + \mathrm{e}^{2x}\mathrm{d}(x^3)$

$\qquad = 2x^3 \mathrm{e}^{2x}\mathrm{d}x + 3x^2 \mathrm{e}^{2x}\mathrm{d}x = (3 + 2x)x^2 \mathrm{e}^{2x}\mathrm{d}x.$

例5 求函数 $y = \dfrac{\mathrm{e}^{2x}}{x^2}$ 的微分.

解： $y' = \dfrac{(\mathrm{e}^{2x})' \cdot x^2 - \mathrm{e}^{2x} \cdot (x^2)'}{x^4}$

$\qquad = \dfrac{2\mathrm{e}^{2x} \cdot x^2 - 2x\mathrm{e}^{2x}}{x^4} = \dfrac{2\mathrm{e}^{2x} \cdot (x-1)}{x^3}$.

所以 $\quad \mathrm{d}y = \dfrac{2\mathrm{e}^{2x} \cdot (x-1)}{x^3} \mathrm{d}x$.

例6 设 $y = \ln(x + \sqrt{x^2 + 1})$ ，求 $\mathrm{d}y$.

解： $y' = \dfrac{1}{x + \sqrt{x^2 + 1}} \cdot (x + \sqrt{x^2 + 1})'$

$$= \frac{1}{x+\sqrt{x^2+1}} \cdot \left(1+\frac{2x}{2\sqrt{x^2+1}}\right)$$

$$= \frac{1}{x+\sqrt{x^2+1}} \cdot \frac{\sqrt{x^2+1}+x}{\sqrt{x^2+1}} = \frac{1}{\sqrt{x^2+1}} .$$

所以　　$dy = \dfrac{1}{\sqrt{x^2+1}} dx$.

求一元函数的微分主要有以下两种方法.

(1) 根据定义先求函数的导数 $f'(x)$，再求出微分 $dy = f'(x)dx$.

(2) 应用微分运算法则来求微分.

3.6.4　微分在近似计算中的应用

微分在近似
计算中的应用

从微分的定义知，当 $|\Delta x|$ 很小时：

$$\Delta y \approx dy = f'(x_0)\Delta x ,$$

所以有　　　　　　　　$f(x_0+\Delta x) - f(x_0) \approx f'(x_0)\Delta x ,$

移项得　　　　　　　　$f(x_0+\Delta x) \approx f(x_0) + f'(x_0)\Delta x .$

例 7　求 $\cos 29°$ 的近似值.

解：设 $f(x) = \cos x$ ，则

$$\cos 29° = \cos(30°-1°) = \cos\left(\frac{\pi}{6}-0.0175\right) \approx \cos\frac{\pi}{6} - \sin\frac{\pi}{6}\cdot(-0.0175)$$

$$= \frac{\sqrt{3}}{2} + \frac{1}{2}(0.0175) \approx 0.8748 .$$

例 8　求 $\sqrt[4]{1.02}$ 的近似值.

解：设 $f(x) = \sqrt[4]{x}$ ，由公式得

$$\sqrt[4]{x_0+\Delta x} \approx \sqrt[4]{x_0} + \frac{1}{4\cdot\sqrt[4]{x_0^3}}\cdot\Delta x .$$

取 $x_0 = 1$ ，$\Delta x = 0.02$ ，有

$$\sqrt[4]{1.02} = \sqrt[4]{1+0.02} \approx \sqrt[4]{1} + \frac{1}{4\times 1}\times 0.02 = 1.005 .$$

习题 3.6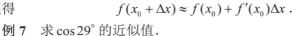

1. 已知函数 $y = x^3 - 1$ ，在点 $x = 2$ 处计算当 Δx 分别为 1, 0.1, 0.01 时的 Δy 及 dy .

2. 将适当的函数填入下列括号内，使等式成立.

(1) $d(\quad) = 5xdx$;　　　　　　　(2) $d(\quad) = \sin\omega xdx$;

(3) $d(\quad) = \dfrac{1}{2+x}dx$;　　　　　(4) $d(\quad) = e^{-2x}dx$;

(5) $d(\quad) = \dfrac{1}{\sqrt{x}}dx$;　　　　　(6) $d(\quad) = \sec^2 2xdx$;

(7) $\dfrac{1}{1+4x^2}dx = (\quad)d\arctan 2x$;　　(8) $x\sin x^2 dx = (\quad)d\cos x^2$.

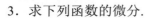

3．求下列函数的微分.

(1)　$y = \ln x + 2\sqrt{x}$；　　　　(2)　$y = x\sin 2x$；　　　　(3)　$y = x^2 \mathrm{e}^{2x}$；

(4)　$y = \ln\sqrt{1 - x^3}$；　　　　(5)　$y = (\mathrm{e}^x + \mathrm{e}^{-x})^2$．

4．计算下列各式的近似值.

(1)　$\sqrt[100]{1.002}$；　　　　　　　　　　(2)　$\sin 29°$．

5．设金属球的半径为 10cm，受热后半径增大 0.01cm，求膨胀后体积增加量的近似值.

6．某服装公司生产一款童装，若能全部出售，收入函数为 $R(q) = 36q - \dfrac{q^2}{20}$，其中 q 为公司的日产量，如果公司的日产量从 200 件增加到 210 件，请估算该公司每天收入的增加量.

本 章 小 结

一、本章主要内容及学习要点

1. 导数

导数的概念是微积分中最重要的一个概念，它是一个特殊的极限. 函数的增量与自变量增量之比，在自变量增量趋于零时的极限，即导数. 它反映了因变量随着自变量在某处的变化而变化的快慢程度. 导数的定义形式为

$$f'(x) = \lim_{\Delta x \to 0} \frac{f(x + \Delta x) - f(x)}{\Delta x} \quad \text{或} \quad f'(x) = \lim_{h \to 0} \frac{f(x + h) - f(x)}{h}.$$

运用导数需要注意以下几点.

① 要判断函数是否可导必须用定义.

② 函数 $f(x)$ 在点 x_0 处可导的充分必要条件是 $f(x)$ 在点 x_0 处的左导数和右导数都存在且相等.

③ $f'(x_0)$ 存在并不是曲线 $y = f(x)$ 在 x_0 处有切线的必要条件. 如果函数 $y = f(x)$ 在点 x_0 处的导数为无穷 $\left(\text{即} \lim\limits_{\Delta x \to 0} \dfrac{\Delta y}{\Delta x} = \infty，\text{此时} f(x) \text{在} x_0 \text{处不可导}\right)$，则曲线 $y = f(x)$ 上点 (x_0, y_0) 处的切线垂直于 x 轴.

2. 微分

函数 $y = f(x)$ 的微分 $\mathrm{d}y$ 就是函数的导数 $f'(x)$ 与自变量的微分 $\mathrm{d}x$ 的乘积，即 $\mathrm{d}y = f'(x) \cdot \Delta x = f'(x)\mathrm{d}x$．显然求函数的导数与求函数的微分是互通的，即

$$\frac{\mathrm{d}y}{\mathrm{d}x} = f'(x) \Leftrightarrow \mathrm{d}y = f'(x)\mathrm{d}x.$$

所以导数也称微商.

利用微分可以做近似计算，若函数 $y = f(x)$ 在点 x_0 处可微，且 $|\Delta x|$ 很小时，有下面两个近似计算公式.

① $\Delta y \approx \mathrm{d}y$，即 $f(x_0 + \Delta x) - f(x_0) \approx f'(x_0)\Delta x$．

② $f(x_0 + \Delta x) \approx f(x_0) + f'(x_0)\Delta x$．

3. 导数的运算

(1) 四则运算法则.

求导时要注意灵活运用，一般和与差的导数比较容易求出，如果是积与商的导数，能转化成和或差的话，要先转化，再求导数.

(2) 复合函数求导法则.

复合函数求导法则的关键是将函数分解成几个基本初等函数或简单函数，由外及里逐层求导，直至自变量可以直接求出导数为止，每层的导数要连乘.

(3) 隐函数求导数.

求方程 $F(x, y) = 0$ 确定的隐函数 y 的导数 y'.

① 将方程中的 y 看成 x 的函数，方程两边同时对 x 求导，得到一个关于 y' 的方程.

② 解关于 y' 的方程，求出 y'.

(4) 对数求导法.

遇到形如 $y = [u(x)]^{v(x)}$ 的函数，或遇到由 n 个初等函数经过连乘、除、乘方及开方构成的函数，可先在方程两边取对数，然后利用隐函数求导法则求出导数.

(5) 高阶导数.

求高阶导数要从一阶导数求起，利用公式和法则逐次求导，推导函数的 n 阶导数常采用归纳法.

4. 微分计算

求一元函数的微分主要有以下两种方法.
(1) 根据定义先求出函数的导数 $f'(x)$，再求出微分 $\mathrm{d}y = f'(x)\mathrm{d}x$.
(2) 应用一阶微分形式不变性来求微分.

5. 一元函数 $y = f(x)$ 在点 x_0 处有定义、有极限、连续、可导、可微之间的关系

有定义 $\not\Leftarrow$ 有极限 $\Leftarrow$ 连续 $\Leftarrow$ 可导 $\Leftrightarrow$ 可微.

二、重点和难点

重点：导数和微分的定义及几何意义，导数的基本公式、四则运算法则、复合函数的求导法则，导数与微分的计算.

难点：导数的定义，复合函数的求导.

自　测　题

一、填空题

1. 设 $f(x)$ 在点 x_0 处可导，$\displaystyle\lim_{\Delta x \to \infty} \frac{f(x_0 + 3\Delta x) - f(x_0)}{\Delta x} = 1$，则 $f'(x_0) =$_____.

2. 曲线 $y = ax^2 + bx$ 在点 $(1, 2)$ 处的切线倾斜角为 $45°$，则 $a =$_____，$b =$_____.

3. 已知函数 $f(x) = 3x\mathrm{e}^{x^3}$，则 $f'(0) =$_____.

4. 已知极限 $\displaystyle\lim_{x \to 1} \frac{x^3 - x^2 - ax + 4}{x - 1}$ 存在，则 $a =$_____.

5. 已知 $y = f(x)$ 在点 $x = 2$ 处可导，且 $\lim\limits_{x \to 0} f(x) = -5$，则 $f(2) = $ _____．

6. 曲线 $y = \cos x$ 在点 $\left(\dfrac{\pi}{3}, \dfrac{1}{2} \right)$ 处的切线方程是_____．

7. 设函数 $f(x) = \ln(1 + x^2)$，则 $f''(-1) = $ _____．

8. 设函数 $y = f(\sin x^2)$，f 为可导函数，则 $\dfrac{\mathrm{d}y}{\mathrm{d}x} = $ _____．

9. 设函数 $y = x(x-1)(x-2)\cdots(x-5)$，则 $y'(0) = $ _____．

10. 已知函数 $y = \sin \sqrt{x}$，则 $\mathrm{d}y = $ _____．

二、单项选择题

1. 函数 $f(x)$ 在点 $x = 1$ 处可导，且取得极小值，则 $\lim\limits_{\Delta x \to 0} \dfrac{f(1 + \Delta x) - f(1)}{\Delta x} = ($ $)$．

    A. 0   B. 1   C. 2   D. $\dfrac{1}{2}$

2. 设函数 $y = f(x)$ 在 x_0 处可导，且 $f'(x_0) = 2$，则曲线 $y = f(x)$ 在点 $(x_0, f(x_0))$ 处的切线与 x 轴(   )．

    A. 平行   B. 垂直   C. 夹角是锐角   D. 夹角是钝角

3. 函数 $f(x) = \begin{cases} x \sin \dfrac{1}{x}, & x \neq 0 \\ 0, & x = 0 \end{cases}$ 在 $x = 0$ 处 (   )．

    A. 连续、可导   B. 不连续、可导
    C. 连续、不可导   D. 不连续、不可导

4. 函数 $y = \cos 2x$ 的二阶导数是(   )．

    A. $-4\cos 2x$ B. $4\cos 2x$ C. $-4\sin 2x$ D. $4\sin 2x$

5. 若函数 $f(x) = (\ln x)^x (x > 1)$，则 $f'(x) = ($ $)$．
    A. $(\ln x)^{x-1}$ B. $(\ln x)^{x-1} + (\ln x)^x \ln(\ln x)$
    C. $(\ln x)^x \ln(\ln x)$ D. $x(\ln x)^x$

6. 函数 $\ln x$ 的 n 阶导数是(   )．
    A. $(-1)^n \dfrac{(n-1)!}{x^n}$ B. $(-1)^{n-1} \dfrac{(n-1)!}{x^{n-1}}$
    C. $(-1)^{n-1} \dfrac{(n-1)!}{x^n}$ D. $(-1)^{n-1} \dfrac{n!}{x^n}$

7. 曲线 $y = \ln x - 2$ 在点 $(\mathrm{e}, -1)$ 处的切线方程为(   )．
    A. $y = \dfrac{1}{\mathrm{e}}x$ B. $y = \dfrac{1}{\mathrm{e}}x + 1$ C. $y = \dfrac{1}{\mathrm{e}}x - 2$ D. $y = \dfrac{1}{\mathrm{e}}x - 1$

8. 曲线 $y = x^2 + 4x - 12$ 上切线平行于 x 轴的点为(   )．
    A. $(0, -12)$ B. $(2, 0)$ C. $(-2, -16)$ D. $(-6, 0)$

9. 已知 $y = \mathrm{e}^{f(x)}$，则 $y''(x) = ($ $)$．
    A. $\mathrm{e}^{f(x)}$ B. $\mathrm{e}^{f(x)} \cdot f''(x)$

C．$e^{f(x)}[f'(x)+f''(x)]$　　　　　　D．$e^{f(x)}\{[f'(x)]^2+f''(x)\}$

10．已知 $y=x\ln x$ ，则 $y^{(10)}=($　　$)$．

　　A．$-\dfrac{1}{x^9}$　　　　B．$\dfrac{8!}{x^9}$　　　　C．$\dfrac{1}{x^9}$　　　　D．$-\dfrac{8!}{x^9}$

三、计算题

1．求下列函数的导数．

(1) $y=\arctan\dfrac{x}{a}$ ；　　　　　　　　　　(2) $y=\ln\sin x$ ；

(3) $y=\arctan\dfrac{x+1}{x-1}$ ；　　　　　　　　(4) $y=e^{-x}\cos 3x$ ；

(5) $y=e^{\arctan\sqrt{x}}$ ；　　　　　　　　　　(6) $y=\left(\dfrac{x}{1+x}\right)^x$ ；

(7) $y=\ln(x-\sqrt{x^2-1})$ ；　　　　　　　　(8) $y=e^{f(\frac{1}{x})}$ ．

2．已知 $y=\arcsin(2x+1)$ ，求 $\mathrm{d}y$ ．

3．求下列函数的二阶导数．

(1) $y=3^x$ ；　　　　　(2) $y=xe^{-x}$ ；　　　　　(3) $y=\dfrac{x^2}{1+x}$ ．

4．已知 $f(x)=x(x-1)(x-2)\cdots(x-99)$ ，求 $f'(0)$ ．

5．讨论 $f(x)=\begin{cases}x, & x<0 \\ \ln(1+x), & x\geqslant 0\end{cases}$ 在 $x=0$ 处的连续性与可导性．

　拓展阅读——微积分的起源　→

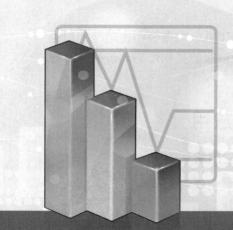

第 4 章　导数的应用

【知识目标】

- 了解罗尔中值定理、理解拉格朗日中值定理及其推论.
- 熟练掌握洛必达法则，会用洛必达法则求未定式极限.
- 掌握函数单调性的判别方法，会利用单调性证明不等式.
- 理解函数极值的概念，掌握求函数极值和最值的方法.
- 理解曲线凹凸的定义，掌握函数凹凸性的判别方法，会求函数的拐点，能做出简单函数的图形.
- 理解与掌握边际、弹性的概念，会利用边际与弹性分析，讨论一些简单的经济问题.

【能力目标】

- 熟练掌握利用洛必达法则求基本型和拓展型未定式极限.
- 能够正确求出函数的极值和最值.
- 掌握判断曲线凹凸的方法，会求曲线的拐点，能够描绘简单函数的图形.
- 掌握求成本、收入、利润等经济函数的边际.
- 掌握求弹性特别是需求弹性的方法，并能够进行弹性分析.

案例：最优订购方案

　　某商场充分利用十一长假的契机，整合资源有计划、有策略地开展一次时间跨度较长的促销活动，需按批次外购一定数量的商品进行销售. 每次进货时都需要支付与进货量无关的运送费，另外为了不使销售中断，还需要贮存一定数量的商品，贮存费用需按件支付. 商场考虑的问题是如何使总成本最低. 很明显，如果运送费用高而贮存费用低，应选择运货次数少而贮存量多的方法，如果运送费用低而贮存费用高，则应选择运货次数多而贮存量少的方法. 如何选择最优订购方案呢？

　　要想完成最优订购方案，请同学们认真学习本章内容，利用导数知识完成这类最优化问题.

第 3 章学习了导数和微分的概念,本章我们将以导数为工具,以微分中值定理为理论基础,先介绍求未定式极限的洛必达法则,然后研究函数及曲线的某些形态,最后介绍导数在经济分析中的应用.

4.1 微分中值定理及其应用

罗尔(Rolle)定理和拉格朗日(Lagrange)中值定理是导数应用的基础理论,对这两个定理我们只给出几何解释,不做证明.

微分中值定理

4.1.1 罗尔(Rolle)定理

如果函数 $f(x)$ 在闭区间 $[a,b]$ 上连续,在开区间 (a,b) 内可导,且 $f(a)=f(b)$,那么在 (a,b) 内至少存在一点 ξ,使 $f'(\xi)=0$ 成立.

由图 4-1 可知,罗尔定理的几何意义为:如果曲线上除两端点外,处处都有不垂直于 x 的切线,且两端点的纵坐标相等,那么曲线弧上至少有一条平行于 x 轴的切线.

例 1 验证罗尔定理对函数 $f(x)=x^2-2x+3$ 在闭区间 $[-1,3]$ 上的正确性,并求出定理结论中的 ξ.

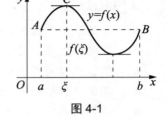

图 4-1

解: 由初等函数连续性可知, $f(x)$ 在闭区间 $[-1,3]$ 上连续,又因为 $f'(x)=2x-2$ 在开区间 $(-1,3)$ 内可导,且 $f(-1)=f(3)=6$,所以满足罗尔中值定理的条件.

令 $f'(\xi)=0$,解得 $\xi=1\in(-1,3)$.

思考: 罗尔定理的条件是必要条件吗?定理的逆命题是否成立?

罗尔定理的条件有三个,缺少其中任何一个条件定理将不一定成立,但是罗尔定理的条件是充分不必要的,即定理的逆命题不成立.

例如, $f(x)=(x-1)^2$ 在开区间 $(0,3)$ 上,存在一点 $\xi=1\in(0,3)$,使得 $f'(1)=0$,但是在闭区间 $[0,3]$ 上不满足罗尔定理的条件, $f(0)\neq f(3)$.

例 2 设 $f(x)=(x-1)(x-2)(x-3)(x-4)$,不求函数的导数,证明方程 $f'(x)=0$ 有 3 个实根,并指出它们所在的区间.

证明: 显然 $f(x)$ 在 $(-\infty,+\infty)$ 上连续可导,且有

$$f(1)=f(2)=f(3)=f(4)=0$$

在闭区间 $[1,2],[2,3],[3,4]$ 上分别满足罗尔定理的条件,于是在对应的开区间内至少各存在一点 ξ_1,ξ_2,ξ_3,使得 $f'(\xi_1)=f'(\xi_2)=f'(\xi_3)=0$,于是得到方程 $f'(x)=0$ 至少有 3 个实根,而一元三次方程 $f'(x)=0$ 最多有 3 个实根,所以 $f'(x)=0$ 有且仅有 3 个实根,它们分别在开区间 $(1,2),(2,3),(3,4)$ 内.

4.1.2 拉格朗日(Lagrange)中值定理

如果函数 $f(x)$ 满足在闭区间 $[a,b]$ 上连续;在开区间 (a,b) 内可导,那么在区间 (a,b)

内至少存在一点 ξ $(a < \xi < b)$，使得

$$f(b) - f(a) = f'(\xi)(b-a) \quad 或 \quad f'(\xi) = \frac{f(b) - f(a)}{b - a}$$

注　① 当 $a > b$ 时，公式仍然成立.

② 思考罗尔定理与拉格朗日中值定理的区别与联系.

由图 4-2 可知，拉格朗日中值定理的几何意义是很明显的. 如果连续曲线 $f(x)$ 除端点外都有不垂直于 x 轴的切线，那么该曲线上至少存在一点 $C(\xi, f(\xi))$，$\xi \in (a, b)$，使得该点处的切线与弦 AB 平行.

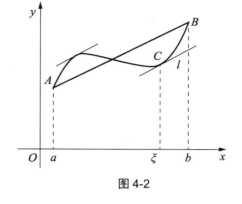

图 4-2

在拉格朗日中值定理中，如果加上条件 $f(a) = f(b)$，则可得到罗尔中值定理.

例 3　验证函数 $f(x) = 2x^2 - x - 3$ 在闭区间 $[-1, 1.5]$ 上是否满足拉格朗日中值定理的条件，若满足，求出 ξ 的值.

解：因为 $f(x) = 2x^2 - x - 3$ 在闭区间 $[-1, 1.5]$ 上连续，在开区间 $(-1, 1.5)$ 内可导，所以满足定理的条件，且 $f'(x) = 4x - 1$，由拉格朗日中值定理得

$$f(1.5) - f(-1) = f'(\xi)(1.5 + 1)$$

解得 $f'(\xi) = 4\xi - 1 = 0$，$\xi = 0.25$.

利用拉格朗日中值定理，还可以得到下面的推论.

推论 1　如果函数 $f(x)$ 在开区间 (a, b) 内满足 $f'(x) \equiv 0$，那么在 (a, b) 内 $f(x) = C$（C 为常数）.

证明：在开区间 (a, b) 内任取两点 x_1, x_2，不妨设 $x_1 < x_2$，于是在闭区间 $[x_1, x_2]$ 上函数满足拉格朗日中值定理的条件，则有

$$f(x_2) - f(x_1) = f'(\xi)(x_2 - x_1) \quad (x_1 < x < x_2)$$

由于已知 $f'(x) \equiv 0$，所以 $f(x_2) - f(x_1) = 0$，即 $f(x_2) = f(x_1)$.

也就是说，在开区间 (a, b) 内任意两点的函数值相等，所以 $f(x)$ 在 (a, b) 内是一个常数.

推论 2　如果两个函数 $f(x)$、$g(x)$ 在开区间 (a, b) 内有 $f'(x) \equiv g'(x)$，那么在 (a, b) 内，$f(x) = g(x) + C$（C 为常数）.

证明：令 $F(x) = f(x) - g(x)$，则 $F'(x) \equiv 0$，由推论 1 可知，$F(x)$ 在开区间 (a, b) 内为一个常数，即 $f(x) - g(x) = C$.

4.1.3　柯西(Cauchy)中值定理

如果函数 $f(x)$ 与 $g(x)$ 满足下列条件：

(1) 在闭区间 $[a, b]$ 上连续；(2) 在开区间 (a, b) 内可导；(3) 在 (a, b) 内，$g'(x)$ 在每一点均不为零，那么，在 (a, b) 内至少有一点 ξ，使得 $\dfrac{f(b) - f(a)}{g(b) - g(a)} = \dfrac{f'(\xi)}{g'(\xi)}$.

当函数以参数方程形式 $\begin{cases} x = g(t) \\ y = f(t) \end{cases}$，$a \leqslant t \leqslant b$ 给出时，柯西中值定理的几何意义与拉格朗日中值定理的几何意义是相同的，柯西中值定理是拉格朗日中值定理的推广.

　　注　在柯西中值定理中，如果取 $g(x) = x$，则得到拉格朗日中值定理，可见拉格朗日中值定理是柯西中值定理的特例，柯西中值定理是拉格朗日中值定理的推广，而罗尔定理是拉格朗日中值定理的特殊情况，因此，拉格朗日中值定理是核心，通常被称为微分学中值定理.

4.1.4　微分中值定理的应用

微分中值定理
的应用

　　拉格朗日中值定理常常通过构造辅助函数来证明某些等式和不等式.

　　例 4　当 $x > 0$ 时，试证不等式 $\dfrac{x}{1+x} < \ln(1+x)$.

　　证明： 构造函数 $f(x) = \ln(1+x)$，显然 $f(x)$ 在闭区间 $[0, x]$ 上满足拉格朗日中值定理的条件，则有 $f(x) - f(0) = f'(\xi)(x - 0)$　$(0 < \xi < x)$.

　　而 $f(0) = 0$，$f'(x) = \dfrac{1}{1+x}$，则 $f'(\xi) = \dfrac{1}{1+\xi}$.

　　所以有 $\ln(1+x) = \dfrac{x}{1+\xi} > \dfrac{x}{1+x}$　$(0 < \xi < x)$，证毕.

　　例 5　证明不等式 $|\arctan x - \arctan y| \leqslant |x - y|$.

　　证明： 构造函数 $f(t) = \arctan t$，它在闭区间 $[x, y]$ 上满足拉格朗日中值定理，

　　所以有 $\arctan x - \arctan y = f'(\xi)(x - y)$　$(x < \xi < y)$

　　故 $|\arctan x - \arctan y| = |f'(\xi)(x - y)|$

$$= \left| \dfrac{1}{1+\xi^2} \right| |(x - y)| \leqslant |x - y|.$$

　　例 6　求证：$\arcsin x + \arccos x = \dfrac{\pi}{2}$　$x \in (-1, 1)$.

　　证明： 设函数 $f(x) = \arcsin x + \arccos x$，则 $f(x)$ 在闭区间 $[-1, 1]$ 上满足拉格朗日中值定理的条件.

　　且 $f'(x) = \dfrac{1}{\sqrt{1-x^2}} - \dfrac{1}{\sqrt{1-x^2}} = 0$，

　　由推论 1，可得 $f(x)$ 在开区间 $(-1, 1)$ 内恒等于一个常数 C.

　　又因为 $f(0) = \arcsin 0 + \arccos 0 = \dfrac{\pi}{2}$，所以 $\arcsin x + \arccos x = \dfrac{\pi}{2}$.

习题 4.1 —— ·— ·— ·— ·— ·— ·— ·— ·— ·— ·— ·—

　　1. 下列函数在给定区间上是否满足罗尔定理的条件？若满足，求出定理中的 ξ 值.

(1)　$f(x) = x\sqrt{3-x}, [0,3]$；　　　　(2)　$f(x) = \sqrt{x^2 - x}, [0,1]$；

(3)　$f(x) = x^2 - 3x + 2, [1,2]$；　　　(4)　$f(x) = \mathrm{e}^{x^2-1}, [-1,1]$．

2. 下列函数在给定区间上是否满足拉格朗日中值定理的条件？若满足，求出定理中的 ξ 值．

(1)　$f(x) = \arctan x, [0,1]$；　　　　(2)　$f(x) = \ln x, [1,\mathrm{e}]$；

(3)　$f(x) = x^3 - x + 2, [-2,1]$；　　　(4)　$f(x) = 4x^3 - 5x^2 + x - 2, [0,1]$．

3. 证明：$\arctan x + \operatorname{arc\,cot} x = \dfrac{\pi}{2}$．

4. 证明不等式．

(1)　$|\sin x - \sin y| \leqslant |x - y|$；　　　(2)　当 $x > 1$ 时，$\mathrm{e}^x > \mathrm{e} \cdot x$；

(3)　当 $0 < b \leqslant a$ 时，$\dfrac{a-b}{a} \leqslant \ln \dfrac{a}{b} \leqslant \dfrac{a-b}{b}$．

4.2　洛必达法则

在求极限的过程中，我们常常会遇到分子、分母同时趋于零或无穷大的情况，这种分式的极限可能存在，也可能不存在，我们把它称作未定式，并分别记为"$\dfrac{0}{0}$"和

"$\dfrac{\infty}{\infty}$"．对于这样的未定式，即使极限存在，也不能用极限的四则运

算法则来计算，如 $\lim\limits_{x \to 0} \dfrac{\tan x - x}{\sin^2 x}$．本节介绍的洛必达法则(证明本书不做

要求)是一种非常有效的以导数为工具求一些未定式极限的方法．

洛必达法则
的基本型

4.2.1　"$\dfrac{0}{0}$"型与"$\dfrac{\infty}{\infty}$"型未定式

定理 4.1　如果函数 $f(x)$、$g(x)$ 满足下列条件：

(1)　$\lim\limits_{\substack{x \to x_0 \\ x \to \infty}} f(x) = \lim\limits_{\substack{x \to x_0 \\ x \to \infty}} g(x) = 0$．

(2)　在 x_0 的某一邻域内(x_0 点可以除外)，$f'(x)$ 及 $g'(x)$ 均存在，且 $g'(x) \neq 0$．

(3)　$\lim\limits_{\substack{x \to x_0 \\ x \to \infty}} \dfrac{f'(x)}{g'(x)} = A$（或 ∞）．

则有　$\lim\limits_{\substack{x \to x_0 \\ x \to \infty}} \dfrac{f(x)}{g(x)} = \lim\limits_{\substack{x \to x_0 \\ x \to \infty}} \dfrac{f'(x)}{g'(x)} = A$（或 ∞）．

定理 4.1 表明，如果 $\lim\limits_{\substack{x \to x_0 \\ x \to \infty}} \dfrac{f(x)}{g(x)}$ 是 "$\dfrac{0}{0}$" 型未定式，而 $\lim\limits_{\substack{x \to x_0 \\ x \to \infty}} \dfrac{f'(x)}{g'(x)}$ 存在或为 ∞，则二者相

等，于是可以通过计算 $\lim\limits_{\substack{x \to x_0 \\ x \to \infty}} \dfrac{f'(x)}{g'(x)}$ 来求 $\lim\limits_{\substack{x \to x_0 \\ x \to \infty}} \dfrac{f(x)}{g(x)}$．

例 1　求 $\lim\limits_{x \to 0} \dfrac{\sin ax}{\sin bx}$．

解：这是"$\dfrac{0}{0}$"型未定式，所以

$$\lim_{x \to 0} \frac{\sin ax}{\sin bx} = \lim_{x \to 0} \frac{(\sin ax)'}{(\sin bx)'} = \lim_{x \to 0} \frac{a \cos ax}{b \cos bx} = \frac{a}{b}.$$

注　此题也可以用两个重要极限来解，有些"$\dfrac{0}{0}$"型未定式的求极限方法并不唯一.

例 2　求 $\lim\limits_{x \to 0} \dfrac{x - \sin x}{x^3}$.

解：这是"$\dfrac{0}{0}$"型未定式，且满足洛必达法则条件，故有

$$\lim_{x \to 0} \frac{x - \sin x}{x^3} = \lim_{x \to 0} \frac{1 - \cos x}{3x^2} = \lim_{x \to 0} \frac{\sin x}{6x} = \frac{1}{6}.$$

如果 $x \to x_0$（$x \to \infty$）时，$\dfrac{f'(x)}{g'(x)}$ 仍属于"$\dfrac{0}{0}$"型，且这时 $f'(x)$、$g'(x)$ 满足定理 4.1 的条件，那么可以继续使用洛必达法则，即

$$\lim_{x \to x_0} \frac{f(x)}{g(x)} = \lim_{x \to x_0} \frac{f'(x)}{g'(x)} = \lim_{x \to x_0} \frac{f''(x)}{g''(x)}$$

例 3　求 $\lim\limits_{x \to 0} \dfrac{e^x - e^{-x} - 2x}{x - \sin x}$.

解：$\lim\limits_{x \to 0} \dfrac{e^x - e^{-x} - 2x}{x - \sin x} = \lim\limits_{x \to 0} \dfrac{e^x + e^{-x} - 2}{1 - \cos x} = \lim\limits_{x \to 0} \dfrac{e^x - e^{-x}}{\sin x} = \lim\limits_{x \to 0} \dfrac{e^x + e^{-x}}{\cos x} = 2$.

例 4　求 $\lim\limits_{x \to 5} \dfrac{x^2 - 7x + 10}{x^2 - 25}$.

解：这是"$\dfrac{0}{0}$"型未定式，$\lim\limits_{x \to 5} \dfrac{x^2 - 7x + 10}{x^2 - 25} = \lim\limits_{x \to 5} \dfrac{2x - 7}{2x} = \dfrac{3}{10}$.

但应注意，如果所求的极限已不是未定式，则不能再使用洛必达法则，否则会产生错误的结果. 此外在使用洛必达法则时，最好能结合求极限的其他方法，如恒等变形、等价代换、重要极限等，那样效果会更好.

例 5　求 $\lim\limits_{x \to 0} \dfrac{\sin x - x}{x^2 \tan x}$.

解：此题如果直接应用洛必达法则求极限，显然会很麻烦，如果利用等价无穷小代换，则会使计算容易得多.

$$\lim_{x \to 0} \frac{\sin x - x}{x^2 \tan x} = \lim_{x \to 0} \frac{\sin x - x}{x^3} = \lim_{x \to 0} \frac{\cos x - 1}{3x^2} = \lim_{x \to 0} \frac{-\dfrac{1}{2}x^2}{3x^2} = -\frac{1}{6}.$$

例 6　求 $\lim\limits_{x \to 0} \dfrac{\ln \sin ax}{\ln \sin bx}$.

解：$\lim\limits_{x \to 0} \dfrac{\ln \sin ax}{\ln \sin bx} = \lim\limits_{x \to 0} \dfrac{\dfrac{1}{\sin ax} \cos ax \cdot a}{\dfrac{1}{\sin bx} \cos bx \cdot b}$

$$= \lim_{x \to 0} \frac{a \cos ax \cdot \sin bx}{b \cos bx \cdot \sin ax} \text{（等价无穷小代换）}$$

$$= \lim_{x \to 0} \frac{a \cos ax \cdot bx}{b \cos bx \cdot ax} = \lim_{x \to 0} \frac{\cos ax}{\cos bx} = 1 .$$

对 "$\dfrac{\infty}{\infty}$" 型未定式，洛必达法则同样适用.

例 7　求 $\lim\limits_{x \to 0^+} \dfrac{\ln \cot x}{\ln x}$.

解： $\lim\limits_{x \to 0^+} \dfrac{\ln \cot x}{\ln x} = \lim\limits_{x \to 0^+} \dfrac{\dfrac{1}{\cot x}\left(-\dfrac{1}{\sin^2 x}\right)}{\dfrac{1}{x}} = \lim\limits_{x \to 0^+} \dfrac{-x}{\sin x \cos x}$

$$= -\lim_{x \to 0^+} \frac{x}{\sin x} \cdot \lim_{x \to 0^+} \frac{1}{\cos x} = -1 .$$

例 8　求 $\lim\limits_{x \to +\infty} \dfrac{\ln x}{x^2}$.

解： $\lim\limits_{x \to +\infty} \dfrac{\ln x}{x^2} = \lim\limits_{x \to +\infty} \dfrac{\dfrac{1}{x}}{2x} = \lim\limits_{x \to +\infty} \dfrac{1}{2x^2} = 0 .$

4.2.2　其他类型未定式的极限

除 "$\dfrac{0}{0}$" 型与 "$\dfrac{\infty}{\infty}$" 型未定式之外，还有 $0 \cdot \infty$，$\infty - \infty$，0^0，

1^∞，∞^0 等类型的未定式，对这类未定式求极限，通常是利用恒等变形

转化为 "$\dfrac{0}{0}$" 型或 "$\dfrac{\infty}{\infty}$" 型未定式，然后用洛必达法则进行计算.

洛必达法则
其他类型未定式

例 9　求 $\lim\limits_{x \to 0^+} x \ln x$.

解： 这是 "$0 \cdot \infty$" 型未定式，先将函数变形为 "$\dfrac{\infty}{\infty}$" 型未定式，因此有

$$\lim_{x \to 0^+} x \ln x = \lim_{x \to 0^+} \frac{\ln x}{\dfrac{1}{x}} = \lim_{x \to 0^+} \frac{\dfrac{1}{x}}{-\dfrac{1}{x^2}} = \lim_{x \to 0^+} \frac{-x^2}{x} = 0 .$$

例 10　求 $\lim\limits_{x \to 0} \left(\dfrac{1}{\sin x} - \dfrac{1}{x}\right)$.

解： 这是 "$\infty - \infty$" 型未定式，因此

$$\lim_{x \to 0} \left(\frac{1}{\sin x} - \frac{1}{x}\right) = \lim_{x \to 0} \frac{x - \sin x}{x \sin x} = \lim_{x \to 0} \frac{1 - \cos x}{\sin x + x \cos x} = \lim_{x \to 0} \frac{\sin x}{2 \cos x - x \sin x} = 0 .$$

例 11　求 $\lim\limits_{x \to 1} x^{\frac{1}{x-1}}$.

解： 这是 "1^∞" 型未定式，利用对数恒等式 $e^{\ln N} = N$，因此有

$$\lim_{x \to 1} x^{\frac{1}{x-1}} = \lim_{x \to 1} e^{\ln x^{\frac{1}{x-1}}} = \lim_{x \to 1} e^{\frac{1}{x-1}\ln x} = e^{\lim\limits_{x \to 1} \frac{\ln x}{x-1}}$$

其中 $\lim\limits_{x \to 1} \dfrac{\ln x}{x-1} = \lim\limits_{x \to 1} \dfrac{1}{x} = 1$,

所以 $\lim\limits_{x \to 1} x^{\frac{1}{x-1}} = \mathrm{e}^1 = \mathrm{e}$.

洛必达法则是求未定式极限的一种非常有效的方法, 但有时我们还会遇到某些特殊情形.

例 12 求 $\lim\limits_{x \to \infty} \dfrac{x + \sin x}{x}$.

解: 这个极限属于 " $\dfrac{\infty}{\infty}$ " 型未定式, 但因为 $\lim\limits_{x \to \infty} \dfrac{x + \sin x}{x} = \lim\limits_{x \to \infty} \dfrac{1 + \cos x}{1}$ 不存在, 所以不能用洛必达法则求极限.

但是这个极限是存在的, 需用其他方法求.

事实上 $\lim\limits_{x \to \infty} \dfrac{x + \sin x}{x} = \lim\limits_{x \to \infty} \left(1 + \dfrac{1}{x} \sin x\right) = 1 + 0 = 1$.

例 13 求 $\lim\limits_{x \to +\infty} \dfrac{\sqrt{1 + x^2}}{x}$.

解:
$$\lim\limits_{x \to +\infty} \dfrac{\sqrt{1 + x^2}}{x} = \lim\limits_{x \to +\infty} \dfrac{\dfrac{2x}{2\sqrt{1 + x^2}}}{1} = \lim\limits_{x \to +\infty} \dfrac{x}{\sqrt{1 + x^2}}$$
$$= \lim\limits_{x \to +\infty} \dfrac{1}{\dfrac{2x}{2\sqrt{1 + x^2}}} = \lim\limits_{x \to +\infty} \dfrac{\sqrt{1 + x^2}}{x}.$$

两次运用洛必达法则后, 又还原为原来的问题, 因此洛必达法则失效. 事实上 $\lim\limits_{x \to +\infty} \dfrac{\sqrt{1 + x^2}}{x} = \lim\limits_{x \to +\infty} \sqrt{\dfrac{1}{x^2} + 1} = 1$, 可见洛必达法则并不是求未定式极限的万能工具, 在某些情况下, 使用其他方法可能更简便. 因此, 只有全面掌握求极限的各种方法, 并且灵活运用才能真正做到得心应手.

习题 4.2

1. 用洛必达法则求下列极限.

(1) $\lim\limits_{x \to 0} \dfrac{\ln(1 + x)}{x}$;

(2) $\lim\limits_{x \to +\infty} \dfrac{\ln\left(1 + \dfrac{1}{x}\right)}{\operatorname{arccot} x}$;

(3) $\lim\limits_{x \to 0} \dfrac{\mathrm{e}^x - 1}{x\mathrm{e}^x + \mathrm{e}^x - 1}$;

(4) $\lim\limits_{x \to 0} \dfrac{\tan x - x}{x - \sin x}$;

(5) $\lim\limits_{x \to 0} \left(\dfrac{1}{x} - \dfrac{1}{\mathrm{e}^x - 1}\right)$;

(6) $\lim\limits_{x \to \frac{\pi}{2}} \dfrac{\tan x}{\tan 3x}$;

(7) $\lim\limits_{x \to 1} \left(\dfrac{x}{x - 1} - \dfrac{1}{\ln x}\right)$;

(8) $\lim\limits_{x \to +\infty} \dfrac{\dfrac{\pi}{2} - \arctan x}{\dfrac{1}{x}}$;

(9) $\lim\limits_{x\to 0}(1+\sin x)^{\frac{1}{x}}$ ；

(10) $\lim\limits_{x\to 0^{+}} x^{\sin x}$.

2. 验证下列极限是否存在，能否用洛必达法则求出？

(1) $\lim\limits_{x\to 0}\dfrac{x^{2}\sin\dfrac{1}{x}}{\sin x}$ ；

(2) $\lim\limits_{x\to 0}\dfrac{1-\cos x}{1+\cos x}$ ；

(3) $\lim\limits_{x\to +\infty}\dfrac{e^{x}-e^{-x}}{e^{x}+e^{-x}}$.

4.3　函数的单调性与极值

4.3.1　函数单调性的判别法

函数 $y=f(x)$ 单调性的考察，可用定义来判断，但有时判定 $f(x_{1})$ 与 $f(x_{2})$ 的大小并非是一件容易的事情，所以希望找到一种简单的判定方法．我们知道，如果函数 $y=f(x)$ 在某区间上单调增加，其图形是一条沿 x 轴正向上升的曲线，曲线上各点处的切线与 x 轴正向的夹角 α 都是锐角，因此切线的斜率 $f'(x)=\tan\alpha>0$ ；若函数 $y=f(x)$ 在某区间上单调减少，其图形是一条沿 x 轴正向下降的曲线，曲线上各点处的切线与 x 轴正向的夹角 α 都是钝角，因此切线的斜率 $f'(x)=\tan\alpha<0$.

函数单调性
的判定

由图 4-3 可见，函数的单调性与导数的符号有着密切的联系，我们有如下定理．

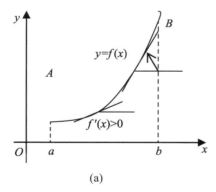

(a)

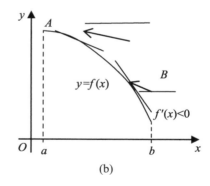

(b)

图 4-3

定理 4.2　设函数 $f(x)$ 在开区间 (a,b) 内可导．

(1) 如果在开区间 (a,b) 内 $f'(x)>0$ ，那么 $f(x)$ 在 (a,b) 内单调增加．

(2) 如果在开区间 (a,b) 内 $f'(x)<0$ ，那么 $f(x)$ 在 (a,b) 内单调减少．

证明： (1) 在 (a,b) 内任取两点 x_{1},x_{2} ，且 $x_{1}<x_{2}$ ，根据拉格朗日中值定理，存在一点 ξ （ $x_{1}<\xi<x_{2}$ ），使

$$f(x_{2})-f(x_{1})=f'(\xi)(x_{2}-x_{1}) \tag{4.1}$$

因为在开区间 (a,b) 内有 $f'(x)>0$ ，则(4.1)式中的 $f'(\xi)>0$ ，而 $x_{2}-x_{1}>0$ ，因此由(4.1)式可知 $f(x_{2})>f(x_{1})$ ，这就是说 $f(x)$ 在 (a,b) 内单调增加．

同理可证明定理 4.2(2)成立．

例 1　判定函数 $f(x) = x^3 + x$ 的单调性.

解：因为函数的定义域为 $(-\infty, +\infty)$ ，其导数为 $f'(x) = 3x^2 + 1 > 0$，由定理 4.2 可知，$f(x) = x^3 + x$ 在整个定义域 $(-\infty, +\infty)$ 内是单调增加的.

有些可导函数在某区间内的个别点处导数等于零，而在其余点处导数均为正(或负)时，函数在该区间内仍是单调增加(或单调减少). 如函数 $y = x^3$ 的导数 $y' = 3x^2$，在 $x = 0$ 时，$y' = 0$，但它在区间 $(-\infty, +\infty)$ 内是单调增加的.

例 2　判断函数 $y = x - \ln(1 + x^2)$ 的单调性.

解：因为函数的定义域为 $(-\infty, +\infty)$

$$y' = 1 - \frac{2x}{1 + x^2} = \frac{1 + x^2 - 2x}{1 + x^2} = \frac{(1-x)^2}{1 + x^2} \geq 0$$

所以函数 $y = x - \ln(1 + x^2)$ 在定义域 $(-\infty, +\infty)$ 内单调增加.

有时，函数在整个定义域内并不具有单调性，但在各个部分区间上却具有单调性，这时要先求出使导数符号 $f'(x)$ 改变的分界点，当函数连续时，分界点是函数导数为零的点或导数不存在的点. 我们称使函数一阶导数 $f'(x) = 0$ 的点为**驻点**. 找到这些点后，它们将定义域分成若干个子区间，在每个子区间上判断 $f'(x)$ 的符号，从而确定 $f(x)$ 的单调性(见图 4-4).

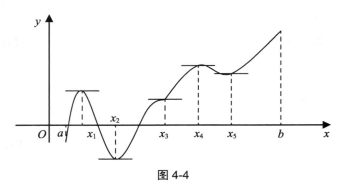

图 4-4

由此得到确定函数单调区间的步骤如下.

(1) 求出函数 $f(x)$ 的定义域.

(2) 求出 $f'(x)$，并进一步求出 $f'(x) = 0$ 的点(称这样的点为驻点)和不可导点.

(3) 这些点将定义域进行划分.

(4) 在每个子区间内判断 $f'(x)$ 的符号，进而判断每个子区间的单调性.

例 3　讨论函数 $f(x) = \dfrac{1}{3}x^3 + \dfrac{1}{2}x^2 - 2x$ 的单调区间.

解：因为函数的定义域为 $(-\infty, +\infty)$

$f'(x) = x^2 + x - 2 = (x+2)(x-1)$，令 $f'(x) = 0$，

得驻点 $x_1 = -2, x_2 = 1$.

这两个驻点将 $f(x)$ 的定义域 $(-\infty, +\infty)$ 分成三个部分：$(-\infty, -2), (-2, 1), (1, +\infty)$，下面用列表的形式进行讨论.

x	$(-\infty,-2)$	-2	$(-2,1)$	1	$(1,+\infty)$
$f'(x)$	$+$	0	$-$	0	$+$
$f(x)$	↗	$3\frac{1}{3}$	↘	$-1\frac{1}{6}$	↗

根据上面的讨论可得：函数 $f(x)$ 在开区间 $(-\infty,-2)$ 和 $(1,+\infty)$ 内单调增加，在开区间 $(-2,1)$ 内单调减少．

另外，还需注意函数的无定义点，或是连续而不可导点也有可能是单调区间的分界点．

例 4 确定函数 $y=\sqrt[3]{x^2}$ 的单调区间(见图 4-5)．

解： 函数的定义域为 $(-\infty,+\infty)$，而 $y'=\dfrac{2}{3\sqrt[3]{x}}$，显然当

$x=0$ 时，函数的导数不存在．

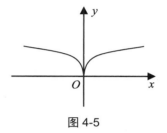

图 4-5

当 $x>0$ 时，有 $y'>0$，函数在开区间 $(0,+\infty)$ 内单调增加．

当 $x<0$ 时，有 $y'<0$，函数在开区间 $(-\infty,0)$ 内单调减少．

4.3.2 利用函数单调性证明不等式

例 5 证明当 $x>0$ 时，$1+\dfrac{1}{2}x>\sqrt{1+x}$．

证明： 设 $f(x)=1+\dfrac{1}{2}x-\sqrt{1+x}$，

函数 $f(x)$ 在区间 $[0,+\infty)$ 内连续，在 $(0,+\infty)$ 内可导，

$$f'(x)=\frac{1}{2}-\frac{1}{2\sqrt{1+x}}=\frac{\sqrt{1+x}-1}{2\sqrt{1+x}}$$

因为 $x>0$，所以 $f'(x)=\dfrac{\sqrt{1+x}-1}{2\sqrt{1+x}}>0$，即函数 $f(x)$ 在 $(0,+\infty)$ 上单调递增，

$f(x)>f(0)=0$，故 $1+\dfrac{1}{2}x>\sqrt{1+x}$．

4.3.3 函数的极值

定义 4.1 设函数 $f(x)$ 在点 x_0 的某个邻域内有定义，如果对于该邻域内任意点 $x(x\neq x_0)$，恒有 $f(x)<f(x_0)$，则称 $f(x_0)$ 是函数 $f(x)$ 的一个**极大值**，称点 x_0 为函数 $f(x)$ 的极大值点；若对于该邻域内任意点 $x\ (x\neq x_0)$，恒有 $f(x)>f(x_0)$，则称 $f(x_0)$ 是函数 $f(x)$ 的一个**极小值**，称点 x_0 为函数 $f(x)$ 的极小值点．

函数的极大值与极小值统称为函数的**极值**，极大值点和极小值点统称为**极值点**．

函数的极大值和极小值是局部概念，即如果 $f(x_0)$ 是 $f(x)$ 的极值，只是对极值点 x_0 的左右近旁一个小范围来讲的，但在整个区间上未必是最大值(或最小值)．而最值是全局性的概念，它是与整个定义区间内所有的函数值比较得到的．所以函数的极大值不一定是最大值，极小值也不一定是最小值．

函数在一个区间上可能会有几个极大值和几个极小值,且其中的极大值未必比极小值要大. 如图 4-6 所示,极大值 $f(x_1)$ 就比极小值 $f(x_5)$ 还要小.

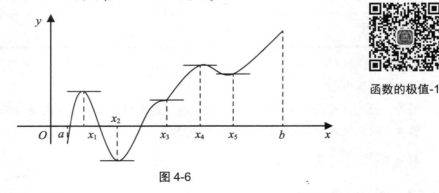

图 4-6

注 单调函数没有极值,极值点只能在区间内部取得,不可能是区间的端点. 区间的端点却有可能是函数的最值点.

下面讨论函数极值的存在性.

定理 4.3(极值存在的必要条件) 设函数 $f(x)$ 在点 x_0 处导数存在,且在点 x_0 处取得极值,则函数 $f(x)$ 在点 x_0 处的导数 $f'(x_0)=0$.

该定理告诉我们,对于可导函数,在极值点处函数的导数等于零,且切线是水平的,即极值点一定是驻点,但驻点未必是极值点. 例如,函数 $f(x)=x^3$, $f'(x)=3x^2$,显然 $x=0$ 是它的驻点但不是极值点(见图 4-7).

另外,函数不可导的点也可能是极值点,例如, $f(x)=|x|$,在 $x=0$ 处不可导,但在 $x=0$ 处函数有极小值 $f(0)=0$. 又如, $g(x)=x^{\frac{1}{3}}$, $g'(x)=\dfrac{1}{3\sqrt[3]{x^2}}$,显然 $g(x)$ 在 $x=0$ 处不可导,而 $x=0$ 不是函数的极值点.

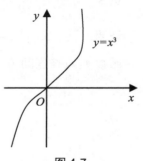

图 4-7

综上所述,函数的极值点一定是函数的驻点或导数不存在的点,但是驻点或不可导的点不一定是极值点,那么如何判断驻点和不可导的点是不是极值点呢?如果是极值点,函数在该点处是取得极大值还是极小值呢?

定理 4.4(极值存在的第一充分条件) 设函数 $f(x)$ 在点 x_0 的某一邻域内连续且可导($f'(x_0)$ 可以不存在),

(1) 如果在点 x_0 的左侧邻域内有 $f'(x)>0$,在点 x_0 右侧邻域内有 $f'(x)<0$,则 $f(x_0)$ 是 $f(x)$ 的极大值.

(2) 如果在点 x_0 的左侧邻域内有 $f'(x)<0$,在点 x_0 右侧邻域内有 $f'(x)>0$,则 $f(x_0)$ 是 $f(x)$ 的极小值.

(3) 在点 x_0 的左、右邻域内 $f'(x)$ 的符号不变,则 $f(x)$ 在点 x_0 处取不到极值.

证明略.

由定理 4.4 可知,求函数的极值时,可先求出驻点和不可导的点,再考察函数在这些点的两侧邻域内导数符号是否发生改变,从而确定函数是否在这些点处取得极值.

根据上述定理的必要条件和第一充分条件，可以得到求函数极值的一般步骤如下.

(1) 求出函数的定义域.

(2) 求出一阶导数 $f'(x)$.

(3) 令 $f'(x) = 0$，求出所有的驻点，同时求出不可导的点.

(4) 用驻点和不可导的点将定义域分为若干个子区间，列表考察每个子区间内导数的符号，从而判断该点是否为极值点，如果是极值点，进一步确定是极大值还是极小值.

(5) 求出各个极值点处的函数值.

例 6 求函数 $f(x) = x^3 - 3x^2 - 9x + 3$ 的极值.

解： 函数 $f(x)$ 的定义域为 $(-\infty, +\infty)$，$f'(x) = 3x^2 - 6x - 9 = 3(x+1)(x-3)$，令 $f'(x) = 0$，得驻点 $x_1 = -1, x_2 = 3$，没有不可导的点. 驻点将定义域分成三个部分：$(-\infty, -1), (-1, 3), (3, +\infty)$，列表讨论如下.

x	$(-\infty, -1)$	-1	$(-1, 3)$	3	$(3, +\infty)$
$f'(x)$	$+$	0	$-$	0	$+$
$f(x)$	↗	极大值 8	↘	极小值 -24	↗

故函数 $f(x)$ 在 $x = -1$ 处有极大值 $f(-1) = 8$，在 $x = 3$ 处取得极小值 $f(3) = -24$.

例 7 求函数 $f(x) = (x^2 - 4)^{\frac{2}{3}}$ 的极值.

解： 函数的定义域为 $(-\infty, +\infty)$，且 $f'(x) = \dfrac{4x}{3\sqrt[3]{x^2 - 4}}$ $(x \neq \pm 2)$，

令 $f'(x) = 0$，得驻点 $x = 0$，所以函数有驻点 $x = 0$，不可导点 $x = \pm 2$. 列表考察 $f'(x)$ 的符号.

x	$(-\infty, -2)$	-2	$(-2, 0)$	0	$(0, 2)$	2	$(2, +\infty)$
$f'(x)$	$-$	不存在	$+$	0	$-$	不存在	$+$
$f(x)$	↘	极小值 0	↗	极大值 $\sqrt[3]{16}$	↘	极小值 0	↗

故当 $x = 0$ 时，函数 $f(x)$ 有极大值 $\sqrt[3]{16}$，当 $x = \pm 2$ 时，函数 $f(x)$ 有极小值 0.

如果函数在驻点处有不为零的二阶导数，还可以利用二阶导数来判定函数的极值.

定理 4.5(极值存在的第二充分条件) 设函数 $f(x)$ 在点 x_0 处二阶可导，且 $f'(x_0) = 0$，$f''(x_0) \neq 0$.

(1) 如果 $f''(x_0) < 0$，那么函数 $f(x)$ 在点 x_0 处取得极大值.

(2) 如果 $f''(x_0) > 0$，那么函数 $f(x)$ 在点 x_0 处取得极小值.

注 当 $f''(x_0) = 0$ 时，本定理失效！

函数的极值-2

例如，函数 $f(x) = x^3$ 时，本定理失效. 因此，遇到一阶导数不存在的点，或驻点的二阶导数为零，只能用第一充分条件来判断.

例 8 求函数 $f(x) = x^3 - 3x^2 - 9x + 2$ 的极值.

解：函数的定义域为 $(-\infty, +\infty)$，且 $f'(x) = 3x^2 - 6x - 9$，

令 $f'(x) = 0$，得驻点 $x_1 = -1, x_2 = 3$，又 $f''(x) = 6x - 6$，

因为 $f''(-1) = -12 < 0$，所以函数 $f(x)$ 在 $x_1 = -1$ 处取得极大值 $f(-1) = 7$；又因为 $f''(3) = 12 > 0$，所以函数 $f(x)$ 在 $x_2 = 3$ 处取得极小值 $f(3) = -25$.

例 9 求函数 $f(x) = (x^2 - 1)^3 + 1$ 的极值.

解：函数的定义域为 $(-\infty, +\infty)$，且 $f'(x) = 3(x^2 - 1)^2 \cdot 2x = 6x(x^2 - 1)^2$，

令 $f'(x) = 0$，得驻点 $x_1 = -1, x_2 = 0, x_3 = 1$，又 $f''(x) = 6(x^2 - 1)(5x^2 - 1)$

因为 $f''(0) = 6 > 0$，故函数在 $x = 0$ 处取得极小值，极小值为 $f(0) = 0$.

$f''(\pm 1) = 0$，无法用第二充分条件判断，故用第一充分条件列表判断.

x	$(-\infty, -1)$	-1	$(-1, 0)$	$(0, 1)$	1	$(1, +\infty)$
$f'(x)$	$-$	0	$-$	$+$	0	$+$
$f(x)$	↘	无极值	↘	↗	无极值	↗

可见，函数 $f(x)$ 在 $x = \pm 1$ 处没有极值(见图 4-8).

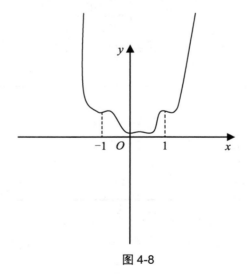

图 4-8

注 第二充分条件具有局限性，而第一充分条件判断函数极值是万能的.

习题 4.3

1．求下列函数的单调区间．

(1) $y = 3x^2 - x^3$ ；

(2) $y = 2x^2 - \ln x$ ；

(3) $y = \dfrac{x^2}{1-x}$ ；

(4) $y = 2x + \dfrac{8}{x}$ ．

2．求下列函数的极值．

(1) $y = x - \ln(1+x)$ ；

(2) $y = 3 - 2(x+1)^{\frac{1}{3}}$ ；

(3) $y = x^2 e^{-x}$ ；

(4) $y = x^3 - 3x^2 + 7$ ；

(5) $y = \dfrac{2x}{1+x^2}$ ．

3．利用极值存在的第二充分条件求极值．

(1) $y = x^3 - 3x$ ；　　(2) $y = 2x - \ln(4x)^2$ ；　　(3) $y = x^2 - 6x + 5$ ．

4．证明下列不等式．

(1) $2x \arctan x \geqslant \ln(1+x^2)$　$(x \geqslant 0)$ ；　　(2) $x > \ln(1+x)$　$(x > 0)$ ．

4.4　函数的最值及其应用

4.4.1　函数的最值

在很多学科领域与实际问题中，经常遇到在一定条件下如何用料最省、成本最低、时间最短、效益最高等问题，这类问题我们称之为最优化问题．这些问题在数学上可归纳为求某一函数的最大值或最小值的问题．

函数的最值

函数的极值与最值是两个不同的概念．极值是一种局部的概念，它只限于与点 x_0 的某个邻域内的函数值比较；而最值是一个整体概念，是所考察的区间上全部函数值的最大值或最小值．

对于闭区间上的连续函数来说，一定存在最大值和最小值．其最值一定在函数的驻点、一阶导数不存在的点、区间端点处取得，我们只要求出这些点所对应的函数值，加以比较，其中最大的就是函数的最大值，最小的就是函数的最小值，于是我们归纳出求函数在闭区间 $[a,b]$ 上最值的步骤如下：

(1) 求导数 $f'(x)$，并求出 $f(x)$ 在 (a,b) 内的所有驻点和一阶导数不存在的点．

(2) 计算上述驻点与不可导的点及区间端点的函数值．

(3) 比较上述各函数值，最大的就是函数的最大值，最小的就是函数的最小值．

例 1　求函数 $f(x) = 2x^3 + 3x^2 - 12x + 14$ 在闭区间 $[-3, 4]$ 上的最大值和最小值．

解：$f'(x) = 6x^2 + 6x - 12 = 6(x+2)(x-1)$

由 $f'(x) = 0$，得驻点 $x = -2, x = 1$．因为

$$f(-2) = 34, f(1) = 7, f(-3) = 23, f(4) = 142$$

所以函数在闭区间 $[-3,4]$ 上的最大值为 $f(4)=142$ ，最小值为 $f(1)=7$ ．

例 2 求函数 $f(x)=\dfrac{1}{2}x^2-3\sqrt[3]{x}$ 在闭区间 $[-1,2]$ 上的最大值和最小值．

解： $f'(x)=x-\dfrac{1}{\sqrt[3]{x^2}}$ ，令 $f'(x)=0$ ，得驻点 $x=1$ ，且 $x=0$ 时 $f'(x)$ 不存在．计算

$$f(-1)=\frac{7}{2}, \quad f(0)=0, \quad f(1)=-\frac{5}{2}, \quad f(2)=2-3\sqrt[3]{2}.$$

通过比较，可知函数的最大值为 $f(-1)=\dfrac{7}{2}$ ，最小值为 $f(1)=-\dfrac{5}{2}$ ．

在求函数的最值问题时，如果函数 $f(x)$ 在闭区间 $[a,b]$ 上单调增加，则 $f(a)$ 是函数的最小值，$f(b)$ 是函数的最大值(见图 4-9)；如果函数 $f(x)$ 在闭区间 $[a,b]$ 上单调递减，则 $f(a)$ 是函数的最大值，$f(b)$ 是函数的最小值(见图 4-10)．

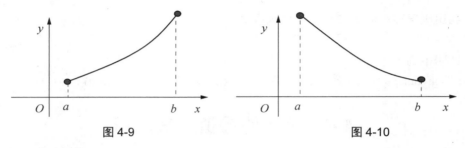

图 4-9 图 4-10

如果连续函数在一个区间(开区间、闭区间或无限区间)内有且仅有一个极值点，没有其他驻点或不可导的点，则 $f(x_0)$ 是极大值时，就是函数在该区间上的最大值，$f(x_0)$ 是极小值时，就是函数在该区间上的最小值(见图 4-11)．

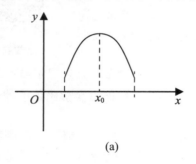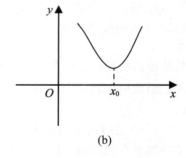

(a) (b)

图 4-11

例 3 求函数 $f(x)=\sqrt{x}\ln x$ 在开区间 $(0,+\infty)$ 上的最大值和最小值．

解： 因为 $f'(x)=\dfrac{1}{2\sqrt{x}}\ln x+\sqrt{x}\cdot\dfrac{1}{x}=\dfrac{\ln x+2}{2\sqrt{x}}$ ，

令 $f'(x)=0$ ，得唯一驻点 $x=\mathrm{e}^{-2}$

当 $x>\mathrm{e}^{-2}$ 时，$f'(x)>0$ ；当 $0<x<\mathrm{e}^{-2}$ 时，$f'(x)<0$ ．

所以 $f(\mathrm{e}^{-2})=-\dfrac{2}{\mathrm{e}}$ 是函数的极小值，也是函数的最小值．

4.4.2　最值问题的应用

生活中的
最优化问题

在日常生活和生产活动中，最大值和最小值有着广泛的应用，生产者或厂商都希望用最低的生产成本，获得最大的利润，制作容器时希望用料最省．这类问题要想解决，首先要建立数学模型，其次要确定变量 x 的取值范围，如果函数 $f(x)$ 在某区间上只有一个极值点(驻点或不可导的点)，而且从问题的本身可以知道函数 $f(x)$ 在区间上一定存在最大值或最小值，那么该极值点就是所要求的最值点．

例 4　有一块长为 a，宽为 $\dfrac{3}{8}a$ 的长方形铁片，将它的四角各剪去一个大小相同的小正方形，再将四边折起，做成一个无盖的长方盒，求截去的小正方形的边长为多少时，其容积最大？

解：如图 4-12 所示，设小正方形的边长为 x，则其容积为

$$V(x) = x(a-2x)\left(\frac{3}{8}a - 2x\right) = 4x^3 - \frac{11}{4}ax^2 + \frac{3}{8}a^2x, \quad \left(0 < x < \frac{3}{16}a\right)$$

$$V'(x) = 12x^2 - \frac{11}{2}ax + \frac{3}{8}a^2 = 12\left(x - \frac{1}{12}a\right)\left(x - \frac{3}{8}a\right)$$

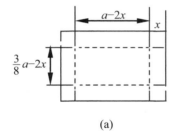
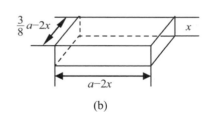

(a)　　　　　　　　　　　　　　(b)

图 4-12

得驻点 $x_1 = \dfrac{1}{12}a$，$x_2 = \dfrac{3}{8}a$ (舍)，所以 $x_1 = \dfrac{1}{12}a$ 是唯一的驻点，又因为该实际问题的最值一定存在，故当小正方形的边长为 $x_1 = \dfrac{1}{12}a$ 时，长方体的容积最大．

例 5　设某商品在销售单价为 p (元)时，每天的需求量是 $x = 20 - \dfrac{p}{4}$，已知工厂每天生产该商品 x 单位的成本函数是 $C(x) = 120 + 8x + x^2$ (元)，又知每件产品的纳税额为 2 元，试问该工厂每天产量为多少时，可使利润最大？这时商品价格和最大利润分别是多少？

解：由 $x = 20 - \dfrac{p}{4}$，可得 $p = 80 - 4x$，总收入函数为 $R(x) = px = x(80 - 4x)$

利润函数　$L(x) = R(x) - C(x) - 2x$

$$= x(80 - 4x) - (120 + 8x + x^2) - 2x$$

$$= -5x^2 + 70x - 120(0 \leqslant x < 20).$$

令 $L'(x) = -10x + 70 = 0$，得唯一驻点 $x = 7$．

根据实际问题可知，最大利润存在，因此当 $x=7$ 时，可使利润最大，最大利润为 $L(7)=125$ (元)，此时商品的价格为 $p=80-4\times7=52$ (元).

习题 4.4

1. 求下列函数在给定区间上的最大值和最小值.

(1) $f(x)=x^4-2x^2+5$, $[-2,2]$.

(2) $f(x)=\dfrac{x^2}{1+x}$, $\left[-\dfrac{1}{2},1\right]$.

(3) $f(x)=2x^3-3x^2$, $[-1,4]$.

(4) $f(x)=x+\sqrt{1-x}$, $[-5,1]$.

(5) $f(x)=x^3-3x^2+6x-2$, $[-1,1]$.

2. 函数 $y=x^2-\dfrac{54}{x}(x<0)$ 在何处取得最小值？最小值为多少？

3. 做一个容积为 256 升的方底无盖水槽，问怎样设计最省材料？

4. 要造一个容积为 V 的圆柱形密闭容器，求底半径和高分别等于多少时，能使表面积最小？

5. 某工厂需要围建一个面积为 512 m^2 的矩形堆料场，一边可以利用原来的墙壁，其他三边需要砌新的墙壁，问堆料场的长和宽各为多少时，才能使砌墙所用的材料最省？

6. 已知某产品的需求函数为 $p=20-\dfrac{q}{4}$，总成本函数为 $C(q)=50+3q$，求产量为多少时总利润最大？此时的最大利润是多少？

4.5 曲线的凹凸与拐点

4.5.1 曲线的凹凸性

前面我们学习了函数单调性和极值的判定方法，为了进一步研究函数的特性并正确地做出函数的图形，需要研究曲线的弯曲方向. 在几何上，曲线的弯曲方向是用曲线的"凹凸性"来描述的.

曲线的凹凸与拐点

定义 4.2 在某区间内，如果曲线弧位于其上任一点处的切线的上方，则称曲线在该区间内是**凹的**；如果曲线弧位于其上任一点处的切线的下方，则称曲线在该区间内是**凸的**，如图 4-13 所示.

从图 4-13 还可以看到如下事实：对于凹的曲线弧，其切线的斜率 $f'(x)$ 随着 x 的增大而增大，即 $f'(x)$ 单调增加；对于凸的曲线弧，其切线的斜率 $f'(x)$ 随着 x 的增大而减小，即 $f'(x)$ 单调减少. 结合函数增减性的判别方法，我们可以得到曲线凹凸性的判别方法.

定理 4.6 设函数 $f(x)$ 在闭区间 $[a,b]$ 上连续，在开区间 (a,b) 内具有二阶导数.

(1) 如果在开区间 (a,b) 上，有 $f''(x)>0$，那么曲线在闭区间 $[a,b]$ 上是凹的.

(2) 如果在开区间 (a,b) 上，有 $f''(x)<0$，那么曲线在闭区间 $[a,b]$ 上是凸的.

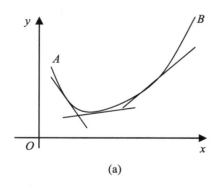

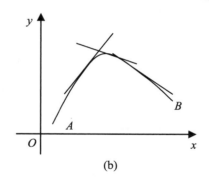

(a) (b)

图 4-13

例 1　讨论曲线 $y = x^3 + 1$ 的凹凸区间.

解：函数的定义域为 $(-\infty, +\infty)$，　$y' = 3x^2, y'' = 6x$.

显然，当 $x > 0$ 时，$y'' > 0$；当 $x < 0$ 时，$y'' < 0$. 因此 $(-\infty, 0)$ 为曲线的凸区间，$(0, +\infty)$ 为曲线的凹区间.

在例 1 中，点 $(0, 0)$ 为曲线弧凸与凹的分界点，对这种点有如下定义.

4.5.2　拐点及其求法

定义 4.3　在连续曲线上，曲线的凹凸性发生改变的分界点，称为曲线的**拐点**.

注　(1) 函数 $y = f(x)$ 在点 x_0 处的二阶导数 $f''(x_0)$ 存在，且点 $(x_0, f(x_0))$ 为曲线的拐点，则 $f''(x_0) = 0$.

(2) 若 $f''(x_0) = 0$，点 $(x_0, f(x_0))$ 不一定是曲线的拐点，只有在点 x_0 两侧的二阶导数符号互异时，点 $(x_0, f(x_0))$ 才是曲线 $y = f(x)$ 的拐点.

(3) 函数 $y = f(x)$ 在点 x_0 处的二阶导数 $f''(x_0)$ 不存在，但在点 x_0 两侧的二阶导数符号互异，点 $(x_0, f(x_0))$ 也是曲线 $y = f(x)$ 的拐点.

求曲线拐点的步骤如下.

(1) 确定函数 $f(x)$ 的定义域.

(2) 求 $f''(x)$，并求出使 $f''(x) = 0$ 或 $f''(x)$ 不存在的点.

(3) 在这些点的左、右两侧考察 $f''(x)$ 的符号，若 $f''(x)$ 在点 x_0 两侧的二阶导数符号相反，则点 $(x_0, f(x_0))$ 是拐点，若 $f''(x)$ 在点 x_0 的两侧的二阶导数符号相同，则点 $(x_0, f(x_0))$ 不是拐点.

例 2　求曲线 $y = \dfrac{1}{2}x^4 - x^3 + 1$ 的凹凸区间和拐点.

解：函数的定义域为 $(-\infty, +\infty)$，

而 $y' = 2x^3 - 3x^2$，　　　$y'' = 6x^2 - 6x = 6x(x - 1)$.

令 $y'' = 0$，得 $x_1 = 0, x_2 = 1$. 列表讨论如下.

x	$(-\infty,0)$	0	$(0,1)$	1	$(1,+\infty)$
y''	$+$	0	$-$	0	$+$
y	$\cup$	拐点 $(0,1)$	$\cap$	拐点 $\left(1,\dfrac{1}{2}\right)$	$\cup$

所以曲线在开区间 $(-\infty,0)$ 和 $(1,+\infty)$ 内是凹的，在开区间 $(0,1)$ 内是凸的．曲线的拐点是 $(0,1)$ 和 $\left(1,\dfrac{1}{2}\right)$．

例 3　求曲线 $y=(x-1)^{\frac{5}{3}}$ 的拐点．

解：定义域为 $(-\infty,+\infty)$，

$$y'=\frac{5}{3}(x-1)^{\frac{2}{3}}, \quad y''=\frac{10}{9}(x-1)^{-\frac{1}{3}},(x\neq 1)$$

当 $x=1$ 时，$y'=0,y''$ 不存在．列表讨论如下．

x	$(-\infty,1)$	1	$(1,+\infty)$
y''	$-$	不存在	$+$
y	$\cap$	拐点 $(1,0)$	$\cup$

即曲线在区间 $(-\infty,1)$ 内是凸的，在区间 $(1,+\infty)$ 内是凹的，曲线的拐点是 $(1,0)$．

4.5.3　曲线的渐近线

定义 4.4　当曲线 C 上的动点 P 沿着曲线无限地远离坐标原点时，点 P 与某一固定直线 L 的距离趋于零时，则称直线 L 为曲线 C 的渐近线(见图 4-14)．

1. 水平渐近线

如果当自变量 $x\to\infty$ (有时也可能仅当 $x\to+\infty$ 或 $x\to-\infty$)时，函数 $f(x)$ 以常量 C 为极限，即 $\lim\limits_{x\to\infty}f(x)=C$，则称直线 $y=C$ 为曲线 $y=f(x)$ 的**水平渐近线**．

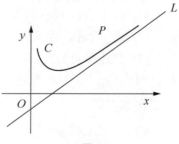

图 4-14

2. 铅直渐近线

如果当自变量 $x\to a$ 时(有时仅当 $x\to a^{+}$ 或 $x\to a^{-}$)，函数 $f(x)$ 为无穷大量，即 $\lim\limits_{x\to a}f(x)=\infty$，则称直线 $x=a$ 为曲线 $y=f(x)$ 的**铅直渐近线**．

例如，对于函数 $y = \dfrac{1}{x-1} + 1$ ，因为

$\lim\limits_{x \to \infty}\left(\dfrac{1}{x-1} + 1\right) = 1$ ，所以直线 $y = 1$ 为曲线的水平渐近

线；又因为 $\lim\limits_{x \to 1}\left(\dfrac{1}{x-1} + 1\right) = \infty$ ，所以直线 $x = 1$ 为曲线

的铅直渐近线(见图 4-15).

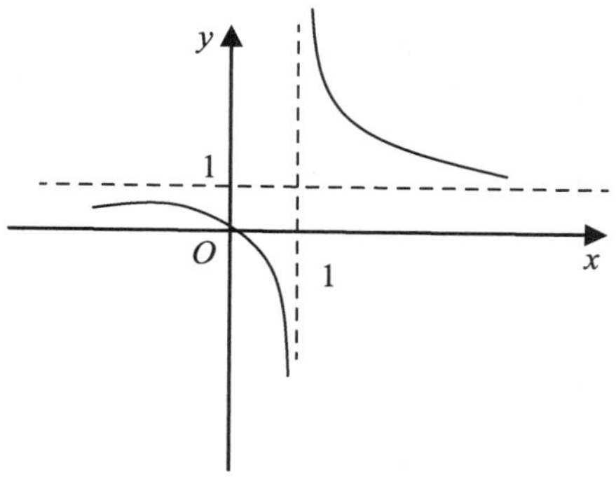

图 4-15

例 4　求下列曲线的渐近线.

(1)　$y = \dfrac{1}{x^2 + 2x - 3}$.

(2)　$y = \left(\dfrac{1+x}{1-x}\right)^4$.

(3)　$y = x + \dfrac{1}{x}$.

解：(1)　因为 $\lim\limits_{x \to -3}\dfrac{1}{x^2 + 2x - 3} = \lim\limits_{x \to -3}\dfrac{1}{(x-1)(x+3)} = \infty$ ，即

$$\lim\limits_{x \to 1}\dfrac{1}{x^2 + 2x - 3} = \infty$$

所以直线 $x = -3, x = 1$ 是两条铅直渐近线.

(2)　因为 $\lim\limits_{x \to \infty}\left(\dfrac{1+x}{1-x}\right)^4 = 1$ ，所以曲线有水平渐近线 $y = 1$ ；

又因为 $\lim\limits_{x \to 1}\left(\dfrac{1+x}{1-x}\right)^4 = \infty$ ，所以曲线有铅直渐近线 $x = 1$.

(3)　因为 $\lim\limits_{x \to \infty}\left(x + \dfrac{1}{x}\right) = \infty$ ，所以曲线没有水平渐近线；

又因为 $\lim\limits_{x \to 0}\left(x + \dfrac{1}{x}\right) = \infty$ ，所以曲线有铅直渐近线 $x = 0$.

4.5.4　函数图形的描绘

描点法是作函数图形的基本方法，结合上面的讨论，首先利用导数分析函数曲线的形态，然后通过描点作图，具体步骤如下.

(1) 确定函数的定义域，考察函数的奇偶性、周期性.

(2) 确定函数的单调区间、极值点、凹凸区间以及拐点.

(3) 考察渐近线.

(4) 做一些辅助点.

(5) 通过上面的讨论，做出函数的图形.

例 5　作函数 $f(x) = x^3 - 3x^2 + 1$ 的图形.

解：(1)　函数定义域为 $(-\infty, +\infty)$.

(2)　$f'(x) = 3x^2 - 6x$ ，令 $f'(x) = 0$ ，得 $x_1 = 0, x_2 = 2$ ；

$f''(x) = 6x - 6$，令 $f''(x) = 0$ 得 $x_3 = 1$．

列表确定曲线单调区间、凹凸区间和极值及拐点．

x	$(-\infty,0)$	0	$(0,1)$	1	$(1,2)$	2	$(2,+\infty)$
$f'(x)$	+	0	−		−	0	+
$f''(x)$	−		−	0	+		+
$f(x)$	↗	极大值 1	↘	拐点$(1,-1)$	↘	极小值-3	↗

说明："↗"表示上升且为凸的，"↘"表示下降且为凸的，"↘"表示下降且为凹的，"↗"表示上升且为凹的．

(3) 无渐近线．

(4) 取辅助点$(-1,-3)$、$(3，1)$．

(5) 作图(见图 4-16)．

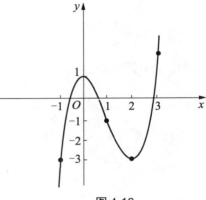

图 4-16

例 6 作函数 $f(x) = \dfrac{4(x+1)}{x^2} - 2$ 的图形．

解：定义域为$(-\infty,0)\bigcup(0,+\infty)$，非奇非偶函数，且无对称性，

$$f'(x) = -\frac{4(x+2)}{x^3}，\quad 令 f'(x) = 0，得驻点$$

$x = -2$．

$$f''(x) = \frac{8(x+3)}{x^4}，令 f''(x) = 0，得 x = -3．$$

列表确定曲线单调区间、凹凸区间和极值及拐点．

x	$(-\infty,-3)$	-3	$(-3,-2)$	-2	$(-2,0)$	0	$(0,+\infty)$
$f'(x)$	−		−	0	+	不存在	−
$f''(x)$	−	0	+		+		+
$f(x)$	↘	拐点$\left(-3,-\dfrac{26}{9}\right)$	↘	极小值 -3	↗	间断点	↘

渐近线：$\lim\limits_{x\to\infty} f(x) = \lim\limits_{x\to\infty}\left[\dfrac{4(x+1)}{x^2} - 2\right] = -2$，得水平渐近线 $y = -2$，

$\lim\limits_{x\to 0} f(x) = \lim\limits_{x\to 0}\left[\dfrac{4(x+1)}{x^2} - 2\right] = +\infty$，得铅直渐近线 $x = 0$，

作辅助点：$(1-\sqrt{3},0),(1+\sqrt{3},0)$．$A(-1,-2),B(1,6),C(2,1)$．

作图(见图 4-17).

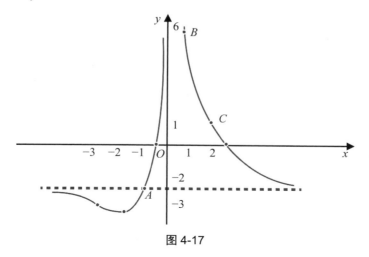

图 4-17

习题 4.5

1. 求下列函数的凹凸及拐点.

(1) $y = x^4 - 2x^3 + 1$；

(2) $y = x^2 - \dfrac{1}{x}$；

(3) $y = (x+1)^4 - 3$；

(4) $y = (x-4)^{\frac{5}{3}}$.

2. 求下列曲线的渐近线.

(1) $y = \dfrac{x}{(x+2)(x-3)}$；

(2) $y = \dfrac{x^2}{x-1}$；

(3) $y = \dfrac{x-1}{(x-2)} - 1$；

(4) $y = \dfrac{1}{x-1} + 2$.

3. 描绘下列函数的图形.

(1) $y = x^2 - 3x - 2$；

(2) $y = \dfrac{x}{1+x^2}$；

(3) $y = \ln(1+x^2)$；

(4) $y = \mathrm{e}^{-x^2}$.

4.6 导数在经济分析中的应用

4.6.1 边际与边际分析

边际是经济学中非常重要的概念，通常是指经济函数的变化率．利用导数研究边际问题是经济理论中的一个重要方法，在这里我们将分别介绍边际和弹性．

引例 1 在农田里撒化肥可以增加农作物的产量，当你向一亩农田里撒第一个 100 千克化肥的时候，增加的产量为 500 斤；

导数在经济分析中的
应用——边际分析

当撒第二个 100 千克化肥的时候，增加的产量为 150 斤；当撒第三个 100 千克化肥的时候，增加的产量为 30 斤，也就是说，随着所撒化肥的增加，增产效用越来越低，即边际效益递减.

边际收益递减是经济学的一个基本概念，是指在一个以资源作为投入的企业，单位资源投入对产品产出的效用是不断递减的. 边际效用递减原理通俗的说法是：开始的时候，收益值很高，越到后来，收益值就越少. 用数学语言表达就是：x 是自变量，y 是因变量，y 随 x 的变化而变化，在开始的时候，y 值随着 x 值的增加而增加，到了一定的临界值后，y 的一阶导数值却随 x 的增加不断减小.

在经济学中，所谓边际函数是指单位数量的产品变动时经济函数相应的改变量，表示 y 在 x 的某一给定值处的瞬时变化率，即导数. 其实际意义是：当 x 改变一个单位时，y 对应地改变 y' 个单位.

在点 $x = x_0$ 处，当 x 改变一个单位，即 $|\Delta x| = 1$(增加或减少一个单位)时，函数相应的改变量 $\Delta y\big|_{x=x_0} \approx dy\big|_{x=x_0} = f'(x)\Delta x\big|_{x=x_0} = f'(x_0)$，因此函数 $y = f(x)$ 在 $x = x_0$ 的边际函数值 $f'(x_0)$ 表示 $y = f(x)$ 在 $x = x_0$ 处，当 x 改变一个单位时(增加或减少)，函数 y 近似地改变了 $f'(x_0)$ 个单位. 在应用问题中解释边际函数值的具体意义时，常常略去"近似"二字.

1. 边际成本

总成本函数 $C(q) = C_0 + C_1(q)$ 的导数 $C'(q) = C_1'(q)$ 称为边际成本函数. 其经济意义为：当产量为 q 时，再生产一个单位产品所增加的总成本. 或者说 $C'(x)$ 近似地等于第 $q+1$ 个单位产品的成本.

例 1 某厂生产某种产品的总成本为 $C(q) = 200 + 4q + 0.05q^2$ (单位：元).

(1) 指出固定成本、可变成本.

(2) 求边际成本函数及产量 q=200 时的边际成本，并说明其经济意义.

(3) 如果对该厂征收固定税收，问：固定税收对产品的边际成本是否会有影响？为什么？试举例说明.

解： (1) 固定成本为 200 元，可变成本为 $4q + 0.05q^2$.

(2) 边际成本为 $C'(q) = 4 + 0.1q$，又因为 $C'(200) = 4 + 0.1 \times 200 = 24$，

即当产量达到 200 个单位产品时，再多生产一个单位产品，总成本将大约增加 24 元.

(3) 因国家对该厂征收的固定税收与产量 q 无关，这种固定税收可列入固定成本，因而对边际成本没有影响. 例如，国家征收的固定税收为 500 元，则总成本为 $C(q) = (200 + 500) + 4q + 0.05q^2$，而边际成本仍为 $C'(q) = 4 + 0.1q$.

"边际"这个词可以理解为"增加的"."边际量"也就是"增量"的意思. 说得确切一些，自变量的增量为 1 个单位时，因变量的增量就是边际量. 例如，生产要素(自变量)增加 1 个单位，产量(因变量)的增量为 2 个单位，因变量改变的这 2 个单位量就是边际产量. 边际分析法就是分析自变量变动 1 个单位时，因变量会变动多少个单位的方法.

2. 边际收入

总收入函数 $R(q) = qp(q)$ 的导数 $R'(q) = qp'(q)$ 称为边际收入函数. 其经济意义为：当销量为 q 时，再多销售一个单位产品所增加的总收入. $R'(x)$ 近似地等于第 $q+1$ 个单位产

品的收益.

例 2　某产品的需求函数为 $q = 100 - 5p$，其中 p 为价格，q 为需求量. 求边际收入函数？求当需求量为 50 或 60 时的边际收入，并解释所得结果的经济意义.

解：由 $q = 100 - 5p$，得到 $p = 20 - \dfrac{q}{5}$，收入函数为

$$R(q) = pq = \left(20 - \frac{q}{5}\right)q = 20q - 0.2q^2$$

边际收入为 $R'(q) = 20 - 0.4q$，当需求量为 50 时，$R'(50) = 0$. 其经济意义为：当需求量为 50 个单位时，多销售 1 个单位产品，收入增加为 0；当需求量为 60 时，$R'(60) = -4$. 其经济意义为：当需求量为 60 个单位时，多销售 1 个单位产品，收入减少 4 个单位.

3. 边际利润

总利润函数 $L(q)$ 的导数 $L'(q)$ 称为边际利润函数. 其经济意义为：在销量为 q 时，再多销售一个单位产品所增加的总利润. $L'(x)$ 近似地等于第 $q + 1$ 个单位产品的利润.

因为总利润函数等于总收入函数减去总成本函数，即

$$L(q) = R(q) - C(q)$$

由导数的运算法则可知，

$$L'(q) = R'(q) - C'(q)$$

例 3　某煤炭公司每天生产 q 吨煤的总成本函数为 $C(q) = 2000 + 450q + 0.02q^2$，如果每吨煤销售价为 490 元，求：(1)边际成本；(2)边际收入；(3)边际利润；(4)产量分别为 800、1000、1200 吨时的边际利润，并说明其经济意义？(见图 4-18)

图 4-18

解：(1) 因为 $C(q) = 2000 + 450q + 0.02q^2$，
所以 $C'(q) = 450 + 0.04q$.

(2) 总收入　$R(q) = pq = 490q$，边际收入
$R'(q) = 490$ (元).

(3) 利润函数　$L(q) = R(q) - C(q) = -0.02q^2 + 40q - 2000$，
边际利润函数　$L'(q) = -0.04q + 40$.

(4) $L'(800) = 8$ (元)，$L'(1000) = 0$ (元)，$L'(1200) = -8$ (元).

其经济意义是：在日产量 800 吨的基础上，再增加 1 吨的产量，总利润约增加 8 元；在日产量 1000 吨的基础上，再增加 1 吨的产量，总利润大约无增加，日产量 1000 吨时利润最大；在日产量为 1200 吨的基础上，再增加 1 吨产量，总利润约减少 8 元.

4. 边际需求

边际需求为需求函数 $Q(p)$ 的导数 $Q'(p)$. 经济学中的解释为：边际需求是当价格为 p 时，需求量对价格的变化率(需求量单位/单位价格). 可近似理解为：当价格为 p 时，价格上涨(或下降)1 个单位需求量将减少(或增加)的数量.

例 4　设某商品的需求函数为 $Q(p) = 75 - p^2$，求价格为 $p = 5$ 时的边际需求，并说明

其经济意义.

解: 因为 $Q'(p) = -2p$,所以 $Q'(5) = -10$.

其经济意义为当价格为 5 时,每上涨 1 个单位的价格,需求量约减少 10 个单位.

4.6.2 弹性与弹性分析

导数在经济分析中的
应用——弹性分析

前面讨论的边际是函数的绝对变化率(如边际成本、边际收益、边际需求等),但是在实践中,仅仅研究函数的绝对变化率是不够的,还需要研究函数的相对变化率.例如,商品甲每单位价格为 10 元,涨价 1 元;商品乙每单位价格为 100 元,也涨价 1 元,哪种商品的涨价幅度更大呢?两种商品价格的绝对改变量都是 1 元,但各与其原价相比,两者涨价的百分比却有很大的不同,商品甲涨了 10%,而商品乙涨了 1%,显然商品甲的涨价幅度要比乙的涨价幅度更大.因此有必要研究函数的相对改变量的比率——弹性分析.

弹性是经济学中的另一个重要概念,用来定量描述一个经济变量对另一个经济变量变化的反应程度,或者说,一个经济变量变动的百分之一会使另一个经济变量变动百分之几.

引例 2 在现实生活中,我们发现不同产品对价格变化的灵敏度是不同的,如米、面、油等生活必需品,即使价格上升,需求量也不会减少多少.例如,如果你一顿吃 2 两米饭,不管大米的价格降低多少,你对大米的需求量也不会增加多少;再如看病,医疗改革以后,药品的价格比原来降低了很多,但门诊挂号费却比原来涨价了,而去医院的病人比过去没有明显变化.但是水果则不同,应季水果便宜的时候,可以多吃,随着季节变化,价格上升时可以少吃一些,因此水果对价格的敏感度更高一些.

商品对价格的灵敏度叫作商品的弹性,因此,水果比大米对价格更有弹性(见图 4-19).

图 4-19

1. 弹性的概念

定义 4.5(函数在点 x_0 处的弹性) 设函数 $y = f(x)$,当自变量 x 在点 x_0 处有增量 Δx 时,函数有相应的增量 Δy,将比值 $\dfrac{\Delta x}{x_0}$ 称为自变量的相对改变量,将 $\dfrac{\Delta y}{y_0}$ 称为函数的相对改变量.如果极限 $\lim\limits_{\Delta x \to 0} \dfrac{\dfrac{\Delta y}{y_0}}{\dfrac{\Delta x}{x_0}}$ 存在,那么称此极限为函数 $y = f(x)$ 在点 $x = x_0$ 处的弹性,记作

$E(x_0)$，即

$$E(x_0) = \lim_{\Delta x \to 0} \frac{\dfrac{\Delta y}{y_0}}{\dfrac{\Delta x}{x_0}} = \lim_{\Delta x \to 0} \frac{\Delta y}{\Delta x} \cdot \frac{x_0}{y_0} = f'(x_0) \cdot \frac{x_0}{y_0}$$

定义 4.6(函数的弹性) 对于函数 $y = f(x)$，如果极限 $\lim\limits_{\Delta x \to 0} \dfrac{\dfrac{\Delta y}{y}}{\dfrac{\Delta x}{x}}$ 存在，称此极限为 $y = f(x)$

在点 x 处的弹性，记作 $E(x)$，即

$$E(x) = \lim_{\Delta x \to 0} \frac{\dfrac{\Delta y}{y}}{\dfrac{\Delta x}{x}} = \lim_{\Delta x \to 0} \frac{\Delta y}{\Delta x} \cdot \frac{x}{y} = y' \cdot \frac{x}{y}$$

$E(x)$ 也称为函数 $y = f(x)$ 的弹性函数.

函数 $f(x)$ 在点 x 处的弹性 $E(x)$ 反映了随 x 的变化 $f(x)$ 变化幅度的大小，也就是 $f(x)$ 对 x 变化反应的灵敏度. 即当 x 产生 1%的改变时，$f(x)$ 近似地改变 $E(x)$%. 在应用问题中解释弹性的具体意义时，经常略去"近似"二字.

例 5 求函数 $y = \left(\dfrac{1}{3}\right)^x$ 的弹性函数及在 $x = 1$ 处的弹性.

解：弹性函数

$$E(x) = \left(\frac{1}{3}\right)^x \ln \frac{1}{3} \cdot \frac{x}{\left(\dfrac{1}{3}\right)^x} = -x \ln 3 .$$

$$E(1) = -\ln 3 .$$

2. 需求弹性

定义 4.7(需求弹性) 设某商品的需求函数为 $Q = Q(p)$，则需求弹性为

$$E(p) = Q'(p) \frac{p}{Q(p)}$$

需求弹性 $E(p)$ 表示某种商品需求量 Q 对价格 p 变化的敏感程度. 因为需求函数是一个递减函数，需求弹性一般为负值.

所以其经济意义为：当某种商品的价格下降(或上升)1% 时，其需求量将增加(或减少)$|E(p)|$%.

当 $|E(p)| = 1$ 时，称为单位弹性，即商品需求量的相对变化与价格的相对变化基本相等，此价格是最优价格.

当 $|E(p)| > 1$ 时，称为富有弹性，此时，商品需求量的相对变化大于价格的相对变化，此时价格的变动对需求量的影响较大. 换句话说，适当地降价会使需求量有较大幅度的上升，从而增加收入.

当 $|E(p)| < 1$ 时，称为缺乏弹性，即商品需求量的相对变化小于价格的相对变化，此时

价格的变化对需求量的影响较小，在适当地涨价后，不会使需求量有太大的下降，从而使收入增加.

例 6 设某商品的需求函数为 $Q = \mathrm{e}^{-\frac{p}{5}}$(其中，$p$ 是商品价格、Q 是需求量)，求：(1)需求弹性函数；(2) $p = 3, p = 5, p = 6$ 时的需求弹性，并说明其经济意义.

解：(1) $Q'(p) = -\dfrac{1}{5}\mathrm{e}^{-\frac{p}{5}}$，所求弹性函数为

$$E(p) = Q'(p)\frac{p}{Q(p)} = -\frac{1}{5}\mathrm{e}^{-\frac{p}{5}}\frac{p}{\mathrm{e}^{-\frac{p}{5}}} = -\frac{p}{5}.$$

(2) $E(3) = -\dfrac{3}{5} = -0.6$，$E(5) = -\dfrac{5}{5} = -1$，$E(6) = -\dfrac{6}{5} = -1.2$.

经济意义：当 $p = 3$ 时，$|E(3)| = |-0.6| < 1$，此时价格上涨 1%时，需求量只减少 0.6%，需求量的变化幅度小于价格变化的幅度，适当地提高价格可增加销售量，从而增加总收入；当 $p = 5$ 时，$|E(5)| = 1$，此时价格上涨 1%，需求量将减少 1%，需求量的变化幅度等于价格变化的幅度，是最优价格；当 $p = 6$ 时，$|E(6)| = 1.2 > 1$，此时价格上涨 1%，需求量将减少1.2%，需求量的变化幅度大于价格变化的幅度，适当地降低价格可增加销售量，从而增加收入.

例 7 设某商品的需求函数为

$$Q = f(p) = 12 - \frac{p}{2}$$

(1) 确定需求弹性函数.
(2) 确定 $p = 6$ 时的需求弹性，并说明其经济意义.

解：(1) 需求弹性函数 $E(p) = -\dfrac{1}{2} \cdot \dfrac{p}{12 - \dfrac{p}{2}} = -\dfrac{p}{24 - p}$.

(2) $E(6) = -\dfrac{6}{24 - 6} = -\dfrac{1}{3}$.

经济意义：当 $p = 6$ 时，$|E(6)| = \left|-\dfrac{1}{3}\right| < 1$，此时价格上涨 1%时，需求量约减少 0.33%，需求量的变化幅度小于价格变化的幅度，适当地提高价格可增加销售量，从而增加总收入.

4.6.3 最优化问题

设某商场需按批次外购一定数量的制成品进行销售.每次进货都需要支付与进货量无关的运送费.另外，为了不使销售中断，还需要贮存一定数量的制成品，贮存费需按件支付.商场考虑的问题是如何使总费用最低.很明显，如果制成品的运送费用高而贮存费用低，应选择运货次数少而贮存量多的方法；如果运送费用低而贮存费用高，则应选择运货次数多而贮存量少的方法.但是，究竟应如何安排运送才能使运送费与贮存费的和最少呢？这是一个最优化的问题.类似的问题还有：在企业生产经营过程中何时利润最大，何时平均成本最低等.这类问题统称为**最优化问题**.

例 8　某商店每年销售某种商品 10 000 千克，每次订货手续费为 40 元，商品的进价为 2 元/千克，贮存费是平均库存商品价格的 10%，平均库存量是批量的一半，商品的成本为 20 000 元，求最优订货批量.

解：设订货批量为 x 千克，则年订货费为 $40 \cdot \dfrac{10\,000}{x}$，

年贮存费为 $2 \cdot \dfrac{x}{2} \cdot 0.1 = 0.1x$，商品成本为 20 000 元，

因此，全年总费用为 $C = 40 \cdot \dfrac{10\,000}{x} + 0.1x + 20\,000$（元），

$C' = -\dfrac{400\,000}{x^2} + 0.1$，令 $C' = 0$，得 $x = 2000$，而 $C'' = \dfrac{800\,000}{x^3} > 0$，所以当 $x = 2000$ 千克时，总费用为 $C(2000) = 20\,400$ 元最小.

例 9　某产品的总成本 C（万元）是产量 x（万件）的函数. 已知 $C(x) = 100 + 8x - 0.4x^2 + 0.01x^3$，问：当生产产量达到 10 万件时，从降低成本的角度看，继续提高产量是否合适？

解：当产量达到 10 万件时，总成本 $C(10) = 100 + 8 \times 10 - 0.4 \times 100 + 0.01 \times 1000 = 150$（万元）.

此时的平均成本 $\dfrac{C(10)}{10} = \dfrac{150}{10} = 15$（万元/万件）.

而边际成本　$C'(x) = 8 - 0.8x + 0.03x^2$.

生产水平在 10 万件时的边际成本 $C'(10) = 8 - 0.8 \times 10 + 0.03 \times 100 = 3$ 万元/万件.

由边际函数的意义可知，当产量达到 10 万件时，每增加一个单位的产品，总成本将增加 3 万元，低于平均成本 15 万元/万件，从降低成本的角度看，可以继续提高产量.

习题 4.6

1. 通过调查得知某种家具的需求函数为 $q = 1200 - 3p$，其中 p（单位：元）为家具的销售价格，q（单位：件）为需求量. 求销售该家具的边际收入函数，以及当销售量 $q = 450$，600 和 750 件时的边际收入.

2. 已知某产品的总成本函数为 $C(q) = 1500 + \dfrac{1}{1200}q^2$（万元），求 $q = 1000$ 时的边际成本，并说明其经济意义.

3. 某个体户以每条 50 元的进价购进一批牛仔裤，如果该批牛仔裤的需求函数为 $q = 180 - 2p$，问：这批牛仔裤的销售价格定为多少时，才能获得最大利润？此时的最大利润为多少？

4. 某种商品的需求函数为 $Q = -10\mathrm{e}^{-\frac{1}{3}p}$，求：(1)需求弹性函数；(2)$p=10$ 时的需求弹性，并说明其经济意义.

5. 某商品的需求函数为 $Q(p) = -p^2 + 150$，求：$p = 4$ 时的边际需求，并说明其经济意义；求 $p = 4$ 时的需求弹性，并说明其经济意义.

本 章 小 结

一、本章主要内容及学习要点

1. 中值定理

(1) 罗尔定理：如果函数在闭区间 $[a,b]$ 上连续；在开区间 (a,b) 内可导；$f(a)=f(b)$，那么至少存在一点 $\xi \in (a,b)$，使得 $f'(\xi)=0$.

(2) 拉格朗日中值定理：如果函数在闭区间 $[a,b]$ 上连续；在开区间 (a,b) 内可导，那么至少存在一点 $\xi \in (a,b)$，使得 $f(b)-f(a)=f'(\xi)(b-a)$.

或
$$f'(\xi)=\frac{f(b)-f(a)}{b-a}$$

当 $f(a)=f(b)$ 时，即为罗尔定理.

推论 1　如果函数 $y=f(x)$ 在区间 I 上的导数恒等于零，则 $f(x)$ 在区间 I 上是个常数.

推论 2　如果在区间 I 上两个函数的导数恒相等，那么这两个函数仅相差一个常数.

2. 洛必达法则

(1) 洛必达法则适用于求 " $\dfrac{0}{0}$ " 型或 " $\dfrac{\infty}{\infty}$ " 型未定式的极限.

(2) 当分子分母的极限均为 0 或 ∞ 时，且分子分母分别求导后的分式极限存在或是 ∞，那么就可以用洛必达法则 $\lim\limits_{\substack{x\to x_0 \\ x\to\infty}}\dfrac{f(x)}{g(x)}=\lim\limits_{\substack{x\to x_0 \\ x\to\infty}}\dfrac{f'(x)}{g'(x)}=A$（或 ∞）.

(3) 洛必达法则在一道题中可以多次使用，在每次使用前要检查表达式是否为未定式，洛必达法则与等价无穷小和三角函数恒等式结合效果更好.

(4) 其他形式的未定式需要转化为 " $\dfrac{0}{0}$ " 型或 " $\dfrac{\infty}{\infty}$ " 型，然后再利用洛必达法则求极限.

3. 函数的单调性

利用导数判断函数的单调性：如果函数 $f(x)$ 在开区间 (a,b) 内有 $f'(x)>0$，那么函数在闭区间 $[a,b]$ 上单调递增；如果函数 $f(x)$ 在开区间 (a,b) 内有 $f'(x)<0$，那么函数在闭区间 $[a,b]$ 上单调递减.

4. 函数的极值和最值

(1) 函数的极值是一个局部性的概念，如果 $f(x_0)$ 是函数的一个极值，只意味点 x_0 周围邻域内的函数值与 $f(x_0)$ 比较. 而函数的最值是一个全局性的概念，是对于整个定义域而言的.

(2) 函数的极值和极值点可能有多个，并且极大值不一定大于极小值；而最值只有一个，并且最大值一定大于最小值.

(3) 函数的极值只能在区间内部取得，而函数的最值可以在区间端点或极值点处取得.

5. 曲线的凹凸性与拐点

(1) 凹凸性是用二阶导数的符号来确定的.

设函数 $f(x)$ 在开区间 (a,b) 上具有二阶导数. ①如果在开区间 (a,b) 上，有 $f''(x)>0$，那么曲线在 (a,b) 上是凹的；②如果在开区间 (a,b) 上，有 $f''(x)<0$，那么曲线在 (a,b) 上是凸的.

(2) 拐点首先在曲线上，可能是二阶导数为 0 的点，也可能是二阶导数不存在的点.

6. 边际

在经济学中，所谓边际函数是指经济函数的导数，即 $f'(x)$ 称为 $f(x)$ 的边际函数，$f'(x_0)$ 称为边际函数值. 其实际意义是：自变量在点 x_0 处再增加(或减少)一个单位时，函数相应的值在 $f(x_0)$ 的基础上增加(或减少) $f'(x_0)$ 个单位.

7. 弹性

函数的弹性是指函数的相对变化率 $\dfrac{\Delta y}{y}$ 与自变量相对变化率 $\dfrac{\Delta x}{x}$ 之比的极限.

如果极限 $\lim\limits_{\Delta x \to 0} \dfrac{\dfrac{\Delta y}{y_0}}{\dfrac{\Delta x}{x_0}}$ 存在，那么称此极限为函数 $y=f(x)$ 在点 $x=x_0$ 处的弹性，记作 $E(x_0)$，即

$$E(x_0) = \lim_{\Delta x \to 0} \frac{\dfrac{\Delta y}{y_0}}{\dfrac{\Delta x}{x_0}} = \lim_{\Delta x \to 0} \frac{\Delta y}{\Delta x} \cdot \frac{x_0}{y_0} = f'(x_0) \cdot \frac{x_0}{y_0}$$

需求弹性：$E_p = Q' \cdot \dfrac{p}{Q}$，其中 Q 为需求量，p 为价格.

二、重点和难点

重点：微分中值定理的应用、洛必达法则、函数单调性的判别方法、利用单调性证明不等式、函数极值与最值的求法、曲线凹凸性与拐点、边际成本、边际收入、边际利润及其经济意义、需求弹性及其经济意义.

难点：利用中值定理证明等式和不等式、渐近线、函数图形的描绘、经济问题中的最优化问题、边际函数的经济意义、需求弹性的经济意义.

自　测　题

一、填空题

1. $f(x) = x^{\frac{2}{3}} + 1$ 在 $x=0$ 处的导数_____，在 $x=0$ 处取得_____(极大值或极小值).

2. 若 $f(x)$ 在闭区间 $[a,b]$ 上可导，且 $f'(x)>0$，则 $f(x)$ 在闭区间 $[a,b]$ 上的最大值为_____，最小值为_____.

3. 函数 $f(x)=\dfrac{x+2}{x^2+5x+6}$ 的水平渐近线为_____.

4. 函数 $f(x)=x^3-3x^2+7$ 的极大值是_____，极小值是_____.

5. $\lim\limits_{x\to+\infty}\dfrac{\ln(1+e^x)}{x}=$ _____ .

6. 曲线 $y=xe^{-3x}$ 的拐点坐标是_____.

7. 函数 $f(x)=\dfrac{x+1}{x}$ 在闭区间 $[1,2]$ 上满足拉格朗日中值定理的 $\xi=$_____.

8. 函数 $y=\ln\sqrt{2x-1}$ 的单调递增区间是_____.

9. 已知某产品的总成本函数 $C(Q)=4Q+60$，则边际成本函数 $MC=$_____，平均成本函数 $AC=$_____ .

10. 某商品的需求函数为 $Q=200e^{-0.006P}$，则价格为 100 元时的需求价格弹性为_____.

二、选择题

1. 下列函数中，在闭区间 $[-1,1]$ 上满足罗尔中值定理条件的是(　　).

　　A. $|x|$　　　　　　B. x　　　　　　C. x^2　　　　　　D. $\dfrac{1}{x^2}$

2. 函数 $y=ax^2+c$ 在闭区间 $(0,+\infty)$ 内单调增加，则 a,c 应满足(　　).

　　A. $a<0$ 且 $c=0$　　　　　　　　B. $a>0$ 且 c 是任意常数

　　C. $a<0$ 且 $c\neq0$　　　　　　　　D. $a<0$ 且 c 是任意常数

3. 曲线 $y=\dfrac{x^2+1}{x-1}$(　　).

　　A. 有水平渐近线，无垂直渐近线

　　B. 无水平渐近线，有垂直渐近线

　　C. 无水平渐近线，也无垂直渐近线

　　D. 有水平渐近线，有垂直渐近线

4. 下列函数在闭区间 $[1,e]$ 上满足拉格朗日中值定理条件的是(　　).

　　A. $\dfrac{1}{\sqrt{\ln x}}$　　　　B. $\dfrac{1}{\ln x}$　　　　C. $\ln x$　　　　D. $\ln(2-x)$

5. $f(x)$ 在 (a,b) 内连续，$x_0\in(a,b)$，则条件 $f'(x_0)=0,f''(x_0)<0$ 是函数 $y=f(x)$ 在点 $x=x_0$ 处有极值的(　　).

　　A. 充分条件　　　B. 必要条件　　　C. 充分必要条件　　　D. 都不是

6. 若 $f(x)$ 在 $[a,+\infty)$ 内有二阶导数，且 $f'(a)=0,f''(x)>0$，则在 $[a,+\infty)$ 内，$f(x)$ 为(　　).

　　A. 单调减少，曲线上凹　　　　　　B. 单调减少，曲线下凹

　　C. 单调增加，曲线上凹　　　　　　D. 单调增加，曲线下凹

7. 下列说法正确的是(   ).

    A. 驻点一定是极值点   B. 极值点一定是驻点

    C. 若 $f''(x_0) > 0$，则 $x = x_0$ 为极小值点

    D. 若 $f(x)$ 在开区间 (a,b) 内可导，且 $f'(x) > 0$，则 $f(x)$ 在开区间 (a,b) 内取不到极值

8. 函数 $y = e^x + e^{-x}$ 的极小值点为(   ).

    A. 0   B. -1   C. 1   D. 2

9. 设函数 $f(x) = \dfrac{1}{3}x^3 - x$，则 $x = 1$ 为 $f(x)$ 在闭区间 $[-2,2]$ 上的(   ).

    A. 极小值点，但不是最小值点   B. 极小值点，也是最小值点

    C. 极大值点，但不是最大值点   D. 极大值点，也是最大值点

10. 若点 $(1,3)$ 是曲线 $y = ax^3 + bx^2$ 的拐点，则 a,b 的值分别为(   ).

    A. $\dfrac{9}{2}, -\dfrac{3}{2}$ B. $-6, 9$ C. $-\dfrac{3}{2}, \dfrac{9}{2}$ D. $6, -9$

三、求下列函数的极限

1. $\lim\limits_{x \to 1}\left(\dfrac{x}{x-1} - \dfrac{1}{\ln x}\right)$;

2. $\lim\limits_{x \to 1}\left(\dfrac{2}{x^2-1} - \dfrac{1}{x-1}\right)$;

3. $\lim\limits_{x \to 0}\dfrac{e^x - e^{-x}}{\sin x}$;

4. $\lim\limits_{x \to 0}\dfrac{\ln(\cos ax)}{\ln(\cos bx)}$;

5. $\lim\limits_{x \to 0}\dfrac{1 - \cos x}{\ln(1+x) - x}$;

6. $\lim\limits_{x \to 0} x^2 \ln x$;

7. $\lim\limits_{x \to 0^+}\left(\dfrac{1}{x}\right)^{\tan x}$;

8. $\lim\limits_{x \to 0^+}(\sin x)^x$.

四、求下列函数的凹凸区间和拐点

1. $y = x^3 - 6x^2 - 15x + 50$;

2. $y = \dfrac{5}{9}x^2 + (x-3)^{\frac{5}{3}}$.

五、求下列曲线的水平渐近线和铅直渐近线

1. $y = \dfrac{4x-1}{(x-2)^2}$;

2. $y = \dfrac{x^3}{x^2 + 2x - 3}$.

六、综合应用题

1. 已知函数 $f(x) = a\sin x + \dfrac{1}{3}\sin 3x$ 在 $x = \dfrac{\pi}{3}$ 处有极值，试求 a 的值，并确定其极大值或极小值.

2. 若 $x = 1$ 和 $x = 2$ 是函数 $y = a\ln x + bx^2 + 3x$ 的极值点，求常数 a 和 b 的值.

3. 铁路线上 AB 的距离为 100 千米，工厂 C 距 A 处为 20 千米，AC 垂直 AB，今要在 AB 线上选定一点 D 向工厂修筑一条公路，已知铁路与公路每千米货运费之比为 3:5，问

D 选在何处，才能使从 B 到 C 的运费最少？

4. 设 p 为某产品的价格，q 为该产品的需求量，且 $p + 0.2q = 80$，问当 p 为何值时，需求最富有弹性.

5. 用 1m 长的材料做一个上半部分是半圆、下半部分是矩形的窗户，问：如何设计能使采光最好？

 拓展阅读——洛必达法则 →

第 5 章　积分及其应用

【知识目标】

● 理解原函数与不定积分的概念和性质，熟记积分基本公式，掌握不定积分的基本方法．

● 了解定积分的概念和几何意义，熟练掌握定积分的性质．

● 理解变上限积分的概念，理解原函数存在定理，掌握牛顿-莱布尼兹公式．

● 熟练掌握定积分的换元积分法和分部积分法．

● 理解广义积分的概念，掌握无限区间上的广义积分和无界函数的广义积分的求法．

● 掌握定积分的基本思想，树立以直代曲、逐步逼近的辩证观点．

【能力目标】

● 熟练掌握求不定积分的各种方法．

● 会求变上限积分的导数．

● 会用牛顿-莱布尼兹公式计算定积分．

● 熟练掌握定积分换元积分法和分部积分法．

● 理解定积分的微元法的实质，会利用定积分求平面图形面积、旋转体体积、了解定积分在经济中的应用．

案例：投资决策问题

　　国家在投资大型基建或水电项目时，都需要计算投资回收周期和投资收益．另外股市的成交额、银行系统存款额等都是随时间变化的资金流，企业在投资时都需要计算投资的收回年限．我们个人在投资或购房时也需要计算全款划算还是分期付款划算．

　　完成这类投资决策问题，需要学习本章的积分学知识．

　　在微分学中，我们讨论了求一个已知函数的导数(或微分)的问题．在科学技术领域和实际问题中，往往还会遇到已知一个函数的导数(或微分)，求该函数的问题，即积分问题．积分学包括定积分和不定积分两个重要概念．本章从实际问题出发，介绍定积分、不定积分的基本概念与运算方法，并用积分知识解决一些实际问题.

5.1 不定积分的概念和性质

5.1.1 原函数的概念

从微分学知道：若已知曲线方程 $y = f(x)$，则可求出该曲线在任一点 x 处的切线的斜率为 $k = f'(x)$. 例如，曲线 $y = x^2$ 在点 x 处切线的斜率为 $k = 2x$. 若已知某产品的成本函数为 $C = C(q)$，则可求得其边际成本函数 $C' = C'(q)$. 例如，对固定成本为 2 的成本函数为 $C_1(q) = q^2 + 3q + 2$，其边际成本函数为 $C_1'(q) = 2q + 3$.

现在要解决其逆问题如下.

(1) 已知曲线上任意一点 x 处的切线的斜率，要求该曲线的方程.

(2) 已知某产品的边际成本函数，求生产该产品的成本函数.

因此，我们引进原函数的概念.

定义 5.1 设函数 $f(x)$ 在某区间上有定义，如果存在一个函数 $F(x)$，对于该区间内的任意一点 x，都有 $F'(x) = f(x)$ 或 $dF(x) = f(x)dx$，那么就称函数 $F(x)$ 为 $f(x)$ 在该区间上的**一个原函数**.

例如，函数 x^2 是 $2x$ 的一个原函数，因为 $(x^2)' = 2x$ 或 $d(x^2) = 2xdx$.

又因为 $\qquad (x^2 + 1)' = 2x$，$\qquad (x^2 - \sqrt{3})' = 2x$，

$$\left(x^2 - \frac{1}{4}\right)' = 2x, \qquad (x^2 + c)' = 2x.$$

其中 c 为任意常数，所以 $x^2 - \sqrt{3}$，$x^2 - \frac{1}{4}$，$x^2 + 1$，$x^2 + c$ 等都是 $2x$ 的原函数.

定理 5.1(原函数存在定理) 如果函数 $f(x)$ 在区间 I 上连续，则函数 $f(x)$ 在该区间上的原函数必定存在(证明从略).

简单地说就是：连续函数一定有原函数. 一切初等函数在其定义域内都有原函数.

定理 5.2 如果函数 $F(x)$ 是 $f(x)$ 在某个区间上的一个原函数，那么 $F(x) + C$ 也是 $f(x)$ 在该区间上的一个原函数.

也就是说，如果 $F(x)$ 是 $f(x)$ 的一个原函数，则 $f(x)$ 的全体原函数就是 $F(x) + C$，其中 C 为任意常数.

5.1.2 不定积分的概念

定义 5.2 若 $F(x)$ 是 $f(x)$ 在某区间上的一个原函数，则称 $F(x) + C$ (其中 C 为任意常数)为 $f(x)$ 在该区间上的**不定积分**，记作 $\int f(x)dx$.

不定积分的
概念与性质

其中，$\int$ 称为**积分号**，$f(x)$ 称为**被积函数**，x 称为**积分变量**，$f(x)dx$ 称为**被积表达式**，C 为**积分常数**.

由定义 5.2 可知，求函数 $f(x)$ 的不定积分，只需求出它的一个原函数，再加上任意

常数 C 即可.

例 1　求 $\int x^2 \mathrm{d}x$.

解：因为 $\left(\dfrac{x^3}{3}\right)' = x^2$ ，所以 $\dfrac{x^3}{3}$ 为 x^2 的一个原函数. 于是

$$\int x^2 \mathrm{d}x = \frac{x^3}{3} + C$$

例 2　求 $\int \dfrac{1}{1+x^2} \mathrm{d}x$.

解：因为 $(\arctan x)' = \dfrac{1}{1+x^2}$ ，所以

$$\int \frac{1}{1+x^2} \mathrm{d}x = \arctan x + C$$

例 3　已知某曲线上一点 $(-1,2)$ ，且过曲线上任意一点的切线斜率等于该点横坐标的两倍，求此曲线的方程.

解：设所求曲线方程为 $y = f(x)$ ，由题意可知，过曲线上任意一点 (x, y) 的切线斜率为

$$k = \frac{\mathrm{d}y}{\mathrm{d}x} = 2x$$

所以，$f(x)$ 是 $2x$ 的一个原函数. 故 $f(x) = x^2 + C$.

又因为曲线过点 $(-1,2)$ ，代入上式得 $2 = (-1)^2 + C$ ，即 $C = 1$. 于是所求曲线方程为 $y = x^2 + 1$.

5.1.3　不定积分的性质

性质 1　两个函数代数和的不定积分，等于这两个函数不定积分的代数和，即

$$\int [f(x) \pm g(x)] \mathrm{d}x = \int f(x) \mathrm{d}x \pm \int g(x) \mathrm{d}x$$

该性质可以推广到任意有限多个函数的代数和的情形，即

$$\int [f_1(x) \pm f_2(x) \pm \cdots \pm f_n(x)] \mathrm{d}x = \int f_1(x) \mathrm{d}x \pm \int f_2(x) \mathrm{d}x \pm \cdots \pm \int f_n(x) \mathrm{d}x .$$

性质 2　被积函数中不为零的常数因子可以提到积分号外面，即

$$\int k f(x) \mathrm{d}x = k \int f(x) \mathrm{d}x \quad (k \neq 0)$$

性质 3　求不定积分与求导（或微分）互为逆运算，即

(1)　$\left[\int f(x) \mathrm{d}x\right]' = f(x)$ 　或　$\mathrm{d}\left[\int f(x) \mathrm{d}x\right] = f(x) \mathrm{d}x$.

(2)　$\int F'(x) \mathrm{d}x = F(x) + C$ 　或　$\int \mathrm{d}F(x) = F(x) + C$.

上述性质是说微分符号与积分符号相遇时可以抵消，但先微分后积分，需要加任意常数 C .

5.1.4　基本积分公式

不定积分与微分互为逆运算，根据微分的公式得到相应的积分公式，如下所示：

(1)　$\int 0 \mathrm{d}x = c$ ；

(2)　$\int k \mathrm{d}x = kx + c$ ；

(3) $\int x^{\alpha}\mathrm{d}x = \dfrac{x^{\alpha+1}}{\alpha+1} + c \ (\alpha \neq -1)$;

(4) $\int \dfrac{1}{x}\mathrm{d}x = \ln|x| + c$;

(5) $\int \mathrm{e}^x\mathrm{d}x = \mathrm{e}^x + c$;

(6) $\int a^x\mathrm{d}x = \dfrac{a^x}{\ln a} + c$;

(7) $\int \sin x\mathrm{d}x = -\cos x + c$;

(8) $\int \cos x\mathrm{d}x = \sin x + c$;

(9) $\int \sec^2 x\mathrm{d}x = \tan x + c$;

(10) $\int \csc^2 x\mathrm{d}x = -\cot x + c$;

(11) $\int \sec x\tan x\mathrm{d}x = \sec x + c$;

(12) $\int \csc x\cot x\mathrm{d}x = -\csc x + c$;

(13) $\int \dfrac{1}{\sqrt{1-x^2}}\mathrm{d}x = \arcsin x + c$;

(14) $\int \dfrac{1}{1+x^2}\mathrm{d}x = \arctan x + c$.

5.1.5 直接积分法

不定积分的
直接积分法

例 4 求不定积分 $\int \dfrac{1}{x\sqrt[3]{x}}\mathrm{d}x$.

解： $\int \dfrac{1}{x\sqrt[3]{x}}\mathrm{d}x = \int x^{-\frac{4}{3}}\mathrm{d}x = \dfrac{1}{-\frac{4}{3}+1}x^{-\frac{4}{3}+1} + C = -3x^{-\frac{1}{3}} + C$.

例 5 求不定积分 $\int \dfrac{(1-x)^2}{\sqrt{x}}\mathrm{d}x$.

解： $\int \dfrac{(1-x)^2}{\sqrt{x}}\mathrm{d}x = \int \dfrac{1-2x+x^2}{\sqrt{x}}\mathrm{d}x$

$$= \int x^{-\frac{1}{2}}\mathrm{d}x - 2\int x^{\frac{1}{2}}\mathrm{d}x + \int x^{\frac{3}{2}}\mathrm{d}x$$

$$= 2x^{\frac{1}{2}} - \dfrac{4}{3}x^{\frac{3}{2}} + \dfrac{2}{5}x^{\frac{5}{2}} + C.$$

例 6 求 $\int \dfrac{x^4}{1+x^2}\mathrm{d}x$.

解： $\int \dfrac{x^4}{1+x^2}\mathrm{d}x = \int \dfrac{x^4-1+1}{1+x^2}\mathrm{d}x$

$$= \int \dfrac{(x^2+1)(x^2-1)+1}{1+x^2}\mathrm{d}x$$

$$= \int \left(x^2-1+\dfrac{1}{1+x^2}\right)\mathrm{d}x = \dfrac{x^3}{3} - x + \arctan x + C.$$

例 7 求 $\int \dfrac{1}{x^2(x^2+1)}\mathrm{d}x$

解： $\int \dfrac{1}{x^2(x^2+1)}\mathrm{d}x = \int \left(\dfrac{1}{x^2} - \dfrac{1}{x^2+1}\right)\mathrm{d}x = -\dfrac{1}{x} - \arctan x + C.$

例 8 求 $\int \dfrac{\mathrm{d}x}{1+\cos 2x}$.

解： $\int \dfrac{\mathrm{d}x}{1+\cos 2x} = \int \dfrac{1}{2\cos^2 x}\mathrm{d}x = \dfrac{1}{2}\int \dfrac{1}{\cos^2 x}\mathrm{d}x = \dfrac{1}{2}\int \sec^2 x\mathrm{d}x = \dfrac{1}{2}\tan x + C.$

习题 5.1

1．求下列不定积分．

(1) $\int \dfrac{dx}{x^2 \sqrt{x}}$；

(2) $\int\left(\sqrt[3]{x} - \dfrac{1}{\sqrt{x}}\right)dx$；

(3) $\int (2^x + x^2)dx$；

(4) $\int \sqrt{x}(x-3)dx$；

(5) $\int\left(\dfrac{3}{1+x^2} - \dfrac{2}{\sqrt{1-x^2}}\right)dx$；

(6) $\int \dfrac{x^2}{1+x^2}dx$；

(7) $\int \dfrac{1+x+x^2}{x(1+x^2)}dx$；

(8) $\int \dfrac{1+2x^2}{x^2(1+x^2)}dx$；

(9) $\int 3^x e^x dx$；

(10) $\int \cos^2 \dfrac{x}{2}dx$；

(11) $\int \dfrac{dx}{1+\cos 2x}$；

(12) $\int \dfrac{\cos 2x}{\cos^2 x \cdot \sin^2 x}dx$．

2．设 $\int xf(x)dx = \arccos x + C$，求 $f(x)$．

3．一曲线通过点 $(e^2, 3)$，且在任意一点处的切线斜率等于该点横坐标的倒数，求此曲线的方程．

4．若边际收入函数为 $R' = 50q - q^2$，式中 q 是销售单位数，试求收入函数和最大收入．

5．设某商品的边际收益函数为 $R' = 10 - 5x$，试求收益函数．

6．某工厂生产某产品的边际成本函数为 $C'(x) = 3x^2 - 14x + 100$，固定成本为 $C(0) = 10000$．求生产 x 个产品的总成本函数．

5.2　不定积分的积分方法

用直接积分法所能计算的不定积分是非常有限的，本节将介绍两种常用的积分方法——换元积分法和分部积分法．

5.2.1　换元积分法

换元积分法是复合函数求导法的逆运算．这种方法是通过适当的变量代换把给定的不定积分化为可以套公式或者比较容易积分的形式．

1．第一类换元积分法(凑微分法)

引例　求 $\int 2\cos 2x dx$．

分析：因为被积函数是复合函数，不能直接利用 $\int \cos x dx$ 的公式，我们可以把它变形后再计算．在被积函数中 $\cos 2x$ 是一个复合函数，设 $\cos 2x = \cos u$，$u = 2x$，常数因子恰好是中间变量 u 的导数．因此，做变换 $u = 2x$，便有

第一类换元
积分法

$$\int 2\cos 2x \mathrm{d}x = \int \cos 2x (2x)' \mathrm{d}x = \int \cos 2x \mathrm{d}(2x) \quad 令 u = 2x \quad \int \cos u \mathrm{d}u = \sin u + C$$

再以 $u = 2x$ 回代，即得

$$\int 2\cos 2x \mathrm{d}x = \sin 2x + C$$

在这个求不定积分的问题中，选取了一个新的积分变量 u，而对于 u 的不定积分 $\int \cos u \mathrm{d}u$ 利用基本积分公式即可求出，然后再将变量 u 回代原来的变量 $2x$，这就是换元积分法的基本思想。

一般地，我们有以下定理。

定理 5.3 若 $\int f(u)\mathrm{d}u = F(u) + C$，且 $u = \varphi(x)$ 可导，则

$$\int f(x)\mathrm{d}x = \int f[\varphi(x)]\varphi'(x)\mathrm{d}x \xrightarrow{\text{凑微分}} \int f[\varphi(x)]\mathrm{d}[\varphi(x)]$$

$$\xrightarrow{令 u = \varphi(x)} \int f(u)\mathrm{d}u = F(u) + C \xrightarrow{回代 u = \varphi(x)} F[\varphi(x)] + C.$$

凑微分法的关键是：将被积函数中 $\varphi'(x)\mathrm{d}x$ 凑成函数 $\varphi(x)$ 的微分形式，即 $\varphi'(x)\mathrm{d}x = \mathrm{d}\varphi(x)$，然后用直接积分法求出原函数 $F(u)$，则所求的不定积分为 $F(u) + C$，再把 $u = \varphi(x)$ 代回即得 $F[\varphi(x)] + C$。

通常把这样的积分方法叫作**第一类换元积分法或凑微分法**。

例1 求 $\int (2x + 1)^{10} \mathrm{d}x$。

解：令 $u = 2x + 1$，则 $\mathrm{d}u = 2\mathrm{d}x$，$\mathrm{d}x = \dfrac{1}{2}\mathrm{d}u$，

从而

$$\int (2x + 1)^{10} \mathrm{d}x = \frac{1}{2} \int u^{10} \mathrm{d}u = \frac{1}{2} \cdot \frac{u^{11}}{11} + C = \frac{1}{22}(2x + 1)^{11} + C.$$

例2 求 $\int x\mathrm{e}^{x^2} \mathrm{d}x$。

解：令 $u = x^2$，则 $\mathrm{d}u = 2x\mathrm{d}x$，$x\mathrm{d}x = \dfrac{1}{2}\mathrm{d}u$，

于是

$$\int x\mathrm{e}^{x^2} \mathrm{d}x = \int \mathrm{e}^u \frac{1}{2} \mathrm{d}u = \frac{1}{2} \int \mathrm{e}^u \mathrm{d}u$$

$$= \frac{1}{2}\mathrm{e}^u + C = \frac{1}{2}\mathrm{e}^{x^2} + C.$$

例3 求 $\int \dfrac{1}{x(1 + 2\ln x)} \mathrm{d}x$。

解：令 $u = 1 + 2\ln x$，则 $\mathrm{d}u = \dfrac{2}{x}\mathrm{d}x$，$\mathrm{d}x = \dfrac{x}{2}\mathrm{d}u$，

于是

$$\int \frac{1}{x(1 + 2\ln x)} \mathrm{d}x = \frac{1}{2} \int \frac{1}{u} \mathrm{d}u = \frac{1}{2} \ln |u| + C = \frac{1}{2} \ln |1 + 2\ln x| + C$$

由上面的例子可以看出，用第一类换元积分法计算积分时，关键是把被积函数分为两部分，其中一部分与 $\mathrm{d}x$ 凑成微分 $\mathrm{d}\varphi(x)$，而另一部分表示为 $\varphi(x)$ 的函数 $f[\varphi(x)]$。至于怎样分离并凑成微分，读者应在熟记积分基本公式以及一些常用微分公式的基础上，通过一定数量的练习才能掌握。当运算熟练以后，可略去中间的换元步骤，直接凑微分成积分公

式的形式.

例 4　求 $\int (1-2x)^{100} \mathrm{d}x$.

解： $\int (1-2x)^{100} \mathrm{d}x = -\dfrac{1}{2}\int (1-2x)^{100} \mathrm{d}(1-2x) = -\dfrac{1}{202}(1-2x)^{101} + C$.

例 5　求 $\int \dfrac{\sin(\sqrt{x}+1)}{\sqrt{x}} \mathrm{d}x$.

解： $\int \dfrac{\sin(\sqrt{x}+1)}{\sqrt{x}} \mathrm{d}x = 2\int \sin(\sqrt{x}+1)\mathrm{d}(\sqrt{x}+1) = -2\cos(\sqrt{x}+1) + C$.

例 6　求 $\int \dfrac{1}{a^2+x^2} \mathrm{d}x \ (a>0)$.

解： $\int \dfrac{1}{a^2+x^2} \mathrm{d}x = \int \dfrac{1}{a^2} \cdot \dfrac{1}{1+\left(\dfrac{x}{a}\right)^2} \mathrm{d}x = \dfrac{1}{a}\int \dfrac{1}{1+\left(\dfrac{x}{a}\right)^2} \mathrm{d}\left(\dfrac{x}{a}\right) = \dfrac{1}{a}\arctan \dfrac{x}{a} + C$.

从上面的例题中看到，凑微分时要注意调整系数与符号. 在凑微分时，常常要用到下面的微分式子，熟悉它们有助于求不定积分.

(1) $\mathrm{d}x = \mathrm{d}(x+b) = \dfrac{1}{a}\mathrm{d}(ax+b)$　　　$(a,b$ 为常数，$a \neq 0)$；

(2) $x\mathrm{d}x = \dfrac{1}{2}\mathrm{d}(x^2)$；　　　　　　　(3) $\dfrac{1}{x}\mathrm{d}x = \mathrm{d}\ln|x|$；

(4) $\dfrac{1}{\sqrt{x}}\mathrm{d}x = 2\mathrm{d}\sqrt{x}$；　　　　　　(5) $\dfrac{1}{x^2}\mathrm{d}x = \mathrm{d}\left(-\dfrac{1}{x}\right)$；

(6) $\dfrac{1}{1+x^2}\mathrm{d}x = \mathrm{d}(\arctan x)$；　　　(7) $\dfrac{1}{\sqrt{1-x^2}}\mathrm{d}x = \mathrm{d}(\arcsin x)$；

(8) $\mathrm{e}^x\mathrm{d}x = \mathrm{d}(\mathrm{e}^x)$；　　　　　　　(9) $\sin x\mathrm{d}x = -\mathrm{d}(\cos x)$；

(10) $\cos x\mathrm{d}x = \mathrm{d}(\sin x)$；　　　　(11) $\sec^2 x\mathrm{d}x = \mathrm{d}(\tan x)$；

(12) $\csc^2 x\mathrm{d}x = -\mathrm{d}(\cot x)$；　　　(13) $\sec x\tan x\mathrm{d}x = \mathrm{d}(\sec x)$；

(14) $\csc x\cot x\mathrm{d}x = -\mathrm{d}(\csc x)$.

显然，凑微分式子并非只有这些，很多时候要根据具体情况进行分析，灵活运用，要想熟练地运用第一换元积分法计算不定积分，牢记基本积分公式的各个被积函数的形式是非常重要的，它是我们思考"如何凑微分"以及"凑成谁的微分"的出发点.

例 7　求 $\int \dfrac{1}{1+\mathrm{e}^x} \mathrm{d}x$.

解： $\int \dfrac{1}{1+\mathrm{e}^x} \mathrm{d}x = \int \dfrac{1+\mathrm{e}^x-\mathrm{e}^x}{1+\mathrm{e}^x} \mathrm{d}x = \int \mathrm{d}x - \int \dfrac{1}{1+\mathrm{e}^x} \mathrm{d}(1+\mathrm{e}^x) = x - \ln(1+\mathrm{e}^x) + C$.

例 8　求 $\int \sin^2 x\mathrm{d}x$.

解： $\int \sin^2 x\mathrm{d}x = \int \dfrac{1-\cos 2x}{2} \mathrm{d}x = \dfrac{1}{2}\int \mathrm{d}x - \dfrac{1}{2}\int \cos 2x\mathrm{d}x$

$\qquad\qquad\qquad = \dfrac{1}{2}x - \dfrac{1}{4}\int \cos 2x\mathrm{d}2x = \dfrac{1}{2}x - \dfrac{1}{4}\sin 2x + C$.

例 9 求 $\int \tan x \mathrm{d}x$.

解： $\int \tan x \mathrm{d}x = \int \dfrac{\sin x}{\cos x} \mathrm{d}x = -\int \dfrac{1}{\cos x} \mathrm{d}(\cos x) = -\ln|\cos x| + C.$

同理可求得

$$\int \cot x \mathrm{d}x = \ln|\cos x| + C$$

例 10 求 $\int \sec x \mathrm{d}x$.

解： $\int \sec x \mathrm{d}x = \int \dfrac{\sec x(\sec x + \tan x)}{\sec x + \tan x} \mathrm{d}x$

$$= \int \dfrac{\sec^2 x + \tan x \sec x}{\sec x + \tan x} \mathrm{d}x = \int \dfrac{1}{\sec x + \tan x} \mathrm{d}(\sec x + \tan x)$$

$$= \ln|\sec x + \tan x| + C.$$

同理可得

$$\int \csc x \mathrm{d}x = \ln|\csc x - \cot x| + C$$

例 11 求 $\int \dfrac{1}{1 - x^2} \mathrm{d}x$

解： $\int \dfrac{1}{1 - x^2} \mathrm{d}x = \int \dfrac{1}{(1 + x)(1 - x)} \mathrm{d}x$

$$= \dfrac{1}{2} \int \dfrac{(1 - x) + (1 + x)}{(1 + x)(1 - x)} \mathrm{d}x = \dfrac{1}{2}\left(\int \dfrac{1}{1 + x} \mathrm{d}x + \int \dfrac{1}{1 - x} \mathrm{d}x \right)$$

$$= \dfrac{1}{2}\left(\int \dfrac{\mathrm{d}(1 + x)}{1 + x} - \int \dfrac{\mathrm{d}(1 - x)}{1 - x} \right)$$

$$= \dfrac{1}{2} \ln\left| \dfrac{1 + x}{1 - x} \right| + C.$$

例 12 求 $\int \sin^2 x \cos^5 x \mathrm{d}x$.

解： $\int \sin^2 x \cos^5 x \mathrm{d}x = \int \sin^2 x \cos^4 x \cos x \mathrm{d}x$

$$= \int \sin^2 x (1 - \sin^2 x) \mathrm{d}(\sin x)$$

$$= \int (\sin^2 x - 2\sin^4 x + \sin^6 x) \mathrm{d}(\sin x)$$

$$= \dfrac{1}{3} \sin^3 x - \dfrac{2}{5} \sin^5 x + \dfrac{1}{7} \sin^7 x + C.$$

例 13 求 $\int \sin 5x \cos 3x \mathrm{d}x$.

解： 根据三角函数中的积化和差公式得：

$$\int \sin 5x \cos 3x \mathrm{d}x = \dfrac{1}{2} \int (\sin 8x + \sin 2x) \mathrm{d}x$$

$$= \dfrac{1}{2}\left[\dfrac{1}{8} \int \sin 8x \mathrm{d}(8x) + \dfrac{1}{2} \int \sin 2x \mathrm{d}(2x) \right]$$

$$= -\dfrac{1}{16} \cos 8x - \dfrac{1}{4} \cos 2x + C.$$

2. 第二类换元积分法

第一类换元积分法是一种非常重要且有效的积分方法，但对于某些函数的积分，如 $\int \dfrac{1}{1+\sqrt[3]{x}}\mathrm{d}x$，$\int \dfrac{\sqrt{x-1}}{x}\mathrm{d}x$ 等并不适用，为此需要介绍第二类换元积分法.

第二类换元积分法

定理 5.4 设 $x=\varphi(t)$ 是单调的可导函数，且 $\varphi'(t)\neq 0$，又设 $f[\varphi(t)]\varphi'(t)$ 具有原函数 $F(t)$，则

$$\int f(x)\mathrm{d}x = \int f[\varphi(t)]\varphi'(t)\mathrm{d}t$$
$$= F(t)+C = F[\varphi^{-1}(x)]+C$$

其中 $\varphi^{-1}(x)$ 为 $x=\varphi(t)$ 的反函数.

这种求不定积分的方法称为**第二类换元积分法**.

(1) 根式代换法.

例 14 求 $\int \dfrac{x}{\sqrt{x+1}}\mathrm{d}x$.

解：这个积分用前面学过的积分法不易解决，主要在于被积函数中含有根式 $\sqrt{x+1}$，为去掉根号，可设 $\sqrt{x+1}=t$，则 $x=t^2-1(t>0)$，于是 $\mathrm{d}x=2t\mathrm{d}t$，

$$\int \frac{x}{\sqrt{x+1}}\mathrm{d}x = \int \frac{t^2-1}{t}2t\mathrm{d}t = 2\int(t^2-1)\mathrm{d}t$$

$$= 2\int t^2\mathrm{d}t - 2\int \mathrm{d}t = \frac{2}{3}t^3 - 2t + C = \frac{2}{3}(x+1)^{\frac{3}{2}} - 2\sqrt{x+1} + C.$$

例 15 求 $\int \dfrac{1}{x+\sqrt{x}}\mathrm{d}x$.

解：令变量 $t=\sqrt{x}$，则 $x=t^2(t>0)$，从而 $\mathrm{d}x=2t\mathrm{d}t$，所以

$$\int \frac{1}{x+\sqrt{x}}\mathrm{d}x = \int \frac{1}{t^2+t}2t\mathrm{d}t = 2\int \frac{1}{t+1}\mathrm{d}t = 2\ln|t+1|+C$$

$$= 2\ln(\sqrt{x}+1)+C.$$

例 16 求不定积分 $\int \dfrac{1}{\sqrt{1+\mathrm{e}^x}}\mathrm{d}x$.

解：令 $t=\sqrt{1+\mathrm{e}^x}$，则 $\mathrm{e}^x=t^2-1$，$x=\ln(t^2-1)$，$\mathrm{d}x=\dfrac{2t\mathrm{d}t}{t^2-1}$，所以

$$\int \frac{1}{\sqrt{1+\mathrm{e}^x}}\mathrm{d}x = \int \frac{1}{t}\cdot\frac{2t}{t^2-1}\mathrm{d}t = 2\int \frac{1}{t^2-1}\mathrm{d}t = \int\left(\frac{1}{t-1}-\frac{1}{t+1}\right)\mathrm{d}t = \ln\left|\frac{t-1}{t+1}\right|+C$$

$$= \ln\left|\frac{\sqrt{1+\mathrm{e}^x}-1}{\sqrt{1+\mathrm{e}^x}+1}\right|+C = \ln\left|\frac{(\sqrt{1+\mathrm{e}^x}-1)^2}{\mathrm{e}^x}\right|+C$$

$$= 2\ln(\sqrt{1+\mathrm{e}^x}-1) - x + C.$$

(2) 三角代换法.

一般地，当被积函数含有二次根式 $\sqrt{a^2-x^2}$，$\sqrt{x^2+a^2}$，$\sqrt{x^2-a^2}$ $(a>0)$ 时，为了消除根

号，通常利用三角函数关系式来换元，为了计算方便，换元时视 t 为锐角，以后不再说明. 一般的做法如下.

若被积函数中含有 $\sqrt{a^2-x^2}$ $(a>0)$，则设 $x=a\sin t$，此时 $\sqrt{a^2-x^2}=a\cos t$.

若被积函数中含有 $\sqrt{a^2+x^2}$ $(a>0)$，则设 $x=a\tan t$，此时 $\sqrt{a^2+x^2}=a\sec t$.

若被积函数中含有 $\sqrt{x^2-a^2}$ $(a>0)$，则设 $x=a\sec t$，此时 $\sqrt{x^2-a^2}=a\tan t$.

例 17 求 $\int\sqrt{a^2-x^2}\,\mathrm{d}x\,(a>0)$.

解： 令 $x=a\sin t$ $\left(-\dfrac{\pi}{2}\leqslant t\leqslant\dfrac{\pi}{2}\right)$，则

$\sqrt{a^2-x^2}=a\cos t$，$\mathrm{d}x=a\cos t\,\mathrm{d}t$，因此

$$
\begin{aligned}
\int\sqrt{a^2-x^2}\,\mathrm{d}x &= \int a\cos t\,a\cos t\,\mathrm{d}t \\
&= a^2\int\cos^2 t\,\mathrm{d}t \\
&= a^2\int\frac{1+\cos 2t}{2}\,\mathrm{d}t \\
&= \frac{a^2}{2}t+\frac{a^2}{4}\sin 2t+C \\
&= \frac{a^2}{2}t+\frac{a^2}{2}\sin t\cos t+C \\
&= \frac{a^2}{2}\arcsin\frac{x}{a}+\frac{a^2}{2}\frac{x}{a}\frac{\sqrt{a^2-x^2}}{a}+C \\
&= \frac{a^2}{2}\arcsin\frac{x}{a}+\frac{1}{2}x\sqrt{a^2-x^2}+C.
\end{aligned}
$$

例 18 求 $\int\dfrac{\mathrm{d}x}{\sqrt{a^2+x^2}}\,(a>0)$.

解： 令 $x=a\tan t$ $\left(-\dfrac{\pi}{2}\leqslant t\leqslant\dfrac{\pi}{2}\right)$，则

$\sqrt{a^2+x^2}=a\sec t$，$\mathrm{d}x=a\sec^2 t\,\mathrm{d}t$，因此

$$
\begin{aligned}
\int\frac{\mathrm{d}x}{\sqrt{a^2+x^2}} &= \int\frac{1}{a\sec t}a\sec^2 t\,\mathrm{d}t \\
&= \int\sec t\,\mathrm{d}t \\
&= \ln|\sec t+\tan t|+C \\
&= \ln\left|\frac{\sqrt{a^2+x^2}}{a}+\frac{x}{a}\right|+C=\ln|x+\sqrt{x^2+a^2}|+C_1.
\end{aligned}
$$

其中 $C_1=C-\ln a$. 用类似方法可得

$$
\int\frac{\mathrm{d}x}{\sqrt{x^2-a^2}}=\ln|x+\sqrt{x^2-a^2}|+C
$$

例 19 求 $\int\dfrac{\sqrt{x^2-1}}{x}\mathrm{d}x$.

解： 令 $x = \sec t$ $\left(0 < t < \dfrac{\pi}{2}\right)$，则 $\mathrm{d}x = \sec t \cdot \tan t\mathrm{d}t$，于是

$$\int \frac{\sqrt{x^2-1}}{x}\mathrm{d}x = \int \frac{\sqrt{\sec^2 t - 1}}{\sec t} \cdot \sec t \cdot \tan t\mathrm{d}t$$

$$= \int \frac{\tan t}{\sec t} \cdot \sec t \cdot \tan t\mathrm{d}t = \int (\sec^2 t - 1)\mathrm{d}t$$

$$= \tan t - t + C = \sqrt{x^2 - 1} - \arccos\frac{1}{x} + C.$$

应用第二换元法时，在解题时还需要具体分析，如 $\int x\sqrt{x^2 - a^2}\,\mathrm{d}x$ 就不必用三角代换，用凑微分法更为方便．

5.2.2　分部积分法

换元积分法是一种重要的积分方法，但这种方法对形如 $\int x\cos x\mathrm{d}x$，$\int x\ln x\mathrm{d}x$ 等的积分却无能为力．因此，我们介绍另一种积分方法——分部积分法．分部积分法是由两个函数乘积的微分运算法则推导得出的一种积分方法，能够解决上述两个基本初等函数乘积的不定积分问题．

分部积分法

设函数 $u = u(x), v = v(x)$ 具有连续导数，由乘积的求导法则，有

$$\mathrm{d}(uv) = u\mathrm{d}v + v\mathrm{d}u$$

移项，得

$$u\mathrm{d}v = \mathrm{d}(uv) - v\mathrm{d}u$$

对上式两端积分，

$$\int u\mathrm{d}v = \int \mathrm{d}(uv) - \int v\mathrm{d}u$$

即

$$\int u\mathrm{d}v = uv - \int v\mathrm{d}u$$

这个公式叫作**分部积分公式**，它的作用在于：把比较难求的 $\int u\mathrm{d}v$ 化为较容易求的 $\int v\mathrm{d}u$ 来计算，化难为易．

分部积分法公式解题的关键是如何恰当地选取 u 和 $\mathrm{d}v$，选取的原则如下．

(1) v 要容易求出．

(2) $\int v\mathrm{d}u$ 要比积分 $\int u\mathrm{d}v$ 容易求得．

例 20　求 $\int \ln x\mathrm{d}x$．

解： 令 $u = \ln x$，$\mathrm{d}v = \mathrm{d}x$，于是

$$\int \ln x\mathrm{d}x = \ln x \cdot x - \int x\mathrm{d}\ln x$$

$$= \ln x \cdot x - \int x \cdot \frac{1}{x}\mathrm{d}x = \ln x \cdot x - \int 1\mathrm{d}x$$

$$= \ln x \cdot x - x + C.$$

例 21　求不定积分 $\int x\cos x\mathrm{d}x$．

解： 令 $u = x$，$\mathrm{d}v = \cos x\mathrm{d}x = \mathrm{d}\sin x$，则

$$\int x\cos x\mathrm{d}x = \int x\mathrm{d}\sin x = x\sin x - \int \sin x\mathrm{d}x = x\sin x + \cos x + C$$

一般地，如果被积函数中有 e^x、$\sin x$ 或 $\cos x$，可令 $\mathrm{d}v = \mathrm{e}^x\mathrm{d}x$，$\mathrm{d}v = \sin x\mathrm{d}x$ 或

$\mathrm{d}v = \cos x\mathrm{d}x$，因为这样容易求出 v.

例 22 求 $\int x \ln x\mathrm{d}x$.

解： 令 $u = \ln x$，$\mathrm{d}v = x\mathrm{d}x = \mathrm{d}\left(\dfrac{x^2}{2}\right)$，则 $\mathrm{d}u = \dfrac{1}{x}\mathrm{d}x$，$v = \dfrac{x^2}{2}$，于是

$$\int x \ln x\mathrm{d}x = \int \ln x\mathrm{d}\left(\frac{x^2}{2}\right) = \ln x \cdot \frac{x^2}{2} - \int \frac{x^2}{2}\mathrm{d}(\ln x)$$

$$= \frac{x^2}{2}\ln x - \int \frac{x^2}{2} \cdot \frac{1}{x}\mathrm{d}x = \frac{x^2}{2}\ln x - \frac{1}{2}\int x\mathrm{d}x = \frac{1}{2}x^2 \ln x - \frac{1}{4}x^2 + C.$$

例 23 求 $\int x \arctan x\mathrm{d}x$.

解： 令 $u = \arctan x$，$\mathrm{d}v = x\mathrm{d}x = \mathrm{d}\dfrac{x^2}{2}$，则

$$\int x \arctan x\mathrm{d}x = \frac{x^2}{2}\arctan x - \int \frac{x^2}{2}\mathrm{d}(\arctan x) = \frac{x^2}{2}\arctan x - \int \frac{x^2}{2} \cdot \frac{1}{1+x^2}\mathrm{d}x$$

$$= \frac{x^2}{2}\arctan x - \int \frac{1}{2} \cdot \left(1 - \frac{1}{1+x^2}\right)\mathrm{d}x$$

$$= \frac{x^2}{2}\arctan x - \frac{1}{2}(x - \arctan x) + C.$$

例 24 求 $\int x^2 \mathrm{e}^x\mathrm{d}x$.

解： 令 $u = x^2$，$\mathrm{d}v = \mathrm{e}^x\mathrm{d}x = \mathrm{d}\mathrm{e}^x$，则

$$\int x^2 \mathrm{e}^x\mathrm{d}x = x^2 \mathrm{e}^x - 2\int \mathrm{e}^x x\mathrm{d}x = x^2 \mathrm{e}^x - 2\int x\mathrm{d}\mathrm{e}^x \text{(再次用分部积分法)}$$

$$= x^2 \mathrm{e}^x - 2\left(x\mathrm{e}^x - \int \mathrm{e}^x\mathrm{d}x\right)$$

$$= x^2 \mathrm{e}^x - 2(x\mathrm{e}^x - \mathrm{e}^x) + C.$$

通过以上例子，我们可以总结如下规律：当被积函数中含有对数函数、三角函数、反三角函数以及指数函数时，可以考虑分部积分法. 分部积分法求不定积分的关键是 u 的选择，u 选择之后，其余部分即为 $\mathrm{d}v$，常见的几类被积函数 u 的选择方法如表 5-1 所示.

表 5-1

积分的类型	u 的选择
$\int x^n \mathrm{e}^{kx}\mathrm{d}x$	$u = x^n$
$\int x^n \sin kx\mathrm{d}x$	$u = x^n$
$\int x^n \sin kx\mathrm{d}x$	$u = x^n$
$\int x^n \ln x\mathrm{d}x$	$u = \ln x$
$\int x^n \arcsin x\mathrm{d}x$ 等	$u = \arcsin x$ 等
$\int \mathrm{e}^{kx} \sin ax\mathrm{d}x$ 等	$u = \mathrm{e}^{kx}$ 或 $u = \sin ax$ 均可

有些不定积分需要综合应用换元积分法和分部积分法才可求出.

例 25 求 $\int \mathrm{e}^{\sqrt{x}}\mathrm{d}x$.

解： 令 $\sqrt{x} = t$，则 $x = t^2$，得 $\mathrm{d}x = 2t\mathrm{d}t$，于是

$$\int e^{\sqrt{x}}dx = 2\int te^t dt = 2te^t - 2\int e^t dt = 2te^t - 2e^t + C$$
$$= 2e^t(t-1) + C = 2e^{\sqrt{x}}(\sqrt{x}-1) + C.$$

一般地，不定积分 $\int x^k \ln x dx$ ，$\int x^k e^{ax}dx$ ，$\int x^k \sin bx dx$ ，$\int x^k \cos ax dx$ ，$\int x^k \arctan x dx$ 等常用分部积分法来计算.

习题 5.2

1. 填空使下列等式成立.

(1) $dx =$ _____ $d(7x-3)$;

(2) $xdx =$ _____ $d(1-x^2)$;

(3) $x^3 dx =$ _____ $d(3x^4-2)$;

(4) $e^{2x}dx =$ _____ $d(e^{2x})$;

(5) $\dfrac{dx}{x} =$ _____ $d(5\ln|x|)$;

(6) $\dfrac{1}{\sqrt{t}}dt =$ _____ $d(\sqrt{t})$.

2. 求下列不定积分.

(1) $\int e^{3x}dx$;

(2) $\int (3-5x)^3 dx$;

(3) $\int \dfrac{dx}{3-2x}$;

(4) $\int \dfrac{dx}{\sqrt[3]{5-3x}}$;

(5) $\int \left(\sin ax - e^{\frac{x}{b}} \right) dx$;

(6) $\int \dfrac{\cos\sqrt{t}}{\sqrt{t}}dt$;

(7) $\int \dfrac{dx}{e^x + e^{-x}}$;

(8) $\int \dfrac{dx}{x\ln x \ln\ln x}$;

(9) $\int \dfrac{3x^3}{1-x^4}dx$;

(10) $\int x\cos(x^2)dx$;

(11) $\int \cos^3 x dx$;

(12) $\int \dfrac{\sin x}{\cos^3 x}dx$.

3. 求下列不定积分.

(1) $\int x\sqrt{x+1}dx$;

(2) $\int \dfrac{dx}{1+\sqrt[3]{x+1}}$;

(3) $\int \dfrac{1}{x^2\sqrt{a^2+x^2}}dx$ ($a>0$) ;

(4) $\int \dfrac{dx}{1+\sqrt{1-x^2}}$;

(5) $\int \dfrac{dx}{(x^2+a^2)^{\frac{3}{2}}}$;

(6) $\int \dfrac{dx}{\sqrt{(x^2+1)^3}}$.

4. 求下列不定积分.

(1) $\int \arcsin x dx$;

(2) $\int \ln(x^2+1)dx$;

(3) $\int \arctan x dx$;

(4) $\int x\tan^2 x dx$;

(5) $\int \ln^2 x dx$;

(6) $\int x\cos\dfrac{x}{2}dx$;

(7) $\int x\ln(x-1)dx$;

(8) $\int x^3(\ln x)^2 dx$;

(9) $\int \dfrac{\ln x}{x^2}dx$;

(10) $\int x^2 e^{-x}dx$;

(11) $\int e^{\sqrt[3]{x}}dx$;

(12) $\int e^{-2x}\sin\dfrac{x}{2}dx$.

5. 求一个函数 $f(x)$ ，满足 $f'(x) = \dfrac{1}{\sqrt{x+1}}$ ，且 $f(0) = 1$.

6. 已知 $\dfrac{\sin x}{x}$ 是 $f(x)$ 的原函数，求 $\int xf'(x)dx$.

5.3 定积分的概念与性质

定积分概念的形成有很直观的实际背景，在数学上也是有更加严格的定义. 本节从两个典型问题出发，给出定积分的一般概念和严格定义.

5.3.1 定积分问题举例

1. 曲边梯形面积

设 $y=f(x)$ 在 $[a,b]$ 上非负，连续，由直线 $x=a$，$x=b$，$y=0$ 及曲线 $y=f(x)$ 所围成的图形，称为曲边梯形，如图 5-1 所示.

现在来求曲边梯形的面积 A.

分析：

(1) 若函数 $f(x)=C$（常数），该曲边梯形实际上是个矩形，则由初等数学知识可知，面积=底×高.

(2) 若函数 $f(x)$ 是闭区间 $[a,b]$ 上的连续函数，当点 x 在闭区间 $[a,b]$ 上变化很小时，则相应的高 $f(x)$ 的变化也很小. 基于这种想法，将闭区间 $[a,b]$ 划分为很多个小区间，则相应的大曲边梯形被分割成若干个小曲边梯形，然后对每个小曲边梯形做一个相应的小矩形，用小矩形的面积近似代替小曲边梯形的面积. 把所有小矩形面积的和近似看作曲边梯形的面积. 显然，分割得越细密，近似程度就越好，当这种分割无限细密，即把闭区间 $[a,b]$ 无限细分，当每个小区间的长度趋于 0 时，则所有小矩形的面积之和的极限就是曲边梯形的面积.

上述方法可以分为四步，具体步骤如下.

(1) 分割.

假设 $f(x) \geqslant 0$ 在闭区间 $[a,b]$ 中任意插入 $n-1$ 个分点

$$a = x_0 < x_1 < x_2 < \cdots < x_{n-1} < x_n = b$$

把 $[a,b]$ 分成 n 个小区间 $[x_0, x_1]$，$[x_1, x_2]$，$\cdots$，$[x_{i-1}, x_i]$，$\cdots$，$[x_{n-1}, x_n]$.

它们的长度依次为

$$\Delta x_1 = x_1 - x_0, \Delta x_2 = x_2 - x_1, \cdots, \Delta x_i = x_i - x_{i-1}, \cdots, \Delta x_n = x_n - x_{n-1}$$

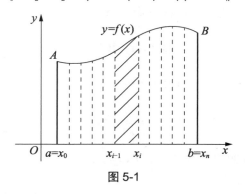

图 5-1

（2）近似替代.

在每个小区间 $[x_{i-1}, x_i]$ 上任取一点 ξ_i，以 Δx_i 为底，$f(\xi_i)$ 为高的窄边矩形近似替代第 i 个窄边梯形（$i = 1, 2, \cdots, n$），即 $\Delta A_i \approx f(\xi_i)\Delta x_i$.

（3）求和.

把这样得到的 n 个窄矩形面积加起来，就得到曲边梯形的面积 S 的近似值，即

$$A \approx f(\xi_1)\Delta x_1 + f(\xi_2)\Delta x_2 + \cdots + f(\xi_n)\Delta x_n = \sum_{i=1}^{n} f(\xi_i)\Delta x_i$$

（4）取极限.

为了保证每个小区间的长度都无限小，记 $\lambda = \max\{\Delta x_1, \Delta x_2, \cdots, \Delta x_n\}$，要求当 $n \to \infty$ 时，$\lambda \to 0$，此时曲边梯形的面积为

$$A = \lim_{\lambda \to 0} \sum_{i=1}^{n} f(\xi_i)\Delta x_i$$

2．总产量

设某种产品的产量对时间 t 的变化率（即边际产量）是时间 t 的连续函数 $Q'(t) = P(t)$，现求从时刻 a 起到时刻 b 的总产量.

如果边际产量 $P(t)$ 为常数 P（即产量均匀），则总产量 $Q = P(b-a)$. 现在边际产量 $P(t)$ 随时间变化（即产量不均匀），为解决"不均匀"的问题，可将闭区间 $[a,b]$ 分割为若干个小区间，当区间长度非常小时，$P(t)$ 在小区间上几乎不变，从而可将 $P(t)$ 近似看成均匀产量来计算，当这种分割无限细时，通过取极限便可得到总产量. 具体过程如下.

（1）分割.

在闭区间 $[a,b]$ 中任意插入 $n-1$ 个分点 $a = t_0 < t_1 < \cdots < t_{n-1} < t_n = b$，把闭区间 $[a,b]$ 分成 n 个小区间，每个时间段 $[t_{i-1}, t_i]$（$i = 1, 2, \cdots, n$）的时间长度为

$$\Delta t_i = t_i - t_{i-1}(i = 1, 2, \cdots, n)$$

（2）近似替代.

任取 $\xi_i \in [t_{i-1}, t_i]$，用 $P(\xi_i)$ 近似替代 $P(t)$ 在整个小区间上每点的值，则在 $[t_{i-1}, t_i]$（$i = 1, 2, \cdots, n$）这段时间内的产量为

$$\Delta Q_i \approx P(\xi_i)\Delta t_i(i = 1, 2, \cdots, n)$$

（3）求和.

对所有时间段内的产量求和，得到总产量 Q 的近似值为 $Q = \sum_{i=1}^{n} \Delta Q_i \approx \sum_{i=1}^{n} P(\xi_i)\Delta t_i$.

（4）取极限.

令 $\Delta t = \max_{1 \leqslant i \leqslant n}\{\Delta t_i\}$，当 $\Delta t \to 0$ 时，上述和式的极限就是总产量 Q，即

$$Q = \lim_{\Delta t \to 0} \sum_{i=1}^{n} P(\xi_i)\Delta t_i$$

总产量问题也是一个和式的极限.

由上述两例可见，虽然所计算的量不同，但它们都决定于一个函数及其自变量的变化区间，其次，它们的计算方法与步骤都相同，即归纳为一种和式的极限，即

$$面积为 A = \lim_{\lambda \to 0} \sum_{i=1}^{n} f(\xi_i)\Delta x_i，\ 产量为 Q = \lim_{\Delta t \to 0} \sum_{i=1}^{n} P(\xi_i)\Delta t_i$$

将这种方法加以精确叙述,可得到定积分的概念.

5.3.2 定积分的概念

定积分的概念

定义 5.3 设函数 $f(x)$ 在闭区间 $[a,b]$ 上有界,在 $[a,b]$ 中任意插入若干个分点

$$a = x_0 < x_1 < x_2 < \cdots < x_{n-1} < x_n = b$$

把闭区间 $[a,b]$ 分成 n 个小区间

$$[x_0, x_1], [x_1, x_2], \cdots, [x_{n-1}, x_n]$$

各个小区间的长度依次为

$$\Delta x_1 = x_1 - x_0, \Delta x_2 = x_2 - x_1, \cdots, \Delta x_n = x_n - x_{n-1}$$

在每个小区间 $[x_{i-1}, x_i]$ 上任取一点 $\xi_i (x_{i-1} \leqslant \xi_i \leqslant x_i)$,对应函数值为 $f(\xi_i)$. 做小区间长度 Δx_i 与 $f(\xi_i)$ 的乘积 $f(\xi_i)\Delta x_i$ $(i = 1, 2, \cdots, n)$,并做出和 $S = \sum_{i=1}^{n} f(\xi_i)\Delta x_i$.

记 $\lambda = \max\{\Delta x_1, \Delta x_2, \cdots, \Delta x_n\}$,如果不论对 $[a,b]$ 怎样分法,也不论在小区间 $[x_{i-1}, x_i]$ 上点 ξ_i 怎样取法,只要当 $\lambda \to 0$ 时,和式 S 总趋于确定的极限 I,这时我们称这个极限 I 为函数 $f(x)$ 在闭区间 $[a,b]$ 上的**定积分**(简称积分),记作 $\int_a^b f(x)\mathrm{d}x$.

即

$$\int_a^b f(x)\mathrm{d}x = I = \lim_{\lambda \to 0} \sum_{i=1}^{n} f(\xi_i)\Delta x_i$$

其中 $f(x)$ 叫作**被积函数**,$f(x)\mathrm{d}x$ 叫作**被积表达式**,x 叫作**积分变量**,a 叫作**积分下限**,b 叫作**积分上限**,$[a,b]$ 叫作**积分区间**.

由以上定义可知:

曲边梯形的面积是曲边 $y = f(x)$ 在闭区间 $[a,b]$ 上的定积分,即

$$S = \int_a^b f(x)\mathrm{d}x,\ \text{其中}\ f(x) \geqslant 0$$

从时刻 a 起到时刻 b 的总产量是边际产量 $Q'(t) = P(t)$ 在闭区间 $[a,b]$ 上的定积分,即

$$Q = \int_a^b P(t)\mathrm{d}t$$

关于定积分,我们还应指出:

(1) 如果函数 $f(x)$ 在闭区间 $[a,b]$ 上是连续的,则函数 $f(x)$ 在 $[a,b]$ 上可积.

(2) 如果函数 $f(x)$ 在闭区间 $[a,b]$ 上有界,且只有有限个第一类间断点,则函数 $f(x)$ 在 $[a,b]$ 上可积.

(3) 定积分 $\int_a^b f(x)\mathrm{d}x$ 既然是和式的极限,那么它是常量. 这个常量只与被积函数 $f(x)$ 和积分区间 $[a,b]$ 有关,而与积分变量用什么字母表示无关,即

$$\int_a^b f(x)\mathrm{d}x = \int_a^b f(t)\mathrm{d}t = \int_a^b f(u)\mathrm{d}u$$

(4) 在定积分的定义中是假定 $a < b$ 的. 为今后应用方便,做如下规定.

① 当 $a > b$ 时,规定

$$\int_a^b f(x)\mathrm{d}x = -\int_b^a f(x)\mathrm{d}x$$

② 当 $a=b$ 时，规定

$$\int_a^a f(x)\mathrm{d}x = 0$$

5.3.3 定积分的几何意义

(1) 当 $f(x) \geqslant 0$ 时，定积分 $\int_a^b f(x)\mathrm{d}x$ 在几何上表示由曲线 $y=f(x)$ 与直线 $x=a$ ，$x=b$ 及 x 轴所围成的曲边梯形的面积(见图 5-2)，即

$$\int_a^b f(x)\mathrm{d}x = S$$

(2) 当 $f(x) < 0$ 时，定积分 $\int_a^b f(x)\mathrm{d}x$ 在几何上表示由曲线 $y=f(x)$ 与直线 $x=a$ ，$x=b$ 及 x 轴所围成的曲边梯形的面积的负值(见图 5-3)，即

$$\int_a^b f(x)\mathrm{d}x = -S$$

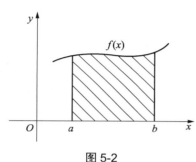

图 5-2

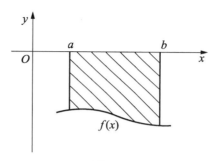

图 5-3

(3) 若函数 $f(x)$ 在闭区间 $[a,b]$ 上，有时为正，有时为负，则定积分 $\int_a^b f(x)\mathrm{d}x$ 的几何意义是由曲线 $y=f(x)$ 与直线 $x=a$ ，$x=b$ 及 x 轴所围成的曲边梯形的面积代数和，即在 x 轴上方的图形面积取正值，在 x 轴下方的图形面积取负值(见图 5-4)．

$$\int_a^b f(x)\mathrm{d}x = S_1 - S_2 + S_3 - S_4$$

例 1 利用定积分的几何意义，求下列定积分的值．

(1) $\int_0^a \sqrt{a^2 - x^2}\,\mathrm{d}x$ ； (2) $\int_0^{2x} \sin x\,\mathrm{d}x$ ．

解：(1) 函数 $y = \sqrt{a^2 - x^2}$ $(-a \leqslant x \leqslant a)$ 的图像是以坐标原点为圆心，a 为半径且位于 x 轴上方的半圆(见图 5-5)，而 $\int_0^a \sqrt{a^2 - x^2}\,\mathrm{d}x$ 为所在圆的面积的 $\dfrac{1}{4}$ ．

$\therefore \int_0^a \sqrt{a^2 - x^2}\,\mathrm{d}x = \dfrac{1}{4}\pi a^2$ ．

(2) 函数 $y = \sin x$ 在 $[0,\pi]$ 及 $[\pi, 2\pi]$ 上的曲线与 x 轴所围成的面积完全相等(见图 5-6)，且当 $x \in [0,\pi]$ 时，$\sin x \geqslant 0$ ；当 $x \in [\pi, 2\pi]$ 时，$\sin x \leqslant 0$ ．

$\therefore \int_0^{2\pi} \sin x\,\mathrm{d}x = S_1 - S_2 = 0$ ．

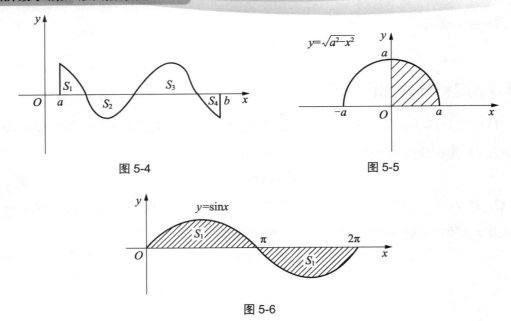

图 5-4　　　　　　　　　　　　　　　图 5-5

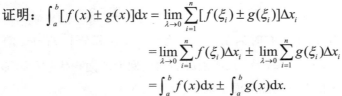
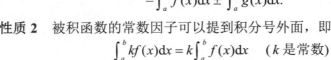

图 5-6

5.3.4　定积分的性质

定积分的几何
意义及性质

性质 1　函数和(差)的定积分等于它们的定积分的和(差)，即
$$\int_a^b [f(x) \pm g(x)]\mathrm{d}x = \int_a^b f(x)\mathrm{d}x \pm \int_a^b g(x)\mathrm{d}x$$

证明：$\int_a^b [f(x) \pm g(x)]\mathrm{d}x = \lim_{\lambda \to 0} \sum_{i=1}^n [f(\xi_i) \pm g(\xi_i)]\Delta x_i$

$$= \lim_{\lambda \to 0} \sum_{i=1}^n f(\xi_i)\Delta x_i \pm \lim_{\lambda \to 0} \sum_{i=1}^n g(\xi_i)\Delta x_i$$

$$= \int_a^b f(x)\mathrm{d}x \pm \int_a^b g(x)\mathrm{d}x.$$

性质 2　被积函数的常数因子可以提到积分号外面，即
$$\int_a^b kf(x)\mathrm{d}x = k\int_a^b f(x)\mathrm{d}x \quad (k \text{ 是常数})$$

性质 3　$\int_a^b f(x)\mathrm{d}x = \int_a^c f(x)\mathrm{d}x + \int_c^b f(x)\mathrm{d}x$ (无论 a,b,c 的位置如何，性质 3 都成立).

性质 4　如果在闭区间 $[a,b]$ 上，$f(x) \equiv 1$，则
$$\int_a^b f(x)\mathrm{d}x = \int_a^b \mathrm{d}x = b - a$$

性质 5　如果在闭区间 $[a,b]$ 上，$f(x) \leqslant g(x)$，则
$$\int_a^b f(x)\mathrm{d}x \leqslant \int_a^b g(x)\mathrm{d}x \quad (a < b)$$

性质 6(估值定理)　设 M 与 m 分别是函数 $f(x)$ 在闭区间 $[a,b]$ 上的最大值及最小值，则
$$m(b-a) \leqslant \int_a^b f(x)\mathrm{d}x \leqslant M(b-a) \quad (a < b)$$

性质 7(定积分中值定理)　如果函数 $f(x)$ 在闭区间 $[a,b]$ 上连续，则在积分区间 $[a,b]$ 上至少存在一点 ξ，使下式成立：

$$\int_a^b f(x)\mathrm{d}x = f(\xi)(b-a) \quad (a \leqslant \xi \leqslant b)$$

此定理的几何意义是：曲边梯形的面积等于以闭区间 $[a,b]$ 的长 $b-a$ 为底，以区间内某点 ξ 处的纵坐标 $f(\xi)$ 为高的矩形的面积(见图 5-7).

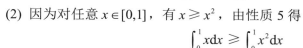

图 5-7

例 2　不计算积分，比较下列定积分的大小.

(1) $\int_1^2 \mathrm{e}^x \mathrm{d}x$ 与 $\int_1^2 \ln x \mathrm{d}x$.

(2) $\int_0^1 x\mathrm{d}x$ 与 $\int_0^1 x^2\mathrm{d}x$.

解：(1) 当 $x\in[1,2]$ 时，有 $\mathrm{e}^x \geqslant \mathrm{e}>1$，$0\leqslant \ln x<1$，故 $\mathrm{e}^x>\ln x$，所以由性质 5 得

$$\int_1^2 \mathrm{e}^x \mathrm{d}x > \int_1^2 \ln x \mathrm{d}x$$

(2) 因为对任意 $x\in[0,1]$，有 $x\geqslant x^2$，由性质 5 得

$$\int_0^1 x\mathrm{d}x \geqslant \int_0^1 x^2\mathrm{d}x$$

例 3　估计定积分 $\int_{-1}^1 \mathrm{e}^{-x}\mathrm{d}x$ 的值的范围.

解：设 $f(x)=\mathrm{e}^{-x}$，因为 $f(x)=\mathrm{e}^{-x}$ 在闭区间 $[-1,1]$ 上单调减少，所以

$$f(x)_{\max}=M=\mathrm{e}^{-(-1)}=\mathrm{e} .$$

$$f(x)_{\min}=m=\mathrm{e}^{-1}=\frac{1}{\mathrm{e}} .$$

因此，由估值定理有

$$\frac{2}{\mathrm{e}} \leqslant \int_{-1}^1 \mathrm{e}^{-x}\mathrm{d}x \leqslant 2\mathrm{e} .$$

习题 5.3

1. 利用定积分的几何意义，计算下列定积分.

(1) $\int_0^2 (x-2)\mathrm{d}x$ ；　　(2) $\int_0^3 \sqrt{9-x^2}\,\mathrm{d}x$ ；

(3) $\int_0^{2\pi} \sin x\mathrm{d}x$ ；　　(4) $\int_{-2}^2 x^3\mathrm{d}x$.

2. 利用定积分的性质，比较下列各对积分值的大小.

(1) $\int_0^1 x\mathrm{d}x$ 与 $\int_0^1 x^3\mathrm{d}x$ ；　　(2) $\int_1^{\mathrm{e}} \ln x\mathrm{d}x$ 与 $\int_1^{\mathrm{e}} (\ln x)^2\mathrm{d}x$ ；

(3) $\int_0^1 x\mathrm{d}x$ 与 $\int_0^1 \ln(1+x)\mathrm{d}x$ ；　　(4) $\int_0^{\frac{\pi}{2}} x\mathrm{d}x$ 与 $\int_0^{\frac{\pi}{2}} \sin x\mathrm{d}x$.

3. 估计下列积分值的范围.

(1) $\int_0^1 (1+x^2)\mathrm{d}x$ ；　　(2) $\int_{-\frac{\pi}{4}}^{\frac{\pi}{4}} (1+x^2)\mathrm{d}x$ ；　　(3) $\int_{-1}^1 \mathrm{e}^{-x^2}\mathrm{d}x$.

5.4 牛顿-莱布尼兹公式

前面我们讨论了不定积分，也就是求原函数的问题；在本节中我们要解决定积分的计算，如果直接用定积分的定义求定积分的值，也就是计算和式的极限，非常麻烦和困难．因此，要寻找计算定积分的简便方法．

原函数的概念与定积分的概念是作为完全不相干的两个问题引进的，本节的目的就是要找出它们之间的关系，通过这个关系，解决定积分的计算问题．

5.4.1 变上限积分函数

定义 5.4 设 $f(x)$ 在 $[a,b]$ 上可积，任意 $x \in [a,b]$，变上限的积分 $\int_a^x f(t)\mathrm{d}t$ $(a \leq x \leq b)$ 是上限 x 的函数，称为**变上限积分函数**，记作

$$\Phi(x) = \int_a^x f(t)\mathrm{d}t \qquad (a \leq x \leq b)$$

函数 $\Phi(x)$ 具有下面定理所指出的重要性质．

定理 5.5 如果函数 $f(x)$ 在闭区间 $[a,b]$ 上连续，则变上限积分函数 $\Phi(x) = \int_a^x f(t)\mathrm{d}t$ 在闭区间 $[a,b]$ 上具有导数，并且它的导数是

$$\Phi'(x) = \frac{\mathrm{d}}{\mathrm{d}x}\int_a^x f(t)\mathrm{d}t = f(x) \qquad (a \leq x \leq b)$$

此定理可以叙述为：

如果函数 $f(x)$ 在闭区间 $[a,b]$ 上连续，则函数 $\Phi(x) = \int_a^x f(t)\mathrm{d}t$ 是 $f(x)$ 的一个原函数．这就肯定了连续函数的原函数总是存在的．所以上述定理也称为**原函数存在定理**．

例1 求下列函数的导数．

(1) $\varphi(x) = \int_0^x \cos^2 t\,\mathrm{d}t$；

(2) $\varphi(x) = \int_1^{x^3} \mathrm{e}^{t^2}\,\mathrm{d}t$；

(3) $\varphi(x) = \int_x^3 \ln(1+t^2)\,\mathrm{d}t$；

(4) $\varphi(x) = \int_{x^2}^{x^3} \frac{1}{t^2}\,\mathrm{d}t$．

解： (1) 由定理 5.5 可知 $\varphi'(x) = \left(\int_0^x \cos^2 t\,\mathrm{d}t\right)' = \cos^2 x$．

(2) 积分上限 x^3 是 x 的函数，所以变上限积分是 x 的复合函数，令 $u = x^3$，则

$$\varphi(u) = \int_1^u \mathrm{e}^{t^2}\,\mathrm{d}t$$

根据复合函数求导法则，有

$$\varphi'(x) = \left(\int_1^{x^3} \mathrm{e}^{t^2}\,\mathrm{d}t\right)' = \frac{\mathrm{d}y}{\mathrm{d}u}\cdot\frac{\mathrm{d}u}{\mathrm{d}x} = \left(\int_1^u \mathrm{e}^{t^2}\right)' \cdot (x^3)' = \mathrm{e}^{u^2}\cdot 3x^2$$

$$= 3x^2 \mathrm{e}^{x^6}．$$

(3) 由定理 5.5 可知，$\varphi'(x) = \left[\int_x^3 \ln(1+t^2)\,\mathrm{d}t\right]' = -\left[\int_3^x \ln(1+t^2)\,\mathrm{d}t\right]' = -\ln(1+x^2)$．

(4) 由于积分上下限都是变量，先把它拆分成两个积分的和，然后再求导

$$\varphi'(x) = \left(\int_{x^2}^{x^3} \frac{1}{t^2} dt \right)' = \left(\int_{x^2}^{0} \frac{1}{t^2} dt + \int_{0}^{x^3} \frac{1}{t^2} dt \right)'$$

$$= -\left(\int_{0}^{x^2} \frac{1}{t^2} dt \right)' + \left(\int_{0}^{x^3} \frac{1}{t^2} dt \right)' = -2x \cdot \frac{1}{x^4} + 3x^2 \cdot \frac{1}{x^6} = \frac{3}{x^4} - \frac{2}{x^3}.$$

例 2 求 $\displaystyle\lim_{x \to 0} \frac{\int_{\cos x}^{1} e^{-t^2} dt}{x^2}$.

解：该极限式是 "$\dfrac{0}{0}$" 型未定式，可应用洛必达法则. 由

$$\frac{d}{dx} \int_{\cos x}^{1} e^{-t^2} dt = -\frac{d}{dx} \int_{1}^{\cos x} e^{-t^2} dt = -e^{-\cos^2 x} \cdot (\cos x)' = \sin x \cdot e^{-\cos^2 x},$$

所以 $\displaystyle\lim_{x \to 0} \frac{\int_{\cos x}^{1} e^{-t^2} dt}{x^2} = \lim_{x \to 0} \frac{\sin x \cdot e^{-\cos^2 x}}{2x} = \frac{1}{2e}$.

5.4.2 牛顿-莱布尼兹公式

牛顿-莱布尼茨
公式

下面我们给出一个著名的定理，它建立了定积分与原函数之间的联系，并由此找到了适用范围很广泛的一类函数的定积分计算的基本公式.

定理 5.6 如果函数 $F(x)$ 是连续函数 $f(x)$ 在闭区间 $[a,b]$ 上的一个原函数，则

$$\int_{a}^{b} f(x) dx = F(b) - F(a)$$

证明：因为 $F(x) = \int_{a}^{x} f(x) dx + C$

令 $x = b$，得 $\quad F(b) = \int_{a}^{b} f(x) dx + C$

令 $x = a$，得 $\quad F(a) = \int_{a}^{a} f(x) dx + C = C$

所以 $\quad\quad F(b) = \int_{a}^{b} f(x) dx + F(a)$

即 $\quad\quad\quad\quad \int_{a}^{b} f(x) dx = F(b) - F(a)$ (5.1)

为方便，$F(b) - F(a)$ 可记作 $F(x)\Big|_{a}^{b}$ 或者 $[F(x)]_{a}^{b}$.

公式(5.1)称为牛顿-莱布尼兹公式，或微积分基本公式.

例 3 计算 $\displaystyle\int_{-1}^{\sqrt{3}} \frac{1}{1+x^2} dx$.

解：$\displaystyle\int_{-1}^{\sqrt{3}} \frac{1}{1+x^2} dx = [\arctan x]_{-1}^{\sqrt{3}} = \frac{7}{12}\pi$.

例 4 计算 $y = \sin x$ 在 $[0, \pi]$ 上与 x 轴所围成平面图形的面积.

解：$A = \displaystyle\int_{0}^{\pi} \sin x dx = [-\cos x]_{0}^{\pi} = 2$

例 5 计算 $\displaystyle\int_{-2}^{-1} (x^2 + 2) dx$.

解： $\int_{-2}^{-1}(x^2+2)\mathrm{d}x=\left(\dfrac{1}{3}x^3+2x\right)\Big|_{-2}^{-1}=\dfrac{13}{3}$.

注 利用牛顿-莱布尼兹公式计算定积分时，要求被积函数在积分区间上连续，否则会产生错误．请读者考虑 $\int_{-1}^{1}\dfrac{1}{x}\mathrm{d}x$ 能不能用牛顿-莱布尼兹公式计算？为什么？

由于求定积分的关键是求出被积分函数的原函数，所以从理论上讲，定积分的计算法实质上是与不定积分的计算方法一致的，只不过定积分多了一个求函数值的步骤罢了．在实际计算中，我们可以借助不定积分的基本计算方法，探求定积分的特点以简化定积分的计算．

习题 5.4

1. 试求函数 $y=\int_0^x \sin t\,\mathrm{d}t$ 当 $x=0$ 及 $x=\dfrac{\pi}{4}$ 时的导数．

2. 计算下列各导数．

(1) $\dfrac{\mathrm{d}}{\mathrm{d}x}\int_0^{x^2}\sqrt{1+t^3}\,\mathrm{d}t$ ；   (2) $\dfrac{\mathrm{d}}{\mathrm{d}x}\int_{x^2}^{x^3}\dfrac{1}{\sqrt{1+t^4}}\,\mathrm{d}t$ ；

(3) $\dfrac{\mathrm{d}}{\mathrm{d}x}\int_{\sin x}^{\cos x}\cos(\pi t^2)\,\mathrm{d}t$ ．

3. 求下列极限．

(1) $\lim\limits_{x\to 0}\dfrac{\int_0^x \cos t^2\,\mathrm{d}t}{x}$ ；   (2) $\lim\limits_{x\to 0}\dfrac{\int_0^x \arctan t\,\mathrm{d}t}{x^2}$ ．

4. 当 x 为何值时，函数 $I(x)=\int_0^x te^{-t^2}\,\mathrm{d}t$ 有极值？

5. 计算下列各定积分．

(1) $\int_1^2\left(x^2+\dfrac{1}{x^4}\right)\mathrm{d}x$ ；   (2) $\int_3^4\dfrac{x^2+x-6}{x-2}\mathrm{d}x$ ；   (3) $\int_0^{\sqrt{3}a}\dfrac{\mathrm{d}x}{a^2+x^2}$ ；

(4) $\int_{-\frac{1}{2}}^{\frac{1}{2}}\dfrac{\mathrm{d}x}{\sqrt{1-x^2}}$ ；   (5) $\int_0^{\frac{\pi}{4}}\tan^2\theta\,\mathrm{d}\theta$ ；   (6) $\int_0^{\frac{3}{4}\pi}\sqrt{1+\cos 2x}\,\mathrm{d}x$ ．

5.5 定积分的积分方法

牛顿-莱布尼兹公式给出了计算定积分的方法，只要能求出被积函数的一个原函数，再将定积分的上限、下限代入，计算其差即可．但在某些情况下，这样运算起来比较复杂．因此，我们将在本节中介绍计算定积分的换元积分法和分部积分法．

5.5.1 定积分的换元积分法

定理 5.7 设函数 $f(x)$ 在闭区间 $[a,b]$ 上连续，如果函数

定积分的计算

$x = \varphi(t)$ 满足条件:

(1) $\varphi(t)$ 在闭区间 $[\alpha, \beta]$ 上具有连续导数 $\varphi'(t)$.

(2) 当 t 从 α 变到 β 时, $\varphi(t)$ 单调地从 a 变到 b, 其中 $\varphi(\alpha) = a$, $\varphi(\beta) = b$. 则有定积分的换元积分公式

$$\int_a^b f(x)dx = \int_\alpha^\beta f[\varphi(t)]\varphi'(t)dt$$

这里应当注意, 定积分的换元法与不定积分的换元法的不同之处在于: 定积分的换元法在换元后, 积分上限、下限也要作相应的变换, 即 **"换元必换限"**. 在换元之后, 按新的积分变量进行定积分运算, 不必再还原为原变量. 新变元的积分限可能 $\alpha > \beta$, 也可能 $\alpha < \beta$, 但一定要求满足 $\varphi(\alpha) = a$, $\varphi(\beta) = b$, 即 $t = \alpha$ 对应于 $x = a$; $t = \beta$ 对应于 $x = b$.

例 1　求 $\int_1^2 (1-x)^9 dx$

解法 1: 令 $u = 1 - x$, 则 $du = -dx$. 当 $x = 1$ 时 $u = 0$, 当 $x = 2$ 时 $u = -1$.

$$\int_1^2 (1-x)^9 dx = -\int_0^{-1} u^9 du = \int_{-1}^0 u^9 du = \left[\frac{1}{10}u^{10}\right]_{-1}^0 = -\frac{1}{10}.$$

解法 2: $\int_1^2 (1-x)^9 dx = -\int_1^2 (1-x)^9 d(1-x) = -\frac{1}{10}(1-x)^{10}\Big|_1^2 = -\frac{1}{10}.$

例 2　求 $\int_0^{\frac{\pi}{2}} \cos^5 x \sin x dx$.

解法 1: 设 $t = \cos x$, 则 $x = 0$ 时, $t = 1$; $x = \frac{\pi}{2}$ 时, $t = 0$

$$\int_0^{\frac{\pi}{2}} \cos^5 x \sin x dx = -\int_0^{\frac{\pi}{2}} \cos^5 x d\cos x = -\int_1^0 t^5 dt$$

$$= \int_0^1 t^5 dt = \left[\frac{t^6}{6}\right]_0^1 = \frac{1}{6}.$$

解法 2: $\int_0^{\frac{\pi}{2}} \cos^5 x \sin x dx = -\int_0^{\frac{\pi}{2}} \cos^5 x d\cos x = \left[-\frac{1}{6}\cos^6 x\right]_0^{\frac{\pi}{2}}$

$$= -\frac{1}{6}\left[\cos^6 \frac{\pi}{2} - \cos^6 0\right] = \frac{1}{6}.$$

显然, 在例 1 和例 2 中, 如果用凑微分法求定积分更方便一些, 即不引入新的积分变量 t, 那么积分上限、下限也不需要作相应的变换, 也就是说 "不换元也不换限".

例 3　求 $\int_1^e \frac{1 + \ln x}{x} dx$.

解: 用凑微分法求解

$$\int_1^e \frac{1 + \ln x}{x} dx = \int_1^e (1 + \ln x)d(1 + \ln x) = \left[\frac{1}{2}(1 + \ln x)^2\right]_1^e$$

$$= \frac{1}{2}[(1 + \ln e)^2 - (1 + \ln 1)^2] = \frac{3}{2}.$$

注　定理 5.7 表达的定积分的换元法是与不定积分的第一换元法(凑微分法)相对应的, 有时我们也称其为**定积分的第一换元法**. 同样地, 与不定积分的第二换元法相对应的称为**定积分的第二换元法**.

例 4 计算 $\int_0^4 \dfrac{x+2}{\sqrt{2x+1}}\mathrm{d}x$.

解：设 $t=\sqrt{2x+1}$ ，则 $x=\dfrac{t^2-1}{2}$ ， $\mathrm{d}x=t\mathrm{d}t$ ，

$x=0$ 时， $t=1$ ； $x=4$ 时， $t=3$ ，故

$$\int_0^4 \frac{x+2}{\sqrt{2x+1}}\mathrm{d}x = \int_1^3 \frac{\dfrac{t^2-1}{2}+2}{t}t\mathrm{d}t$$

$$=\frac{1}{2}\int_1^3 (t^2+3)\mathrm{d}t = \frac{1}{2}\left[\frac{t^3}{3}+3t\right]_1^3 = \frac{22}{3} .$$

例 5 求 $\int_0^a \sqrt{a^2-x^2}\mathrm{d}x \ (a>0)$.

解：设 $x=a\sin t$ ，则 $\mathrm{d}x=a\cos t\mathrm{d}t$ ，且 $x=0$ 时， $t=0$ ； $x=a$ 时， $t=\dfrac{\pi}{2}$ ，因此

$$\int_0^a \sqrt{a^2-x^2}\mathrm{d}x = a^2\int_0^{\frac{\pi}{2}}\cos^2 t\mathrm{d}t = \frac{a^2}{2}\int_0^{\frac{\pi}{2}}(1+\cos 2t)\mathrm{d}t$$

$$=\frac{a^2}{2}\left[t+\frac{1}{2}\sin 2t\right]_0^{\frac{\pi}{2}} = \frac{\pi a^2}{4} .$$

例 6 证明(1) 若 $f(x)$ 在闭区间 $[a,b]$ 上连续且为偶函数，则 $\int_{-a}^a f(x)\mathrm{d}x = 2\int_0^a f(x)\mathrm{d}x$.

(2) 若 $f(x)$ 在闭区间 $[a,b]$ 上连续且为奇函数，则 $\int_{-a}^a f(x)\mathrm{d}x = 0$.

证明： $\int_{-a}^a f(x)\mathrm{d}x = \int_{-a}^0 f(x)\mathrm{d}x + \int_0^a f(x)\mathrm{d}x$

对积分 $\int_{-a}^0 f(x)\mathrm{d}x$ 作代换，令 $x=-t$ ，当 $x=-a$ 时， $t=a$ ；当 $x=0$ 时， $t=0$ ；

$$\int_{-a}^0 f(x)\mathrm{d}x = -\int_a^0 f(-t)\mathrm{d}t = \int_0^a f(-t)\mathrm{d}t = \int_0^a f(-x)\mathrm{d}x$$

于是 $\int_{-a}^a f(x)\mathrm{d}x = \int_0^a f(-x)\mathrm{d}x + \int_0^a f(x)\mathrm{d}x = \int_0^a [f(x)+f(-x)]\mathrm{d}x$.

(1) $f(x)$ 为偶函数时， $f(x)+f(-x)=2f(x)$

故 $\int_{-a}^a f(x)\mathrm{d}x = 2\int_0^a f(x)\mathrm{d}x$.

(2) $f(x)$ 为奇函数时， $f(x)+f(-x)=0$

故 $\int_{-a}^a f(x)\mathrm{d}x = 0$.

例 7 求 $\int_{-1}^1 \dfrac{1+\sin x}{1+x^2}\mathrm{d}x$

解：
$$\int_{-1}^1 \frac{1+\sin x}{1+x^2}\mathrm{d}x = \int_{-1}^1 \frac{1}{1+x^2}\mathrm{d}x + \int_{-1}^1 \frac{\sin x}{1+x^2}\mathrm{d}x$$

$$=2\int_0^1 \frac{1}{1+x^2}\mathrm{d}x + 0$$

$$=2\arctan x\Big|_0^1 = \frac{\pi}{2} .$$

5.5.2　定积分的分部积分法

设 $u(x), v(x)$ 在 $[a,b]$ 上具有连续导数，由微分法则，有

$$d(uv) = udv + vdu$$

移项，有

$$udv = d(uv) - vdu$$

等式两端各取由 a 到 b 的定积分，得

$$\int_a^b udv = [uv]_a^b - \int_a^b vdu$$

上式称为定积分的**分部积分公式**.

例 8　计算 $\int_0^{\frac{1}{2}} \arcsin xdx$.

解：设 $u = \arcsin x$ ，　$v = x$ ，则

$$\int_0^{\frac{1}{2}} \arcsin xdx = [x\arcsin x]_0^{\frac{1}{2}} - \int_0^{\frac{1}{2}} x\frac{1}{\sqrt{1-x^2}}dx$$

$$= \frac{1}{2}\arcsin\frac{1}{2} + \frac{1}{2}\int_0^{\frac{1}{2}} \frac{1}{\sqrt{1-x^2}}d(1-x^2)$$

$$= \frac{\pi}{12} + \frac{\sqrt{3}}{2} - 1 .$$

例 9　计算　$\int_1^3 \ln xdx$.

解：$\int_1^3 \ln xdx = [x\ln x]_1^3 - \int_1^3 xd\ln x = [x\ln x]_1^3 - \int_1^3 x\frac{1}{x}dx$

$$= [x\ln x]_1^3 - \int_1^3 dx = 3\ln 3 - [x]_1^3 = 3\ln 3 - 2 .$$

例 10　计算 $\int_0^1 x^2 e^x dx$.

解：$\int_0^1 x^2 e^x dx = \int_0^1 x^2 d(e^x) = [x^2 e^x]_0^1 - \int_0^1 e^x d(x^2)$

$$= e - 2[(xe^x)_0^1 - \int_0^1 e^x dx] = e - 2 .$$

例 11　求 $\int_0^{\frac{\pi}{2}} e^x \cos xdx$.

解：$\int_0^{\frac{\pi}{2}} e^x \cos xdx = \int_0^{\frac{\pi}{2}} \cos xd(e^x) = \left[e^x \cos x\right]_0^{\frac{\pi}{2}} + \int_0^{\frac{\pi}{2}} e^x \sin xdx$

$$= -1 + \int_0^{\frac{\pi}{2}} \sin xd(e^x) = -1 + \left[e^x \sin x\right]_0^{\frac{\pi}{2}} - \int_0^{\frac{\pi}{2}} e^x \cos xdx$$

$$= -1 + e^{\frac{\pi}{2}} - \int_0^{\frac{\pi}{2}} e^x \cos xdx .$$

所以 $\int_0^{\frac{\pi}{2}} e^x \cos xdx = \frac{1}{2}\left(e^{\frac{\pi}{2}} - 1\right)$.

最后，需要强调的是，定积分的换元积分法和分部积分法是为了简化计算服务的，它的基础是不定积分的计算. 只要熟练掌握了不定积分的计算，首先通过求不定积分的方法

求出被积函数的原函数，再通过牛顿-莱布尼兹公式求出定积分的值．例如，在定积分换元积分中，当运算熟练后也可以不写出换元变量 u，即略去换元过程，此时定积分的上限、下限也就不必改变．在计算过程中要始终记住这一点．

习题 5.5

1. 用定积分换元法计算下列定积分．

(1) $\int_{\frac{\pi}{3}}^{\pi} \sin\left(x + \frac{\pi}{3}\right) dx$；

(2) $\int_{-2}^{1} \frac{dx}{(11+5x)^3}$；

(3) $\int_{0}^{\frac{\pi}{2}} \sin\varphi \cos^3\varphi d\varphi$；

(4) $\int_{\frac{\pi}{6}}^{\frac{\pi}{2}} \cos^2 u du$；

(5) $\int_{0}^{5} \frac{x^3}{x^2+1} dx$；

(6) $\int_{0}^{1} x e^{-\frac{x^2}{2}} dx$；

(7) $\int_{0}^{\sqrt{2}a} \frac{x dx}{\sqrt{3a^2 - x^2}}$；

(8) $\int_{e}^{e^2} \frac{dx}{x\sqrt{1+\ln x}}$；

(9) $\int_{\frac{3}{4}}^{1} \frac{dx}{\sqrt{1-x}-1}$；

(10) $\int_{-\frac{\pi}{2}}^{\frac{\pi}{2}} \sqrt{\cos x - \cos^3 x} dx$；

(11) $\int_{1}^{\sqrt{3}} \frac{dx}{x^2\sqrt{1+x^2}}$；

(12) $\int_{0}^{1} (1+x^2)^{-\frac{3}{2}} dx$．

2. 用分部积分法计算下列定积分．

(1) $\int_{0}^{1} x e^{-x} dx$；

(2) $\int_{1}^{e} x \ln x dx$；

(3) $\int_{0}^{1} x \arctan x dx$；

(4) $\int_{1}^{4} \frac{\ln x}{\sqrt{x}} dx$；

(5) $\int_{0}^{\frac{\pi}{2}} x \sin 2x dx$；

(6) $\int_{0}^{2\pi} x \cos^2 x dx$．

3. 利用函数的奇偶性计算下列定积分．

(1) $\int_{-\pi}^{\pi} x^4 \sin x dx$；

(2) $\int_{-\sqrt{3}}^{\sqrt{3}} |\arctan x| dx$；

(3) $\int_{-2}^{2} \frac{x+|x|}{2+x^2} dx$．

5.6 广 义 积 分

在前面我们所讨论的定积分都是以有限积分区间与有界函数(特别是连续函数)为前提的，但在实际问题中往往需要突破这两个限制，我们把定积分概念从这两个方面加以推广，这样就形成了广义积分的概念．

5.6.1 无穷区间上的广义积分

定义 5.5 设函数 $f(x)$ 在无穷区间 $[a,+\infty)$ 上连续，取 $b>a$，如果极限 $\lim\limits_{b\to+\infty}\int_{a}^{b} f(x)dx$ 存在，则称此极限为函数 $f(x)$ 在 $[a,+\infty)$ 上的广义积分，记作

$$\int_a^{+\infty} f(x)\mathrm{d}x = \lim_{b\to+\infty}\int_a^b f(x)\mathrm{d}x$$

这时也称广义积分 $\int_a^{+\infty} f(x)\mathrm{d}x$ 收敛；如果上述极限不存在，则称 $\int_a^{+\infty} f(x)\mathrm{d}x$ 发散.

类似地，函数 $f(x)$ 在区间 $(-\infty, b]$ 上的广义积分定义为

$$\int_{-\infty}^b f(x)\mathrm{d}x = \lim_{a\to-\infty}\int_a^b f(x)\mathrm{d}x \quad (a<b)$$

当等号右端的极限存在时，称广义积分**收敛**；否则，称广义积分**发散**.

函数 $f(x)$ 在 $(-\infty, +\infty)$ 上的广义积分定义为

$$\int_{-\infty}^{+\infty} f(x)\mathrm{d}x = \int_{-\infty}^c f(x)\mathrm{d}x + \int_c^{+\infty} f(x)\mathrm{d}x$$

$$= \lim_{a\to-\infty}\int_a^c f(x)\mathrm{d}x + \lim_{b\to+\infty}\int_c^b f(x)\mathrm{d}x \quad (a<c<b)$$

其中 a 与 b 各自独立地趋于无穷大，并且仅当右端两极限都存在时，广义积分才收敛；否则，广义积分发散.

例1 计算广义积分 $\int_1^{+\infty} \dfrac{1}{x^2(x^2+1)}\mathrm{d}x$.

解： $\int_1^{+\infty} \dfrac{1}{x^2(x^2+1)}\mathrm{d}x = \lim_{b\to+\infty}\int_1^b \dfrac{1}{x^2(x^2+1)}\mathrm{d}x = \lim_{b\to+\infty}\int_1^b\left(\dfrac{1}{x^2} - \dfrac{1}{x^2+1}\right)\mathrm{d}x$

$$= \lim_{b\to+\infty}\left[-\dfrac{1}{x} - \arctan x\right]_1^b = \lim_{b\to+\infty}\left(-\dfrac{1}{b} - \arctan b + 1 + \dfrac{\pi}{4}\right)$$

$$= 0 - \dfrac{\pi}{2} + 1 + \dfrac{\pi}{4} = 1 - \dfrac{\pi}{4}.$$

例2 计算广义积分 $\int_{-\infty}^0 \mathrm{e}^{-x}\mathrm{d}x$.

解： $\int_{-\infty}^0 \mathrm{e}^{-x}\mathrm{d}x = \lim_{a\to-\infty}\int_a^0 \mathrm{e}^{-x}\mathrm{d}x = \lim_{a\to-\infty}[-\mathrm{e}^{-x}]_a^0 = \lim_{a\to-\infty}(-1+\mathrm{e}^{-a}) = +\infty$.

所以，广义积分 $\int_{-\infty}^0 \mathrm{e}^{-x}\mathrm{d}x$ 发散.

例3 求 $\int_{-\infty}^{+\infty} \dfrac{x}{1+x^2}\mathrm{d}x$.

解： $\int_{-\infty}^{+\infty} \dfrac{x}{1+x^2}\mathrm{d}x = \int_{-\infty}^0 \dfrac{x}{1+x^2}\mathrm{d}x + \int_0^{+\infty} \dfrac{x}{1+x^2}\mathrm{d}x$

由于 $\int_0^{+\infty} \dfrac{x}{1+x^2}\mathrm{d}x = \lim_{b\to+\infty}\int_0^b \dfrac{x}{1+x^2}\mathrm{d}x = \lim_{b\to+\infty}\left[\dfrac{1}{2}\ln(1+x^2)\right]_0^b$

$$= \lim_{b\to+\infty}\dfrac{1}{2}\ln(1+b^2) = \infty .$$

因此，广义积分 $\int_{-\infty}^{+\infty} \dfrac{x}{1+x^2}\mathrm{d}x$ 发散.

5.6.2　无界函数的广义积分

定义5.6 设 $f(x)$ 在 $(a, b]$ 上连续，而 $\lim_{x\to a^+} f(x) = \infty$ ，如果极限

$$\lim_{\varepsilon\to 0^+}\int_{a+\varepsilon}^b f(x)\mathrm{d}x$$

存在，那么此极限值称作函数 $f(x)$ 在 $(a,b]$ 上的**广义积分**，记为 $\int_a^b f(x)\mathrm{d}x$. 即

$$\int_a^b f(x)\mathrm{d}x = \lim_{\varepsilon \to 0^+} \int_{a+\varepsilon}^b f(x)\mathrm{d}x$$

并称广义积分 $\int_a^b f(x)\mathrm{d}x$ 收敛. 如果上述极限不存在，则称广义积分 $\int_a^b f(x)\mathrm{d}x$ 发散.

类似地，如果 $f(x)$ 在 $[a,b)$ 上连续，而 $\lim\limits_{x \to b^-} f(x) = \infty$ ，则 $f(x)$ 在 $[a,b)$ 上的广义积分定义为

$$\int_a^b f(x)\mathrm{d}x = \lim_{\varepsilon \to 0^+} \int_a^{b-\varepsilon} f(x)\mathrm{d}x$$

当等号右端的极限存在时，称广义积分收敛；否则，称广义积分发散.

如果 $f(x)$ 在闭区间 $[a,b]$ 上除 $c(a < c < b)$ 外连续，而 $\lim\limits_{x \to c} f(x) = \infty$ ，则 $f(x)$ 在 $[a,b]$ 上的广义积分定义为

$$\int_a^b f(x)\mathrm{d}x = \int_a^c f(x)\mathrm{d}x + \int_c^b f(x)\mathrm{d}x$$
$$= \lim_{\varepsilon_1 \to 0^+} \int_a^{c-\varepsilon_1} f(x)\mathrm{d}x + \lim_{\varepsilon_2 \to 0^+} \int_{c+\varepsilon_2}^b f(x)\mathrm{d}x$$

仅当右端的两个极限都存在时，才称广义积分收敛；如果上面的两个极限至少有一个不存在，就称广义积分是发散.

例 4 计算广义积分 $\int_0^1 \dfrac{1}{\sqrt{1-x^2}}\mathrm{d}x$.

解： 因为 $\lim\limits_{x \to 1^-} \dfrac{1}{\sqrt{1-x^2}} = +\infty$ ，故有

$$\int_0^1 \frac{1}{\sqrt{1-x^2}}\mathrm{d}x = \lim_{\varepsilon \to 0^+} \int_0^{1-\varepsilon} \frac{1}{\sqrt{1-x^2}}\mathrm{d}x = \lim_{\varepsilon \to 0^+}[\arcsin x]_0^{1-\varepsilon}$$
$$= \lim_{\varepsilon \to 0^+} \arcsin(1-\varepsilon) = \frac{\pi}{2} .$$

例 5 求 $\int_0^1 \ln x\,\mathrm{d}x$.

解： $x=0$ 为 $\ln x$ 的无穷间断点，于是

$$\int_0^1 \ln x\,\mathrm{d}x = \lim_{\varepsilon \to 0^+} \int_{0+\varepsilon}^1 \ln x\,\mathrm{d}x = \lim_{\varepsilon \to 0^+}[(x\ln x - x)]_\varepsilon^1$$
$$= \lim_{\varepsilon \to 0^+}(-1 - \varepsilon \ln \varepsilon + \varepsilon) = -1 .$$

其中 $\quad \lim\limits_{\varepsilon \to 0^+} \varepsilon \ln \varepsilon = \lim\limits_{\varepsilon \to 0^+} \dfrac{\ln \varepsilon}{\dfrac{1}{\varepsilon}} = \lim\limits_{\varepsilon \to 0^+} \dfrac{\dfrac{1}{\varepsilon}}{-\dfrac{1}{\varepsilon^2}} = \lim\limits_{\varepsilon \to 0^+}(-\varepsilon) = 0 .$

例 6 求 $\int_{-1}^1 \dfrac{1}{x^2}\mathrm{d}x$.

解： 因为 $\lim\limits_{x \to 0} \dfrac{1}{x^2} = \infty$ ，所以 $x=0$ 为被积函数的无穷间断点，于是

$$\int_{-1}^1 \frac{1}{x^2}\mathrm{d}x = \int_{-1}^0 \frac{1}{x^2}\mathrm{d}x + \int_0^1 \frac{1}{x^2}\mathrm{d}x$$

由于 $\int_0^1 \dfrac{1}{x^2}\mathrm{d}x = \lim\limits_{\varepsilon \to 0^+}\int_{0+\varepsilon}^1 \dfrac{1}{x^2}\mathrm{d}x = \lim\limits_{\varepsilon \to 0^+}\left[\left(-\dfrac{1}{x}\right)\right]_\varepsilon^1$

$$= \lim_{\varepsilon \to 0^+}\left(\dfrac{1}{\varepsilon}-1\right) = \infty .$$

因此，广义积分 $\int_0^1 \dfrac{1}{x^2}\mathrm{d}x$ 发散．即广义积分 $\int_{-1}^1 \dfrac{1}{x^2}\mathrm{d}x$ 发散．

习题 5.6

1. 判断下列广义积分的收敛性，如果收敛，再计算其值．

(1) $\displaystyle\int_1^{+\infty}\dfrac{1}{x^3}\mathrm{d}x$ ；

(2) $\displaystyle\int_2^{+\infty}\dfrac{x\mathrm{d}x}{\sqrt{1+x^2}}$ ；

(3) $\displaystyle\int_0^{+\infty}\mathrm{e}^{-x}\mathrm{d}x$ ；

(4) $\displaystyle\int_{-\infty}^{+\infty}x\mathrm{e}^{-x^2}\mathrm{d}x$ ；

(5) $\displaystyle\int_{-\infty}^{+\infty}\dfrac{1}{x^2+2x+2}\mathrm{d}x$ ；

(6) $\displaystyle\int_0^{+\infty}\dfrac{1}{\sqrt{x}}\mathrm{e}^{-\sqrt{x}}\mathrm{d}x$ ．

2. 判断下列广义积分的收敛性，如果收敛，再计算其值．

(1) $\displaystyle\int_0^1 x\ln x\mathrm{d}x$ ；

(2) $\displaystyle\int_0^1 \dfrac{1}{(1-x)^2}\mathrm{d}x$ ；

(3) $\displaystyle\int_0^1 \dfrac{\arcsin x}{\sqrt{1-x^2}}\mathrm{d}x$ ；

(4) $\displaystyle\int_1^{\mathrm{e}}\dfrac{\mathrm{d}x}{x\sqrt{1-(\ln x)^2}}$ ；

(5) $\displaystyle\int_0^1 \dfrac{\mathrm{d}x}{1-x}$ ；

(6) $\displaystyle\int_0^5 \dfrac{x\mathrm{d}x}{\sqrt{25-x^2}}$ ．

5.7　定积分的应用

定积分在实际中有着广泛的应用，本节主要介绍它在几何和经济上的应用．应用定积分解决实际问题时常用的一种方法，称为微元法．

在前面的讨论中求曲边梯形的面积 A 时，通过"分割、近似替代、求和、取极限"这 4 步，得到曲边梯形的面积

$$A = \int_a^b f(x)\mathrm{d}x = I = \lim_{\lambda \to 0}\sum_{i=1}^n f(\xi_i)\Delta x_i$$

现在为了应用上的方便，我们把求解过程简化为以下两步．

1. 求微元

将闭区间 $[a,b]$ 分成 n 个小区间，任一小区间记为 $[x, x+\mathrm{d}x]$ ，对应于这个小区间的部分量是 $\mathrm{d}A$ ，则 $\mathrm{d}A = f(x)\mathrm{d}x$ ，整体量 A 在 $[x, x+\mathrm{d}x]$ 上的改变量 ΔA 有近似值 $\Delta A \approx \mathrm{d}A$ ，称 $f(x)\mathrm{d}x$ 为面积元素，简称微元(见图 5-8)．

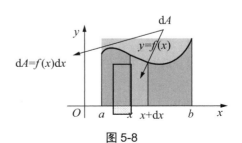

图 5-8

2. 求积分

整体量 A 就是在闭区间 $[a,b]$ 上将这些微元无限累加，即

$$A = \int_a^b \mathrm{d}A = \int_a^b f(x)\mathrm{d}x$$

这种方法称为**微元法**. 下面用微元法来介绍定积分的一些应用.

5.7.1 求平面图形的面积

定积分在几何
方面的应用

前面已经解决了曲边梯形的面积的计算，即由曲线 $y = f(x)(f(x) \geqslant 0)$ 及直线 $x = a$，$x = b$ 和 $y = 0$ 所围的曲边梯形的面积为

$$S = \int_a^b f(x)\mathrm{d}x$$

现在讲另外几种情形.

情形 1 由一条连续曲线 $y = f(x)$（$f(x)$ 在闭区间 $[a,b]$ 上有正、有负），x 轴及直线 $x = a$ 与 $x = b$ 所围成的曲边梯形的面积(见图 5-9).

$$A = \int_a^c f(x)\mathrm{d}x - \int_c^b f(x)\mathrm{d}x$$

情形 2 由两条连续曲线 $y = f(x)$，$y = g(x)$（$g(x) \leqslant f(x)$）及两条直线 $x = a$ 与 $x = b$ 所围成的曲边梯形的面积(见图 5-10).

$$A = \int_a^b [f(x) - g(x)]\mathrm{d}x$$

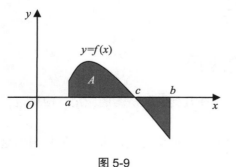

图 5-9

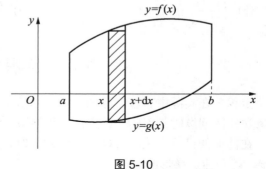

图 5-10

情形 3 由两条连续曲线 $x = f(y)$，$x = g(y)$（$f(y) \geqslant g(y)$）和直线 $y = c$，$y = d$ 所围成的曲边梯形的面积(取 y 为积分变量)(见图 5-11)

$$A = \int_c^d [f(y) - g(y)]\mathrm{d}y$$

用定积分求平面图形面积的步骤如下:

(1) 根据已知条件画出草图.

(2) 选择积分变量并确定积分限: 直接判定或解方程组确定曲线的交点.

(3) 用相应的公式计算面积.

例 1 求抛物线 $y = 1 - x^2$ 和 x 轴所围成的平面图形的面积.

解: 作图(见图 5-12), 选 x 为积分变量

所求面积为

$$A = \int_{-1}^{1}(1-x^2)\mathrm{d}x = \left(x - \frac{1}{3}x^3\right)\Bigg|_{-1}^{1} = \frac{4}{3}.$$

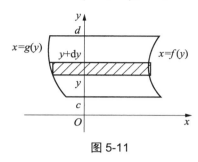

图 5-11

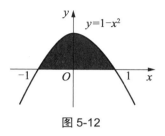

图 5-12

例 2 求由曲线 $y = x^2$ 及直线 $y = x + 2$ 所围成的平面图形的面积.

解:(1)作图(见图 5-13).

(2)由图 5-13 可知,应选 x 为积分变量.为确定积分限,应求曲线 $y = x^2$ 与直线 $y = x + 2$ 的交点 A 和 B 的横坐标.解方程组 $\begin{cases} y = x^2 \\ y = x + 2 \end{cases}$,得 $x_1 = -1, x_2 = 2$.显然积分下限为 $x_1 = -1$,积分上限为 $x_2 = 2$.

(3)由图 5-13 可知,所围成的平面图形的面积为

$$A = \int_{-1}^{2}[(x+2) - x^2]\mathrm{d}x = \left[\frac{x^2}{2} + 2x - \frac{x^3}{3}\right]_{-1}^{2} = \frac{9}{2}.$$

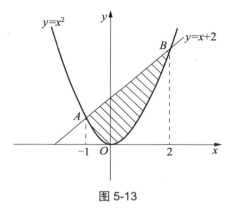

图 5-13

思考:例 2 如果选取 y 为积分变量,比较哪种做法更简便?

例 3 求由抛物线 $y^2 = 2x$ 和直线 $y = x - 4$ 所围成的平面图形的面积.

解:作图(见图 5-14) 选 y 作为积分变量

解方程组 $\begin{cases} y^2 = 2x \\ y = x - 4 \end{cases}$,解得交点坐标为 $(2, -2)$,$(8, 4)$

所围成的图形的面积为

$$A = \int_{-2}^{4}\left[(y+4) - \frac{1}{2}y^2\right]\mathrm{d}y$$

$$= \left(\frac{1}{2}y^2 + 4y - \frac{1}{6}y^3\right)\Bigg|_{-2}^{4} = 18.$$

如果选 x 作为积分变量,那么它的表达式就比上式复杂.

例 4 求由曲线 $y = \sin x$,$y = \cos x$ 及直线 $x = 0$,$x = \frac{\pi}{2}$ 所围成的平面图形的面积.

解:作图(见图 5-15).

选 x 为积分变量,积分下限为 $x = 0$,上限为 $x = \frac{\pi}{2}$.用直线 $x = \frac{\pi}{4}$ 把所围成的图形分

成两个部分．

$$A = \int_0^{\frac{\pi}{4}} (\cos x - \sin x) \mathrm{d}x + \int_{\frac{\pi}{4}}^{\frac{\pi}{2}} (\sin x - \cos x) \mathrm{d}x$$

$$= [\sin x + \cos x]_0^{\frac{\pi}{4}} + [-\cos x - \sin x]_{\frac{\pi}{4}}^{\frac{\pi}{2}}$$

$$= 2(\sqrt{2} - 1).$$

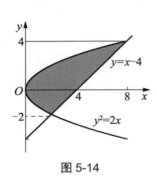

图 5-14

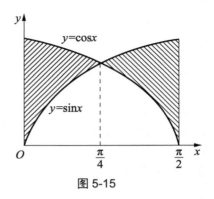

图 5-15

例 5　求椭圆 $\dfrac{x^2}{a^2} + \dfrac{y^2}{b^2} = 1$ 所围成的平面图形的面积（ $a > 0, b > 0$ ）．

解： 如图 5-16 所示，由于所给椭圆关于坐标轴对称，因此所求面积 $S = 4S_1$ ，其中 S_1 是椭圆在第一象限部分的面积．

由椭圆方程得被积函数为 $y = \dfrac{b}{a}\sqrt{a^2 - x^2}$ ，于是

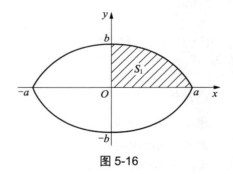

图 5-16

$$S_1 = \int_0^a \frac{b}{a}\sqrt{a^2 - x^2}\,\mathrm{d}x = \frac{b}{a}\int_0^a \sqrt{a^2 - x^2}\,\mathrm{d}x$$

$$= \frac{b}{a} \cdot \frac{1}{4}\pi a^2 = \frac{1}{4}\pi ab.$$

从而椭圆面积 $S = 4S_1 = \pi ab$ ．

5.7.2　求旋转体的体积

旋转体就是由一个平面图形围绕着它所在平面内的一条直线旋转一周而成的立体．这条直线称作旋转轴．例如，圆柱、圆锥、圆台、球体、椭球等都是旋转体．

情形 1　母线是一条曲线的情形．

设由连续曲线 $y = f(x)$ 与直线 $x = a, x = b, y = 0$ 所围成的曲边梯形[见图 5-17(a)]绕 x 轴旋转一周所产生的旋转体[见图 5-17(b)]，求其体积 V_x ．

这是平行截面面积为已知的立体的一种特殊情况．在此，垂直于 x 轴的平行截面面积为 $S(x) = \pi y^2 = \pi f^2(x)$ ，所求旋转体的体积 V_x 为

$$V_x = \int_a^b \pi f^2(x)\mathrm{d}x \qquad\qquad (5.2)$$

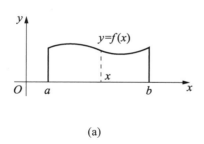

(a)

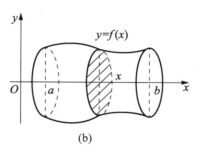

(b)

图 5-17

同理可得，由连续曲线 $x = \varphi(y)$ 和直线 $y = c$，$y = d, x = 0$ 所围成的图形绕 y 轴旋转一周所产生的旋转体(见图 5-18)，则该旋转体体积 V_y 为

$$V_y = \int_c^d \pi x^2 \mathrm{d}y = \int_c^d \pi \varphi^2(y)\mathrm{d}y .$$

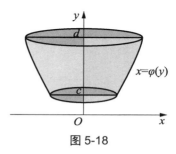

图 5-18

情形 2 母线是两条曲线的情形.

由两条连续曲线 $y = f(x)$，$y = g(x)$ 和直线 $x = a$，$x = b(a < b)$ 所围成的平面图形绕 x 轴旋转一周所形成的旋转体(见图 5-19)，则该旋转体的体积 V_x 可由下面式子求出

$$V_x = \int_a^b \pi f^2(x)\mathrm{d}x - \int_a^b \pi g^2(x)\mathrm{d}x = \pi \int_a^b [f^2(x) - g^2(x)]\mathrm{d}x$$

同理，由两条连续曲线 $x = \varphi(y), x = \psi(y)$ 和直线 $y = c$，$y = d(c < d)$ 所围成的平面图形绕 y 轴旋转一周所形成的旋转体(见图 5-20)，则该旋转体的体积 V_y 可由下面式子求出

$$V_y = \int_c^d \pi \varphi^2(y)\mathrm{d}y - \int_c^d \pi \psi^2(y)\mathrm{d}y = \pi \int_c^d [\varphi^2(y) - \psi^2(y)]\mathrm{d}y$$

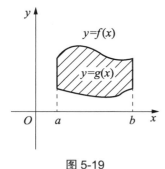

图 5-19

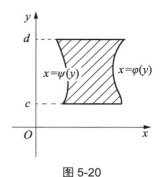

图 5-20

例 6 求由连续曲线 $xy = a^2$ 与直线 $x = a$，$x = 2a(a > 0)$ 及 x 轴所围成的平面图形绕 x 轴旋转一周而成的旋转体的体积.

解：作图(见图 5-21)，取 x 为积分变量 $x \in [a, 2a]$

$$V_x = \int_a^{2a} \pi y^2 \mathrm{d}x = \int_a^{2a} \pi \frac{a^4}{x^2}\mathrm{d}x$$

$$= a^4 \pi \cdot \left(-\frac{1}{x} \right) \Big|_a^{2a} = \frac{1}{2} a^3 \pi.$$

例 7 求由 $y = x^3$，$y = 8$ 及 $x = 0$ 所围成的平面图形绕 y 轴旋转一周而形成的旋转体的体积.

解：如图 5-22 所示，选择 y 为积分变量，$y \in [0,8]$

此处 $x = \sqrt[3]{y}$，所求体积为

$$V_y = \int_0^8 \pi (\sqrt[3]{y})^2 \, dy = \pi \int_0^8 y^{\frac{2}{3}} \, dy$$

$$= \pi \cdot \frac{3}{5} y^{\frac{5}{3}} \Big|_0^8 = \frac{96}{5} \pi.$$

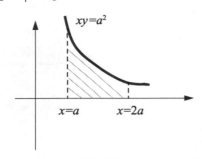

图 5-21

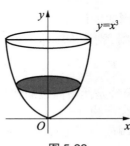

图 5-22

例 8 求由曲线 $y = x^2$ 与 $y = 2 - x^2$ 所围成的平面图形绕 x 轴和 y 轴旋转而形成的旋转体的体积.

解：如图 5-23 所示，求两曲线交点

$$\begin{cases} y = x^2 \\ y = 2 - x^2 \end{cases} \text{交点为 } (-1,1) \text{ 和 } (1,1),$$

绕 x 轴旋转，得

$$V_x = \int_{-1}^1 \pi (2 - x^2)^2 \, dx - \int_{-1}^1 \pi (x^2)^2 \, dx$$

$$= \pi \left[4x - \frac{4}{3} x^3 \right]_{-1}^1 = \frac{16}{3} \pi.$$

绕 y 轴旋转，得

$$V_y = \int_0^1 \pi x^2 \, dy + \int_1^2 \pi x^2 \, dy = \int_0^1 \pi y \, dy + \int_1^2 \pi (2 - y) \, dy$$

$$= \pi \left\{ \left[\frac{1}{2} y^2 \right]_0^1 + \left[2y - \frac{1}{2} y^2 \right]_1^2 \right\} = \pi.$$

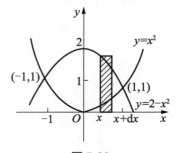

图 5-23

5.7.3 定积分在经济上的应用

1. 连续计息时资金流的现值与终值

股市的成交额、银行系统存款额等都是随时间变化的资金流，若已知资金流为 $A(t)(t \in [0,T])$，怎样按连续复利计算该资金流的现值与终值？

已知有 a 元货币，按年利率 r 作连续复利计算，t 年后的终值即本息和为 ae^{rt} 元；反过来若 t 年后有 a 元，则按连续复利计算，现值应为 ae^{-rt} 元.

设在时间段 $[0,T]$ 内资金流为 $A(t)$，按年利率 r 作连续复利计算，求在 $[0,T]$ 内资金流的现值与终值.

(1) 求微元. 在时刻 t 资金流的金额的微元为 $A(t)\mathrm{d}t$，对应的现值的微元为

$$\mathrm{d}R_0 = [A(t)\mathrm{d}t]e^{-rt} = A(t)e^{-rt}\mathrm{d}t$$

在时刻 t 资金流的金额的微元 $A(t)\mathrm{d}t$ 对应的终值的微元为 $\mathrm{d}R_T = A(t)e^{r(T-t)}\mathrm{d}t$.

(2) 求积分. 在 $[0,T]$ 内资金流现值的总量为

$$R_0 = \int_0^T \mathrm{d}R_0 = \int_0^T A(t)e^{-rt}\mathrm{d}t$$

若资金流是稳定的，即 $A(t)=A$（常数）. 则

$$R_0 = \int_0^T A(t)e^{-rt}\mathrm{d}t = -\frac{A}{r}e^{-rt}\Big|_0^T = \frac{A}{r}(1-e^{-rT})$$

在 $[0,T]$ 内资金流的终值的总量为

$$R_T = \int_0^T A(t)e^{r(T-t)}\mathrm{d}t$$

若资金流是稳定的，即 $A(t)=A$（常数），则

$$R_T = \int_0^T A(t)e^{r(T-t)}\mathrm{d}t$$
$$= \frac{-Ae^{rT}}{r}e^{-rt}\Big|_0^T = \frac{Ae^{rT}}{r}\left[1-e^{-rT}\right] = \frac{A}{r}\left[e^{rT}-1\right]$$

显然有 $R_T = R_0 e^{rT}$.

例 9 设连续 3 年内各时刻有稳定的收入流 15 000 元，且年利率为 7.5%，用连续复利计算其收入现值.

解：这里 $A(t)=15\,000$，$r=0.075$，则其现值为

$$R_0 = \int_0^3 A(t)e^{-rt}\mathrm{d}t = \int_0^3 15\,000 e^{-0.075t}\mathrm{d}t = -\frac{15\,000}{0.075}e^{-0.075t}\Big|_0^3 = 40\,297\,(\text{元}).$$

例 10 设某企业投资 400 万元，经测算，该企业在 $T=10$ 年中可以有稳定的收入流 $A(t)=100$ 万元，若年利率为 $r=10\%$，试求：

(1) 该投资纯收入的现值.

(2) 收回该笔投资的年限是多少？

解：(1) 投资 $T=10$ 年中获得收入的现值是

$$R_0 = \int_0^T A(t)e^{-rt}\mathrm{d}t = \int_0^{10} 100 e^{-0.1t}\mathrm{d}t = -\frac{100}{0.1}e^{-0.1t}\Big|_0^{10}$$

$$=1000(1-e^{-1}) \approx 632.1\,(\text{万元}).$$

所以，投资获得的纯收入现值为 $R_0 - 400 = 632.1 - 400 = 232.1\,(\text{万元})$.

(2) 收回投资的时间也就是总收入现值等于投资额的时间，设 T 年后收回投资，则

$$R_0 = \int_0^T A(t)e^{-rt}\mathrm{d}t = \int_0^T 100 e^{-0.1t}\mathrm{d}t = -\frac{100}{0.1}e^{-0.1t}\Big|_0^T$$

$$=1000\,(1-e^{-0.1T}) = 400.$$

整理得 $e^{-0.1T} = 0.6$.

两边取自然对数得 $T \approx 5.1$ 年.

即资金的回收期约为 5.1 年.

2. 投资决策

例 11 有一位居民准备购买一座价值 500 万元的别墅,如果以分期付款的方式购买,经过预算每年需付 35 万元,20 年付清. 银行的存款利率为 4%,按连续复利计息,请你帮助这位购房者做一次投资决策,是一次付款划算还是分期付款划算?

解:若分期付款,付款总额的现值为

$$R_0 = \int_0^{20} 35 e^{-0.04t} dt = \frac{35}{-0.04} \int_0^{20} e^{-0.04t} d(-0.04t)$$

$$= \frac{35}{-0.04} (1 - e^{-0.8}) \approx 481.25 \ (万元).$$

因为付款总额现值小于 500 万元,所以分期付款划算.

习题 5.7

1. 求由曲线 $y = \sqrt{x}$ 与直线 $y = x$ 所围成的图形的面积.

2. 求在闭区间 $\left[0, \dfrac{\pi}{2}\right]$ 内,曲线 $y = \sin x$ 与直线 $x = 0$,$y = 1$ 所围成的图形的面积.

3. 求由曲线 $y^2 = x$ 与 $y^2 = -x + 4$ 所围成的图形的面积.

4. 求由曲线 $y = e^x$ 与直线 $x = 0, y = 0$ 及 $x = 1$ 所围成的图形绕 x 轴旋转而成的旋转体的体积.

5. 求由曲线 $y = \sqrt{x}$ 与直线 $x = 1, x = 4$ 及 $y = 0$ 所围成的图形分别绕 x 轴旋转而成的旋转体的体积.

6. 设某产品的边际成本是产量 x 的函数为 $C'(x) = 2x + 4$,该产品的固定成本为 $C_0 = 80$,求总成本函数.

7. 已知销售某商品 q 个单位的边际收益为 $R'(q) = 200 - q$,求:

(1) 生产 q 个单位时的总收益.

(2) 生产 60 个到 80 个单位时的总收益改变量.

8. 已知某工厂单位时间内生产某种产品 x 台时,其边际成本为 $C'(x) = \dfrac{1}{5}x - 16$(万元/台).如果这种产品固定成本为 $C(0) = 20$ 万元,且每台卖 4 万元,求总利润函数.并求在单位时间内生产多少台时,才能获得最大利润?

9. 设某个产品的需求函数和供应函数分别为

$$P = D(Q) = 70 - Q - Q^2, P = S(Q) = 12Q + 2, 0 \leqslant Q \leqslant 6$$

其中 Q 以万人计,P 的单位是元.求在市场均衡价格基础上的消费者剩余和生产者剩余.

10. 某房现售价 15 万元,分期付款购买(零首付),10 年付清,每年年末付款相同,年利率为 4%,按连续复利计算,问:每年年末应该付款多少元?

本 章 小 结

一、本章主要内容及学习要点

1. 原函数与不定积分的概念

设函数 $f(x)$ 在某区间上有定义，如果 $F'(x) = f(x)$，那么称 $F(x)$ 是 $f(x)$ 在该区间上的一个原函数．全体原函数 $F(x) + C$ 称为 $f(x)$ 的不定积分，记作 $\int f(x)\mathrm{d}x = F(x) + C$．

2. 不定积分的性质

(1) $[\int f(x)\mathrm{d}x]' = f(x)$ 或 $\mathrm{d}[\int f(x)\mathrm{d}x] = f(x)\mathrm{d}x$．

(2) $\int F'(x)\mathrm{d}x = F(x) + C$ 或 $\int \mathrm{d}F(x) = F(x) + C$．

(3) $\int [f(x) \pm g(x)]\mathrm{d}x = \int f(x)\mathrm{d}x \pm \int g(x)\mathrm{d}x$．

(4) $\int kf(x)\mathrm{d}x = k\int f(x)\mathrm{d}x \quad (k \neq 0)$．

3. 不定积分的积分方法

求不定积分有直接积分法、第一换元积分法(凑微分)、第二换元积分法、分部积分法．首先要牢记不定积分的公式和性质，其次分析被积函数，确定积分方法．一般情况下，被积函数都是以和、差、积、商与复合函数的形式出现，而商 $\dfrac{f(x)}{g(x)}$ 又可以看成 $f(x) \cdot \dfrac{1}{g(x)}$ 之积．如果被积函数含有根式，当分子有变量 x 的时候，凑微分是首选；其次要注意区分第一换元法和分部积分法．

4. 定积分的概念

定积分是一个特殊的和式的极限 $\int_a^b f(x)\mathrm{d}x = I = \lim\limits_{\lambda \to 0} \sum\limits_{i=1}^{n} f(\xi_i)\Delta x_i$，它是一个常数，只与被积函数 $f(x)$ 和积分闭区间 $[a,b]$ 有关．

5. 定积分的几何意义

(1) 当 $f(x) \geqslant 0$ 时，定积分 $\int_a^b f(x)\mathrm{d}x$ 表示曲边梯形的面积．

(2) 当 $f(x) < 0$ 时，定积分 $\int_a^b f(x)\mathrm{d}x$ 表示曲边梯形面积的负值．

6. 积分上限函数的性质

如果函数 $f(x)$ 在闭区间 $[a,b]$ 上连续，则变上限积分函数 $\varPhi(x) = \int_a^x f(t)\mathrm{d}t$ 在 $[a,b]$ 上具有导数，并且它的导数是

$$\varPhi'(x) = \frac{\mathrm{d}}{\mathrm{d}x}\int_a^x f(t)\mathrm{d}t = f(x) \qquad (a \leqslant x \leqslant b)$$

7. 微积分基本定理——牛顿-莱布尼兹公式

如果函数 $F(x)$ 是连续函数 $f(x)$ 在闭区间 $[a,b]$ 上的一个原函数，则

$$\int_a^b f(x)\mathrm{d}x = F(x)\Big|_a^b = F(b) - F(a)$$

8. 广义积分的概念与计算

(1) 无穷区间上的广义积分.

设函数 $f(x)$ 在 $[a, +\infty)$ 上连续，取 $b > a$，如果极限 $\lim\limits_{b\to+\infty}\int_a^b f(x)\mathrm{d}x$ 存在，则称此极限为函数 $f(x)$ 在无穷区间 $[a, +\infty)$ 上的广义积分，记作

$$\int_a^{+\infty} f(x)\mathrm{d}x = \lim\limits_{b\to+\infty}\int_a^b f(x)\mathrm{d}x$$

(2) 无界函数的广义积分.

设 $f(x)$ 在 $(a, b]$ 上连续，而 $\lim\limits_{x\to a^+} f(x) = \infty$，如果极限

$$\lim\limits_{\varepsilon\to 0^+}\int_{a+\varepsilon}^b f(x)\mathrm{d}x$$

存在，那么此极限值称作函数 $f(x)$ 在 $(a, b]$ 上的广义积分，记作

$$\int_a^b f(x)\mathrm{d}x = \lim\limits_{\varepsilon\to 0^+}\int_{a+\varepsilon}^b f(x)\mathrm{d}x$$

9. 定积分的应用

在定积分的应用中，掌握微元法求平面图形的面积和旋转体体积. 求平面图形面积的步骤：先作图，确定积分变量，建立积分表达式，再求解；用定积分求解经济应用问题的步骤：根据实际问题的意义，建立经济问题的积分表达式，从而解决实际问题.

二、重点和难点

重点：不定积分的基本公式和积分方法(直接积分法、第一换元积分法、第二换元积分法、分部积分法)；定积分的概念及几何意义、积分上限函数、牛顿-莱布尼兹公式、定积分的换元积分法、定积分的分部积分法、广义积分；定积分的应用.

难点：不定积分的第一换元积分法(凑微分法)；第二换元法中的三角代换法；积分上限函数；定积分的应用.

自 测 题

一、填空题

1. $\int_{-a}^a f(x)\mathrm{d}x = $ _____ .

2. $\int_1^e \ln x\mathrm{d}x = $ _____ .

3. $\int_0^{\frac{\pi}{2}} \mathrm{e}^{\sin x}\cos x\mathrm{d}x = $ _____ .

4. 设函数 $f(x)$ 的一个原函数是 $\sin x$，则 $\int xf'(x)\mathrm{d}x = $ _____ .

5. $\int_{-1}^{1} \dfrac{\sin x}{1+x^2} dx = $ _____ .

6. 若 $\int_{0}^{1}(2x+k)dx = 2$，则 $k = $ _____ .

7. 设函数 $f(x)$ 在积分区间上连续，则 $\int_{-a}^{a} x^2[f(x)-f(-x)]dx = $ _____ .

8. $\int_{-2}^{2} \sqrt{1-\dfrac{x^2}{4}} dx = $ _____ .

9. 已知 $\int_{0}^{+\infty} e^{-kx}dx$ 收敛，则 $k = $ _____ .

10. 设 $f(x)$ 是连续函数，且 $F(x) = \int_{x}^{e^{-x}} f(t)dt$，则 $F'(x) = $ _____ .

二、选择题

1. 下列定积分等于零的是(　　).
   A. $\int_{-1}^{1} x^2\cos x dx$ B. $\int_{-1}^{1} x\sin x dx$
   C. $\int_{-1}^{1}(x+\sin x)dx$ D. $\int_{-1}^{1}(e^x+x)dx$

2. 设 $\int_{0}^{2} xf(x)dx = k\int_{0}^{1} xf(2x)dx$，则 $k = ($　　$)$.
   A. 1   B. 2   C. 3   D. 4

3. $\int\left(\sin\dfrac{\pi}{4}+1\right)dx = ($　　$)$.
   A. $-\cos\dfrac{\pi}{4}+x+C$ B. $-\dfrac{4}{\pi}\cos\dfrac{\pi}{4}+x+C$
   C. $x\sin\dfrac{\pi}{4}+x+C$ D. $x\sin\dfrac{\pi}{4}+1+C$

4. 若 $\int f(x)dx = F(x)+C$，则 $\int e^{-x} f(e^{-x})dx = ($　　$)$.
   A. $F(e^x)+C$ B. $-F(e^{-x})+C$
   C. $F(e^{-x})+C$ D. $\dfrac{F(e^{-x})}{x}+C$

5. $\int x\sin 2x dx = ($　　$)$.
   A. $-2x\cos 2x+\dfrac{1}{4}\sin 4x+C$ B. $-\dfrac{1}{2}x\cos 2x+\dfrac{1}{2}\sin 2x+C$
   C. $-2x\cos 2x+\dfrac{1}{2}\sin 2x+C$ D. $-\dfrac{1}{2}x\cos 2x+\dfrac{1}{4}\sin 2x+C$

6. 若 $\dfrac{\ln x}{x}$ 为 $f(x)$ 的原函数，则 $\int xf'(x)dx = ($　　$)$.
   A. $\dfrac{1}{x}-2\dfrac{\ln x}{x}+C$ B. $\dfrac{1}{x}+C$
   C. $\dfrac{\ln x}{x}+C$ D. $\dfrac{1+\ln x}{x^2}+C$

7. 设 $\int_{0}^{1} x(a-x)dx = 1$，则常数 $a = ($　　$)$.

A. $\dfrac{8}{3}$ B. $\dfrac{1}{3}$ C. $\dfrac{4}{3}$ D. $\dfrac{2}{3}$

8. 由曲线 $y = \mathrm{e}^x$ 及直线 $x = 0, y = 2$ 所围成的平面图形的面积为 $A = ($ $)$.

  A. $\displaystyle\int_1^2 \ln y \mathrm{d}y$ B. $\displaystyle\int_1^{\mathrm{e}^2} \mathrm{e}^x \mathrm{d}x$ C. $\displaystyle\int_1^{\ln 2} \ln y \mathrm{d}y$ D. $\displaystyle\int_0^2 (2 - \mathrm{e}^x) \mathrm{d}x$

9. 下列广义积分收敛的是(   ).

  A. $\displaystyle\int_1^{+\infty} \dfrac{\mathrm{d}x}{x^{\frac{4}{5}}}$ B. $\displaystyle\int_1^{+\infty} \dfrac{\mathrm{d}x}{\sqrt{x+1}}$ C. $\displaystyle\int_1^{+\infty} \dfrac{\mathrm{d}x}{x^3}$ D. $\displaystyle\int_{-1}^1 \dfrac{1}{x^2} \mathrm{d}x$

10. 设 $f(x)$ 在闭区间 $[a,b]$ 上连续，且 $g'(x) = f(x)$，则 $\displaystyle\int_a^b f(x) g(x) \mathrm{d}x = ($ $)$.

  A. $\dfrac{1}{2}[f(b) - f(a)]$ B. $\dfrac{1}{2}[f^2(b) - f^2(a)]$

  C. $\dfrac{1}{2}[g(b) - g(a)]$ D. $\dfrac{1}{2}[g^2(b) - g^2(a)]$

11. 已知 $\displaystyle\int_0^x f(t^2) \mathrm{d}t = x^3$，则 $\displaystyle\int_0^1 f(x) \mathrm{d}x = ($ $)$.

  A. 0 B. 1 C. $\dfrac{1}{2}$ D. $\dfrac{3}{2}$

12. 设 $f(x) = \begin{cases} 0, & x < 0 \\ \lambda \mathrm{e}^{-\lambda x}, & x \geqslant 0 \end{cases}$ $(\lambda > 0)$，则 $\displaystyle\int_{-\infty}^{+\infty} f(x) \mathrm{d}x = ($ $)$.

  A. 1 B. 2 C. -1 D. 发散

三、计算题

1. 求下列不定积分.

(1) $\displaystyle\int x(x^2 - 1)^{10} \mathrm{d}x$；   (2) $\displaystyle\int \dfrac{\sin\dfrac{2}{x}}{x^2} \mathrm{d}x$；

(3) $\displaystyle\int \dfrac{x+1}{x^2+1} \mathrm{d}x$；   (4) $\displaystyle\int \dfrac{1}{x^2-1} \mathrm{d}x$；

(5) $\displaystyle\int \sin 2x \cos x \mathrm{d}x$；   (6) $\displaystyle\int x \tan^2 x \mathrm{d}x$；

(7) $\displaystyle\int \dfrac{x}{\sqrt{x+1}} \mathrm{d}x$；   (8) $\displaystyle\int \dfrac{\mathrm{e}^{2x}}{\sqrt{\mathrm{e}^x+1}} \mathrm{d}x$；

(9) $\displaystyle\int x \ln(2x) \mathrm{d}x$；   (10) $\displaystyle\int \sin(\ln x) \mathrm{d}x$；

(11) $\displaystyle\int \dfrac{\ln(\arctan x)}{1+x^2} \mathrm{d}x$；   (12) $\displaystyle\int \ln(x^2+1) \mathrm{d}x$.

2. 求下列定积分.

(1) $\displaystyle\int_1^{\mathrm{e}} \dfrac{1}{x(2x+1)} \mathrm{d}x$；   (2) $\displaystyle\int_{\frac{\pi}{6}}^{\frac{\pi}{3}} \dfrac{\cos 2x}{\cos^2 x \sin^2 x} \mathrm{d}x$；

(3) $\displaystyle\int_0^{\frac{\pi}{2}} \cos^3 x \sin 2x \mathrm{d}x$；   (4) $\displaystyle\int_0^{\pi} \sqrt{\sin x - \sin^3 x} \mathrm{d}x$；

(5) $\displaystyle\int_0^1 x^2 \sqrt{1-x^2} \mathrm{d}x$；   (6) $\displaystyle\int_0^1 \dfrac{x + \arctan x}{1+x^2} \mathrm{d}x$.

四、应用题

1. 求由下列曲线所围成的平面图形的面积.

(1) $y = x, y = x^2$;

(2) $y = x^3, y = \sqrt{x}$;

(3) $y = \ln x, x = 0, y = \ln a, y = \ln b \quad (b > a > 0)$;

(4) $y = \dfrac{1}{x}, y = x, y = 2$;

(5) $y = 3 - x^2, y = 2x$;

(6) $y = x^2, y = 2x - x^2$.

2. 求下列已知曲线所围成的图形绕指定的旋转轴产生的旋转体的体积.

(1) $y = x, x = 1$ 及 $y = 0$ ，绕 x 轴；

(2) $y = e^x, x = 0, x = 1$ 及 $y = 0$ ，绕 x 轴；

(3) $y = \sqrt{x}, x = 4$ 及 $y = 0$ ，绕 x 轴；

(4) $y = x^3, y = 1$ 及 $x = 0$ ，绕 y 轴；

(5) $y = x^2, x = y^2$ ，绕 y 轴.

3. (1) 某产品的边际成本为 $C'(q) = q^{-\frac{1}{2}} + \dfrac{1}{2000}$ ，边际收入为 $R'(q) = 100 - 0.01q$ ，已知固定成本为 $c_0 = 10 (元)$ ，求总成本函数及总收入函数.

(2) 已知某产品的边际收入为 $R'(q) = 18 - 0.5q$ ，且当 $q = 0$ 时 $R = 0$ ，求总收入函数.

4. 已知某产品总产量的变化率(单位：单位/天)为 $\dfrac{d\theta}{dt} = 40 + 12t - \dfrac{3}{2}t^2$ ，求从第 2 天到第 10 天产品的总产量的增量.

5. 求广义积分 $\displaystyle\int_{-\infty}^{0} xe^x dx$.

　拓展阅读——数学家欧拉的故事　→

第 6 章　行列式与矩阵

【知识目标】

- 了解行列式的定义，掌握二阶、三阶、n 阶行列式的计算方法.
- 了解余子式、代数余子式的概念.
- 理解矩阵的概念，掌握矩阵的运算法则.
- 理解逆矩阵的概念和其存在的充分必要条件，会用定义方法和初等变换方法求逆矩阵.
- 掌握矩阵的秩.

【能力目标】

- 会计算二阶、三阶、n 阶行列式.
- 会求矩阵的秩.
- 掌握用克莱姆法则解线性方程组.
- 掌握图解法解线性规划问题.

案例：人口流动问题

某城市共有 30 万人从事工、农、商工作，假定这个人口总数在若干年内保持不变. 根据社会调查，在这 30 万就业人员中，目前约有 15 万人从事工业，9 万人从事农业，6 万人经商；在务工人员中，每年约有 20%转为务农，10%转为经商；在务农人员中，每年约有 20%转为务工，10%转为经商；在经商人员中，每年约有 15%转为务工，10%转为务农. 现欲预测一两年后从事各个行业的人数，以及经过多年之后，从事各个行业的人口流动的发展趋势.

要完成预测人口流动问题，或预测若干年后污染水平与工业发展水平之间的关系问题，需要先学习本章的行列式与矩阵知识.

行列式与矩阵是线性代数中的重要研究对象，它们是重要的数学工具. 不但在数学的各个领域中有广泛应用，还在经济领域、工程技术、计算机等诸多领域都有广泛应用. 本章将介绍行列式与矩阵的概念、性质及其计算方法.

6.1 行列式的概念

6.1.1 二阶行列式

在初等代数中，用加减消元法求解二元一次方程组

$$\left.\begin{matrix} a_{11}x_1 + a_{12}x_2 = b_1 \\ a_{21}x_1 + a_{22}x_2 = b_2 \end{matrix}\right\} \tag{6.1}$$

其中，$a_{11}, a_{12}, a_{21}, a_{22}, b_1, b_2$ 为常数，x_1, x_2 是未知量.

若 $a_{11}a_{22} - a_{12}a_{21} \neq 0$，利用消元法，方程组(6.1)的解为

$$\begin{cases} (a_{11}a_{22} - a_{12}a_{21})x_1 = b_1a_{22} - b_2a_{12} \\ (a_{11}a_{22} - a_{12}a_{21})x_2 = a_{11}b_2 - a_{21}b_1 \end{cases}$$

即 $\quad x_1 = \dfrac{b_1a_{22} - b_2a_{12}}{a_{11}a_{22} - a_{12}a_{21}}, \quad x_2 = \dfrac{a_{11}b_2 - a_{21}b_1}{a_{11}a_{22} - a_{12}a_{21}}.$

为了便于表示，我们引进二阶行列式的概念.

定义 6.1 由 2^2 个数组成记号 $\begin{vmatrix} a_{11} & a_{12} \\ a_{21} & a_{22} \end{vmatrix}$ 表示数值 $a_{11}a_{22} - a_{12}a_{21}$，称它为**二阶行列式**，用 D 来表示，即

$$D = \begin{vmatrix} a_{11} & a_{12} \\ a_{21} & a_{22} \end{vmatrix} = a_{11}a_{22} - a_{12}a_{21}$$

其中，$a_{ij}(i = 1,2; j = 1,2)$ 称为这个二阶行列式的**元素**，横排称为**行**，竖排称为**列**，a_{ij} 的第一个下标 i 表示它位于第 i 行，第二个下标 j 表示它位于第 j 列. 从左上角到右下角的对角线称为行列式的**主对角线**，从右上角到左下角的对角线称为行列式的**次对角线**. 二阶行列式的值等于对角线上两元素乘积的代数和，其中实线连接的两个元素的乘积为正，虚线连接的两个元素的乘积为负.

$$\begin{vmatrix} a_{11} & a_{12} \\ a_{21} & a_{22} \end{vmatrix}$$

这样，利用二阶行列式的概念，方程组式(6.1)的解可以简化. 记作

$$D = \begin{vmatrix} a_{11} & a_{12} \\ a_{21} & a_{22} \end{vmatrix} = a_{11}a_{22} - a_{12}a_{21}, \quad 称为系数行列式.$$

记作 $D_1 = \begin{vmatrix} b_1 & a_{12} \\ b_2 & a_{22} \end{vmatrix} = b_1a_{22} - b_2a_{12}, \quad D_2 = \begin{vmatrix} a_{11} & b_1 \\ a_{21} & b_2 \end{vmatrix} = a_{11}b_2 - a_{21}b_1.$

于是，方程组式(6.1)的解表示为 $\quad x_1 = \dfrac{D_1}{D}, \quad x_2 = \dfrac{D_2}{D}.$

例 1 解线性方程组 $\begin{cases} 3x_1 + 2x_2 = 5 \\ x_1 - 4x_2 = -3 \end{cases}$

解： 由于 $D = \begin{vmatrix} 3 & 2 \\ 1 & -4 \end{vmatrix} = 3 \times (-4) - 2 \times 1 = -14 \neq 0.$

$$D_1 = \begin{vmatrix} 5 & 2 \\ -3 & -4 \end{vmatrix} = 5 \times (-4) - 2 \times (-3) = -14.$$

$$D_2 = \begin{vmatrix} 3 & 5 \\ 1 & -3 \end{vmatrix} = 3 \times (-3) - 5 \times 1 = -14.$$

所以，$x_1 = \dfrac{D_1}{D} = 1, x_2 = \dfrac{D_2}{D} = 1.$

类似地，讨论含有三个未知数的线性方程组的求解问题，可引入三阶行列式.

6.1.2　三阶行列式

定义 6.2　由 3^2 个数组成的记号 $\begin{vmatrix} a_{11} & a_{12} & a_{13} \\ a_{21} & a_{22} & a_{23} \\ a_{31} & a_{32} & a_{33} \end{vmatrix}$ 表示数值.

$a_{11}a_{22}a_{33} + a_{12}a_{23}a_{31} + a_{13}a_{21}a_{32} - a_{13}a_{22}a_{31} - a_{12}a_{21}a_{33} - a_{11}a_{23}a_{32}$ 称为三阶行列式，即

$$D = \begin{vmatrix} a_{11} & a_{12} & a_{13} \\ a_{21} & a_{22} & a_{23} \\ a_{31} & a_{32} & a_{33} \end{vmatrix} = a_{11}a_{22}a_{33} + a_{12}a_{23}a_{31} + a_{13}a_{21}a_{32} - a_{13}a_{22}a_{31} - a_{12}a_{21}a_{33} - a_{11}a_{23}a_{32}$$

三阶行列式由 3^2 个元素以三行三列组成，它表示 $3! = 6$ 项的代数和，其中正负项各半，每一项都是取不同行不同列的三个元素的乘积. 如图 6-1 所示，实连线的三个元素之积带正号，虚连线的三个元素之积带负号.

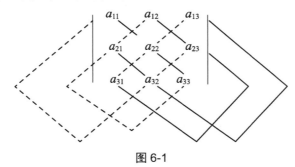

图 6-1

例 2　计算三阶行列式 $\begin{vmatrix} 1 & 3 & 2 \\ 2 & -5 & -3 \\ -1 & 0 & 4 \end{vmatrix}$ 的值.

解： $\begin{vmatrix} 1 & 3 & 2 \\ 2 & -5 & -3 \\ -1 & 0 & 4 \end{vmatrix} = 1 \times (-5) \times 4 + 2 \times 0 \times 2 + (-1) \times (-3) \times 3 -$

$$2 \times (-5) \times (-1) - 3 \times 2 \times 4 - 1 \times 0 \times (-3) = -45$$

利用三阶行列式的概念，当三元一次方程组的系数行列式 $D \neq 0$ 时，其解也可以表

示为

$$x_1 = \frac{D_1}{D}, \quad x_2 = \frac{D_2}{D}, \quad x_3 = \frac{D_3}{D} \tag{6.2}$$

例 3 利用三阶行列式解三元一次方程组

$$\begin{cases} 2x_1 - x_2 + x_3 = -1 \\ 3x_1 + 2x_2 + 5x_3 = 2 \\ x_1 + 3x_2 - 2x_3 = 9 \end{cases}$$

解: 该方程组的系数行列式为

$$D = \begin{vmatrix} 2 & -1 & 1 \\ 3 & 2 & 5 \\ 1 & 3 & -2 \end{vmatrix} = -42$$

又 $D_1 = \begin{vmatrix} -1 & -1 & 1 \\ 2 & 2 & 5 \\ 9 & 3 & -2 \end{vmatrix} = -42$, $D_2 = \begin{vmatrix} 2 & -1 & 1 \\ 3 & 2 & 5 \\ 1 & 9 & -2 \end{vmatrix} = -84$, $D_3 = \begin{vmatrix} 2 & -1 & -1 \\ 3 & 2 & 2 \\ 1 & 3 & 9 \end{vmatrix} = 42$

由公式(6.2)可得方程组的解为

$$x_1 = \frac{D_1}{D} = 1 \,; \quad x_2 = \frac{D_2}{D} = 2 \,; \quad x_3 = \frac{D_3}{D} = -1 \,.$$

6.1.3　n 阶行列式

定义 6.3 由 n^2 个数 $a_{ij}(i, j = 1, 2, \cdots, n)$ 组成的记号

$$D_n = \begin{vmatrix} a_{11} & a_{12} & \cdots & a_{1n} \\ a_{21} & a_{22} & \cdots & a_{2n} \\ \vdots & \vdots & & \vdots \\ a_{n1} & a_{n2} & \cdots & a_{nn} \end{vmatrix}$$

称为 n 阶行列式,它表示一个由确定的运算关系所得的数.

其中,横排称为行,竖排称为列,a_{ij} 称为第 i 行第 j 列的元素,在 n 阶行列式 D_n 中划去 a_{ij} 所在的第 i 行和第 j 列的元素后,剩下的元素按原来相对位置不变所组成的 $(n-1)$ 阶行列式,称为 a_{ij} 的余子式,记作 M_{ij},即

$$M_{ij} = \begin{vmatrix} a_{11} & \cdots & a_{1,j-1} & a_{1,j+1} & \cdots & a_{1n} \\ \vdots & & \vdots & \vdots & & \vdots \\ a_{i-1,1} & \cdots & a_{i-1,j-1} & a_{i-1,j+1} & \cdots & a_{i-1,n} \\ a_{i+1,1} & \cdots & a_{i+1,j-1} & a_{i+1,j+1} & \cdots & a_{i+1,n} \\ \vdots & & \vdots & \vdots & & \vdots \\ a_{n1} & \cdots & a_{n,j-1} & a_{n,j+1} & \cdots & a_{nn} \end{vmatrix}$$

在 M_{ij} 的前面冠以符号 $(-1)^{i+j}$ 后称为 a_{ij} 的代数余子式,记作 A_{ij},即

$$A_{ij} = (-1)^{i+j} M_{ij}$$

n 阶行列式的值规定如下.

(1) $n = 1$ 时,$D = |a_{11}| = a_{11}$.

(2) $n \geqslant 2$ 时，$D = a_{11}A_{11} + a_{12}A_{12} + \cdots + a_{1n}A_{1n}$.

此式称为 n 阶行列式按第一行元素的展开式.

事实上，可以证明：

定理 6.1 n 阶行列式 D 等于它的任意一行(列)元素与它们各自代数余子式乘积的代数和.

即

$$D = a_{i1}A_{i1} + a_{i2}A_{i2} + \cdots + a_{in}A_{in} = \sum_{j=1}^{n} a_{ij}A_{ij}$$

例 4 已知 $D = \begin{vmatrix} 1 & 3 & 2 \\ 2 & -7 & -3 \\ 1 & 0 & -1 \end{vmatrix}$，求 M_{23}, A_{22}, A_{23} 的值.

解： $M_{23} = \begin{vmatrix} 1 & 3 \\ 1 & 0 \end{vmatrix} = -3$. $\qquad A_{22} = (-1)^{2+2}\begin{vmatrix} 1 & 2 \\ 1 & -1 \end{vmatrix} = -3$.

$A_{23} = (-1)^{2+3}M_{23} = (-1)^{2+3}\begin{vmatrix} 1 & 3 \\ 1 & 0 \end{vmatrix} = -3$.

例 5 计算四阶行列式 $D = \begin{vmatrix} 1 & 2 & -2 & 0 \\ 3 & 0 & -1 & 1 \\ 5 & -1 & 2 & 0 \\ 2 & 3 & 1 & 1 \end{vmatrix}$ 的值.

解： 按定义有

$$D = 1 \times (-1)^{2+4}\begin{vmatrix} 1 & 2 & -2 \\ 5 & -1 & 2 \\ 2 & 3 & 1 \end{vmatrix} + 1 \times (-1)^{4+4}\begin{vmatrix} 1 & 2 & -2 \\ 3 & 0 & -1 \\ 5 & -1 & 2 \end{vmatrix}$$

$$= 1 \times (-43) + 1 \times (-17) = -60.$$

例 6 计算行列式 $D = \begin{vmatrix} a_{11} & 0 & \cdots & 0 \\ a_{21} & a_{22} & \cdots & 0 \\ \vdots & \vdots & \vdots & \vdots \\ a_{n1} & a_{n2} & \cdots & a_{nn} \end{vmatrix}$ 的值.

解： 根据定义，有

$$D = (-1)^{1+1}a_{11}\begin{vmatrix} a_{22} & 0 & \cdots & 0 \\ a_{32} & a_{33} & \cdots & 0 \\ \vdots & \vdots & \vdots & \vdots \\ a_{n2} & a_{n3} & \cdots & a_{nn} \end{vmatrix}$$

$$= a_{11}a_{22}\begin{vmatrix} a_{33} & 0 & \cdots & 0 \\ a_{43} & a_{44} & \cdots & 0 \\ \vdots & \vdots & \vdots & \vdots \\ a_{n3} & a_{n4} & \cdots & a_{nn} \end{vmatrix} = \cdots = a_{11}a_{22}\cdots a_{nn}.$$

习题 6.1

1. 计算行列式.

(1) $\begin{vmatrix} p & q \\ p^2 & q^2 \end{vmatrix}$;

(2) $\begin{vmatrix} 1 & 2 & 3 \\ 2 & 2 & 1 \\ 3 & 3 & 2 \end{vmatrix}$;

(3) $\begin{vmatrix} 1 & 1 & 1 \\ a & b & c \\ a^2 & b^2 & c^2 \end{vmatrix}$;

(4) $\begin{vmatrix} 1 & 2 & 3 & 4 \\ 0 & 2 & 3 & 4 \\ 0 & 0 & 3 & 4 \\ 0 & 0 & 0 & 4 \end{vmatrix}$;

(5) $\begin{vmatrix} 0 & 1 & 0 & \cdots & 0 \\ 0 & 0 & 2 & \cdots & 0 \\ \vdots & \vdots & \vdots & \vdots & \vdots \\ 0 & 0 & 0 & \cdots & n-1 \\ n & 0 & 0 & \cdots & 0 \end{vmatrix}$.

2. 求四阶行列式.

$D = \begin{vmatrix} 2 & 3 & 6 & 0 \\ 2 & 1 & -2 & 2 \\ 0 & 0 & 9 & 2 \\ 1 & 0 & 3 & 5 \end{vmatrix}$ 中元素 a_{22}, a_{43} 的余子式和代数余子式.

3. 用行列式解方程.

(1) $\begin{vmatrix} x & 1 & x \\ -1 & x & 1 \\ x & -1 & x \end{vmatrix} = 8$;

(2) $\begin{vmatrix} x-1 & -2 & -3 \\ -2 & x-1 & -3 \\ -3 & -3 & x-6 \end{vmatrix} = 0$.

6.2 行列式的性质与计算

6.2.1 行列式的性质

当 n 很大时,直接从定义计算行列式的值,计算量很大. 因此有必要讨论行列式的性质,进而简化行列式的计算.

定义 6.4 将行列式 D 的行与列互换后得到的行列式,称为 D 的**转置行列式**,记作 D^{T}.

行列式的性质
与计算

$$D = \begin{vmatrix} a_{11} & a_{12} & \cdots & a_{1n} \\ a_{21} & a_{22} & \cdots & a_{2n} \\ \vdots & \vdots & \vdots & \vdots \\ a_{n1} & a_{n2} & \cdots & a_{nn} \end{vmatrix}, \quad 那么 \; D^{\mathrm{T}} = \begin{vmatrix} a_{11} & a_{21} & \cdots & a_{n1} \\ a_{12} & a_{22} & \cdots & a_{n2} \\ \vdots & \vdots & \vdots & \vdots \\ a_{1n} & a_{2n} & \cdots & a_{nn} \end{vmatrix}.$$

性质 1 行列式与其转置行列式的值相等,即 $D^{\mathrm{T}} = D$.

此性质说明行列式对行成立的性质对列也成立,反之亦然.

例如, $D = \begin{vmatrix} a & b \\ c & d \end{vmatrix} = ad - bc$, $D^{\mathrm{T}} = \begin{vmatrix} a & c \\ b & d \end{vmatrix} = ad - bc$.

性质 2 交换行列式的两行(或两列)，行列式的值变号，即

$$\begin{vmatrix} a_{11} & a_{12} & \cdots & a_{1n} \\ \vdots & \vdots & \vdots & \vdots \\ a_{r1} & a_{r2} & \cdots & a_{rn} \\ \vdots & \vdots & \vdots & \vdots \\ a_{s1} & a_{s2} & \cdots & a_{sn} \\ \vdots & \vdots & \vdots & \vdots \\ a_{n1} & a_{n2} & \cdots & a_{nn} \end{vmatrix} = - \begin{vmatrix} a_{11} & a_{12} & \cdots & a_{1n} \\ \vdots & \vdots & \vdots & \vdots \\ a_{s1} & a_{s2} & \cdots & a_{sn} \\ \vdots & \vdots & \vdots & \vdots \\ a_{r1} & a_{r2} & \cdots & a_{rn} \\ \vdots & \vdots & \vdots & \vdots \\ a_{n1} & a_{n2} & \cdots & a_{nn} \end{vmatrix}$$

推论 如果一个行列式的两行(或两列)的对应元素相同，那么这个行列式等于 0.

例如，$D = \begin{vmatrix} 1 & 2 & 3 \\ 4 & 5 & 6 \\ 1 & 2 & 3 \end{vmatrix} = 0$，因为第一行和第三行的对应元素相同.

性质 3 行列式任意一行(或一列)的元素与另一行(或一列)对应元素的代数余子式乘积之和等于 0. 即

$$a_{r1}\boldsymbol{A}_{s1} + a_{r2}\boldsymbol{A}_{s2} + \cdots + a_{rn}\boldsymbol{A}_{sn} = 0 \quad (r \neq s)$$

或

$$a_{1r}\boldsymbol{A}_{1s} + a_{2r}\boldsymbol{A}_{2s} + \cdots + a_{nr}\boldsymbol{A}_{ns} = 0 \quad (r \neq s)$$

性质 4 行列式的某一行(或某一列)中所有元素都乘以同一个数，等于将该数提到行列式外相乘，即

$$\begin{vmatrix} a_{11} & a_{12} & \cdots & a_{1n} \\ \vdots & \vdots & & \vdots \\ ka_{i1} & ka_{i2} & \cdots & ka_{in} \\ \vdots & \vdots & & \vdots \\ a_{n1} & a_{n2} & \cdots & a_{nn} \end{vmatrix} = k \begin{vmatrix} a_{11} & a_{12} & \cdots & a_{1n} \\ \vdots & & & \cdots \\ a_{i1} & a_{i2} & \cdots & a_{in} \\ \vdots & \vdots & & \vdots \\ a_{n1} & a_{n2} & \cdots & a_{nn} \end{vmatrix}$$

推论 1 如果行列式中某一行(或某一列)的所有元素都是零，那么这个行列式等于 0.

推论 2 如果行列式中有两行(或两列)的对应元素成比例，那么这个行列式等于 0.

性质 5 如果行列式的某一行(或某一列)的元素都是两个数的和，那么这个行列式等于相应的两个行列式的和，即

$$\begin{vmatrix} a_{11} & a_{12} & \cdots & a_{1n} \\ \cdots & \cdots & \cdots & \cdots \\ a_{i1}+a'_{i1} & a_{i2}+a'_{i2} & \cdots & a_{in}+a'_{in} \\ \cdots & \cdots & \cdots & \cdots \\ a_{n1} & a_{n2} & \cdots & a_{nn} \end{vmatrix} = \begin{vmatrix} a_{11} & a_{12} & \cdots & a_{1n} \\ \cdots & \cdots & \cdots & \cdots \\ a_{i1} & a_{i2} & \cdots & a_{in} \\ \cdots & \cdots & \cdots & \cdots \\ a_{n1} & a_{n2} & \cdots & a_{nn} \end{vmatrix} + \begin{vmatrix} a_{11} & a_{12} & \cdots & a_{1n} \\ \cdots & \cdots & \cdots & \cdots \\ a'_{i1} & a'_{i2} & \cdots & a'_{in} \\ \cdots & \cdots & \cdots & \cdots \\ a_{n1} & a_{n2} & \cdots & a_{nn} \end{vmatrix}$$

性质 6 把行列式的某一行(或某一列)的所有元素都乘以数 k 后，加到另一行(或另一列)的对应元素上去，行列式的值不变，即

$$\begin{vmatrix} a_{11} & a_{12} & \cdots & a_{1n} \\ \cdots & \cdots & \cdots & \cdots \\ a_{r1} & a_{r2} & \cdots & a_{rn} \\ \cdots & \cdots & \cdots & \cdots \\ a_{s1} & a_{s2} & \cdots & a_{sn} \\ \cdots & \cdots & \cdots & \cdots \\ a_{n1} & a_{n2} & \cdots & a_{nn} \end{vmatrix} = \begin{vmatrix} a_{11} & a_{12} & \cdots & a_{1n} \\ \cdots & \cdots & \cdots & \cdots \\ a_{r1}+ka_{s1} & a_{r2}+ka_{s2} & \cdots & a_{rn}+ka_{sn} \\ \cdots & \cdots & \cdots & \cdots \\ a_{s1} & a_{s2} & \cdots & a_{sn} \\ \cdots & \cdots & \cdots & \cdots \\ a_{n1} & a_{n2} & \cdots & a_{nn} \end{vmatrix}$$

6.2.2　行列式的计算

行列式计算的方法不唯一，①可以利用定义，选择零元素较多的行(或列)展开；②也可以利用性质 6 把行列式化为上(下)三角行列式，从而得到行列式的值等于主对角线上元素的乘积；③还可以利用性质把高阶行列式化为低阶行列式(二阶或三阶)计算.

在以后的计算中，为简明起见，我们引进以下记号.

用 r_i 表示行变换，用 C_j 表示列变换，写在等号上面表示行变换，写在等号下面表示列变换，如用 $\underline{\underline{r_1 \leftrightarrow r_3}}$ 表示第一行和第三行交换位置；$\underline{\underline{r_2+r_3}}$ 表示把第三行加到第二行；用 $\overline{\overline{C_2+3C_1}}$ 表示用 3 乘以第一列然后加到第二列.

例 1　计算四阶行列式 $\begin{vmatrix} 0 & -1 & -1 & 3 \\ -1 & 0 & 2 & 1 \\ 2 & -1 & 3 & 0 \\ 1 & -1 & 0 & 2 \end{vmatrix}$ 的值.

解：$D = \begin{vmatrix} 0 & -1 & -1 & 3 \\ -1 & 0 & 2 & 1 \\ 2 & -1 & 3 & 0 \\ 1 & -1 & 0 & 2 \end{vmatrix} \xlongequal{r_1 \leftrightarrow r_4} - \begin{vmatrix} 1 & -1 & 0 & 2 \\ -1 & 0 & 2 & 1 \\ 2 & -1 & 3 & 0 \\ 0 & -1 & -1 & 3 \end{vmatrix}$

$\xlongequal[r_3-2\times r_1]{r_2+r_1} - \begin{vmatrix} 1 & -1 & 0 & 2 \\ 0 & -1 & 2 & 3 \\ 0 & 1 & 3 & -4 \\ 0 & -1 & -1 & 3 \end{vmatrix} \xlongequal{r_2 \leftrightarrow r_3} \begin{vmatrix} 1 & -1 & 0 & 2 \\ 0 & 1 & 3 & -4 \\ 0 & -1 & 2 & 3 \\ 0 & -1 & -1 & 3 \end{vmatrix}$

$\xlongequal[r_4+r_2]{r_3+r_2} \begin{vmatrix} 1 & -1 & 0 & 2 \\ 0 & 1 & 3 & -4 \\ 0 & 0 & 5 & -1 \\ 0 & 0 & 2 & -1 \end{vmatrix} \xlongequal{r_4-\frac{2}{5}r_3} \begin{vmatrix} 1 & -1 & 0 & 2 \\ 0 & 1 & 3 & -4 \\ 0 & 0 & 5 & -1 \\ 0 & 0 & 0 & -\frac{3}{5} \end{vmatrix} = 1 \times 1 \times 5 \times \left(-\frac{3}{5} \right) = -3.$

例 2　计算四阶行列式 $\begin{vmatrix} 1 & -1 & 1 & 1 \\ -1 & 0 & 2 & 1 \\ 2 & 1 & 1 & 0 \\ 0 & 0 & -1 & 2 \end{vmatrix}$ 的值.

解：$\begin{vmatrix} 1 & -1 & 1 & 1 \\ -1 & 0 & 2 & 1 \\ 2 & 1 & 1 & 0 \\ 0 & 0 & -1 & 2 \end{vmatrix} \xRightarrow{r_3 + r_1} \begin{vmatrix} 1 & -1 & 1 & 1 \\ -1 & 0 & 2 & 1 \\ 3 & 0 & 2 & 1 \\ 0 & 0 & -1 & 2 \end{vmatrix} = -(-1)^{1+2} \begin{vmatrix} -1 & 2 & 1 \\ 3 & 2 & 1 \\ 0 & -1 & 2 \end{vmatrix}$

$$\xRightarrow{r_2 + 3 \times r_1} \begin{vmatrix} -1 & 2 & 1 \\ 0 & 8 & 4 \\ 0 & -1 & 2 \end{vmatrix} = - \begin{vmatrix} 8 & 4 \\ -1 & 2 \end{vmatrix} = -20.$$

例 3　计算 n 阶行列式 $D = \begin{vmatrix} 0 & 1 & 1 & \cdots & 1 \\ 1 & 0 & 1 & \cdots & 1 \\ 1 & 1 & 0 & \cdots & 1 \\ \cdots & \cdots & \cdots & \cdots & \cdots \\ 1 & 1 & 1 & \cdots & 0 \end{vmatrix}$ 的值.

解：把第二，第三，$\cdots\cdots$，第 n 行都加到第一行上，则

$$D = \begin{vmatrix} 0 & 1 & 1 & \cdots & 1 \\ 1 & 0 & 1 & \cdots & 1 \\ 1 & 1 & 0 & \cdots & 1 \\ \cdots & \cdots & \cdots & \cdots & \cdots \\ 1 & 1 & 1 & \cdots & 0 \end{vmatrix} = (n-1) \begin{vmatrix} 1 & 1 & 1 & \cdots & 1 \\ 1 & 0 & 1 & \cdots & 1 \\ 1 & 1 & 0 & \cdots & 1 \\ \cdots & \cdots & \cdots & \cdots & \cdots \\ 1 & 1 & 1 & \cdots & 0 \end{vmatrix}.$$

再将第一行乘以 (-1) 加到其余各行上，得

$$D = (n-1) \begin{vmatrix} 1 & 1 & 1 & \cdots & 1 \\ 0 & -1 & 0 & \cdots & 0 \\ 0 & 0 & -1 & \cdots & 0 \\ \cdots & \cdots & \cdots & \cdots & \cdots \\ 0 & 0 & 0 & \cdots & -1 \end{vmatrix} = (-1)^{n-1}(n-1).$$

例 4　求证：$\begin{vmatrix} y+z & z+x & x+y \\ x+y & y+z & z+x \\ z+x & x+y & y+z \end{vmatrix} = 2 \times \begin{vmatrix} x & y & z \\ z & x & y \\ y & z & x \end{vmatrix}.$

证明：由性质 4 及性质 6，得

$$左式 = \begin{vmatrix} y+z & z+x & x+y \\ x+y & y+z & z+x \\ z+x & x+y & y+z \end{vmatrix} \xRightarrow[C_3 + C_2]{C_3 + C_1} \begin{vmatrix} y+z & z+x & 2(x+y+z) \\ x+y & y+z & 2(x+y+z) \\ z+x & x+y & 2(x+y+z) \end{vmatrix}$$

$$\xRightarrow{C_3 - 2C_1} 2 \begin{vmatrix} y+z & z+x & x \\ x+y & y+z & z \\ z+x & x+y & y \end{vmatrix} \xRightarrow[C_1 - C_2]{C_2 - C_3} 2 \begin{vmatrix} y & z & x \\ x & y & z \\ z & x & y \end{vmatrix}$$

$$\xRightarrow[C_2 \leftrightarrow C_3]{C_1 \leftrightarrow C_3} 2 \begin{vmatrix} x & y & z \\ z & x & y \\ y & z & x \end{vmatrix} = 右式 = 2 \begin{vmatrix} x & y & z \\ z & x & y \\ y & z & x \end{vmatrix}.$$

习题 6.2

1. 用行列式的性质计算.

(1) $\begin{vmatrix} 0 & -1 & -1 & 3 \\ -1 & 0 & 2 & 1 \\ 2 & -1 & 3 & 0 \\ 1 & -1 & 0 & 2 \end{vmatrix}$;   (2) $\begin{vmatrix} 1 & 1 & 1 & 1 \\ -1 & 1 & 1 & 1 \\ -1 & -1 & 1 & 1 \\ -1 & -1 & -1 & 1 \end{vmatrix}$;

(3) $\begin{vmatrix} x & y & x+y \\ y & x+y & x \\ x+y & x & y \end{vmatrix}$;   (4) $\begin{vmatrix} 1+x & 1 & 1 & 1 \\ 1 & 1-x & 1 & 1 \\ 1 & 1 & 1+y & 1 \\ 1 & 1 & 1 & 1-y \end{vmatrix}$.

2. 证明.

(1) $\begin{vmatrix} a_1 & b_1 & a_1x+b_1y+c_1 \\ a_2 & b_2 & a_2x+b_2y+c_2 \\ a_3 & b_3 & a_3x+b_3y+c_3 \end{vmatrix} = \begin{vmatrix} a_1 & b_1 & c_1 \\ a_2 & b_2 & c_2 \\ a_3 & b_3 & c_3 \end{vmatrix}$;

(2) $\begin{vmatrix} 1 & 1 & 1 \\ a & b & c \\ a^3 & b^3 & c^3 \end{vmatrix} = (a+b+c)\begin{vmatrix} 1 & 1 & 1 \\ a & b & c \\ a^2 & b^2 & c^2 \end{vmatrix}$.

6.3 克莱姆法则和齐次线性方程组

6.3.1 克莱姆法则

前面已推导出含有两个和三个未知数的线性方程组可以用行列式求解.

例如，对于三元线性方程组

$$\left.\begin{array}{l} a_{11}x_1 + a_{12}x_2 + a_{13}x_3 = b_1 \\ a_{21}x_1 + a_{22}x_2 + a_{23}x_3 = b_2 \\ a_{31}x_1 + a_{32}x_2 + a_{33}x_3 = b_3 \end{array}\right\} \tag{6.3}$$

当其系数行列式 $D \neq 0$ 时，它有唯一解：

$$x_1 = \frac{D_1}{D}, \quad x_2 = \frac{D_2}{D}, \quad x_3 = \frac{D_3}{D}$$

其中，$D = \begin{vmatrix} a_{11} & a_{12} & a_{13} \\ a_{21} & a_{22} & a_{23} \\ a_{31} & a_{32} & a_{33} \end{vmatrix}$; $D_1 = \begin{vmatrix} b_1 & a_{12} & a_{13} \\ b_2 & a_{22} & a_{23} \\ b_3 & a_{32} & a_{33} \end{vmatrix}$;

$D_2 = \begin{vmatrix} a_{11} & b_1 & a_{13} \\ a_{21} & b_2 & a_{23} \\ a_{31} & b_3 & a_{33} \end{vmatrix}$; $D_3 = \begin{vmatrix} a_{11} & a_{12} & b_1 \\ a_{21} & a_{22} & b_2 \\ a_{31} & a_{32} & b_3 \end{vmatrix}$.

克莱姆法则

现在讨论 n 个未知数 n 个方程的线性方程组的求解法则，这个法则称为**克莱姆法则**.

设含有 n 个未知数 $x_1, x_2, \cdots, x_n$ 的 n 个线性方程的方程组为：

$$\left.\begin{array}{l} a_{11}x_1 + a_{12}x_2 + \cdots + a_{1n}x_n = b_1 \\ a_{21}x_1 + a_{22}x_2 + \cdots + a_{2n}x_n = b_2 \\ \cdots \quad \cdots \quad \cdots \quad \cdots \quad \cdots \\ a_{n1}x_1 + a_{n2}x_2 + \cdots + a_{nn}x_n = b_n \end{array}\right\} \tag{6.4}$$

它的系数 $a_{ij}(i, j = 1, 2, \cdots, n)$ 构成的行列式 $D = \begin{vmatrix} a_{11} & a_{12} & \cdots & a_{1n} \\ a_{21} & a_{22} & \cdots & a_{2n} \\ \vdots & \vdots & \vdots & \vdots \\ a_{n1} & a_{n2} & \cdots & a_{nn} \end{vmatrix}$ 称为线性方程组(6.4)

的系数行列式.

定理 6.2 (克莱姆法则)如果线性方程组(6.4)的系数行列式 $D \neq 0$，则线性方程组(6.4)有唯一解.

$$x_1 = \frac{D_1}{D}, \quad x_2 = \frac{D_2}{D}, \quad \cdots, \quad x_n = \frac{D_n}{D}$$

其中，$D_j(j = 1, 2, \cdots, n)$ 是将系数行列式 D 中第 j 列元素对应地换成方程组的常数项 $b_1, b_2, \cdots, b_n$ 形成的行列式. 即

$$D_j = \begin{vmatrix} a_{11} & \cdots & a_{1,j-1} & b_1 & a_{1,j+1} & \cdots & a_{1n} \\ a_{21} & \cdots & a_{2,j-1} & b_2 & a_{2,j+1} & \cdots & a_{2n} \\ \vdots & \vdots & \vdots & \vdots & \vdots & \vdots & \vdots \\ a_{n1} & \cdots & a_{n,j-1} & b_n & a_{n,j+1} & \cdots & a_{nn} \end{vmatrix} \quad (j = 1, 2, \cdots, n)$$

注 应用克莱姆法则必须要满足以下两个条件.

① 方程的个数与未知数的个数相等.

② 方程组的系数行列式 $D \neq 0$.

例 1 求解线性方程组 $\begin{cases} x_1 - x_2 + x_3 - 2x_4 = 2 \\ 2x_1 \quad\quad - x_3 + 4x_4 = 4 \\ 3x_1 + 2x_2 + x_3 \quad\quad = -1 \\ -x_1 + 2x_2 - x_3 + 2x_4 = -4 \end{cases}$.

解： 因为系数行列式

$$D = \begin{vmatrix} 1 & -1 & 1 & -2 \\ 2 & 0 & -1 & 4 \\ 3 & 2 & 1 & 0 \\ -1 & 2 & -1 & 2 \end{vmatrix} = -2 \neq 0$$

故由克莱姆法则知该线性方程组有唯一解，而

$$D_1 = \begin{vmatrix} 2 & -1 & 1 & -2 \\ 4 & 0 & -1 & 4 \\ -1 & 2 & 1 & 0 \\ -4 & 2 & -1 & 2 \end{vmatrix} = -2 ; \qquad D_2 = \begin{vmatrix} 1 & 2 & 1 & -2 \\ 2 & 4 & -1 & 4 \\ 3 & -1 & 1 & 0 \\ -1 & -4 & -1 & 2 \end{vmatrix} = 4 ;$$

$$D_3 = \begin{vmatrix} 1 & -1 & 2 & -2 \\ 2 & 0 & 4 & 4 \\ 3 & 2 & -1 & 0 \\ -1 & 2 & -4 & 2 \end{vmatrix} = 0 ; \qquad D_4 = \begin{vmatrix} 1 & -1 & 1 & 2 \\ 2 & 0 & -1 & 4 \\ 3 & 2 & 1 & -1 \\ -1 & 2 & -1 & -4 \end{vmatrix} = -1 .$$

所以 $x_1 = \dfrac{D_1}{D} = 1$，$x_2 = \dfrac{D_2}{D} = -2$，$x_3 = \dfrac{D_3}{D} = 0$，$x_4 = \dfrac{D_4}{D} = \dfrac{1}{2}$.

6.3.2 齐次线性方程组

对于方程组式(6.4)，当常数项 $b_1, b_2, \cdots, b_n$ 不全为零时，线性方程组称为**非齐次线性方程组**；当 $b_1 = b_2 = \cdots = b_n = 0$ 时，线性方程组称为**齐次线性方程组**，即

$$\begin{cases} a_{11}x_1 + a_{12}x_2 + \cdots + a_{1n}x_n = 0 \\ a_{21}x_1 + a_{22}x_2 + \cdots + a_{2n}x_n = 0 \\ \cdots \quad\quad \cdots \quad\quad \cdots \quad\quad \cdots \quad\quad \cdots \\ a_{n1}x_1 + a_{n2}x_2 + \cdots + a_{nn}x_n = 0 \end{cases} \tag{6.5}$$

显然齐次线性方程组式(6.5)一定有**零解**。若有一组不全为零的数满足方程组式(6.5)，则称之为方程组的**非零解**.

定理 6.3 如果线性方程组式(6.5)的系数行列式 $D \neq 0$，则方程组式(6.5)仅有零解.

推论 如果齐次线性方程组式(6.5)有非零解，则它的系数行列式 $D = 0$.

注 推论是齐次线性方程组式(6.5)有非零解的必要条件.

例 2 当 λ 为何值时，齐次线性方程组 $\begin{cases} \lambda x_1 + x_2 + x_3 = 0 \\ x_1 + \lambda x_2 + x_3 = 0 \\ x_1 + x_2 + \lambda x_3 = 0 \end{cases}$ 有非零解？

解：若方程组有非零解存在，则系数行列式一定等于零，即

$$D = \begin{vmatrix} \lambda & 1 & 1 \\ 1 & \lambda & 1 \\ 1 & 1 & \lambda \end{vmatrix} = \lambda^3 + 2 - 3\lambda = (\lambda + 2)(\lambda - 1)^2 = 0$$

由推论可知，当 $D = 0$ 时，即 $\lambda = -2$ 或 $\lambda = 1$ 时，方程组有非零解.

习题 6.3

1. 用克莱姆法则解下列方程组.

(1) $\begin{cases} 3x_1 + 2x_2 + 2x_3 = 1 \\ x_1 - x_2 + 2x_3 = 2 \\ 2x_1 + x_2 + x_3 = 3 \end{cases}$; (2) $\begin{cases} x_1 - x_2 + x_3 - 2x_4 = 2 \\ 2x_1 - x_3 + 4x_4 = 4 \\ 3x_1 + 2x_2 + x_3 = -1 \\ -x_1 + 2x_2 - x_3 + 2x_4 = -4 \end{cases}$.

2. 若齐次线性方程组

$$\begin{cases} x_1 - x_2 - x_3 + kx_4 = 0 \\ -x_1 + x_2 + kx_3 - x_4 = 0 \\ -x_1 + kx_2 + x_3 - x_4 = 0 \\ kx_1 - x_2 - x_3 + x_4 = 0 \end{cases}$$

有非零解，求 k 值.

3. 当 λ 取何值时，下列齐次线性方程组

$$\begin{cases} \lambda x_1 + x_2 + x_3 = 0 \\ x_1 + \lambda x_2 + x_3 = 0 \\ x_1 + x_2 + \lambda x_3 = 0 \end{cases}$$

有唯一解？有非零解？

6.4 矩阵的概念与运算

6.4.1 矩阵的概念

矩阵是数学的重要概念之一，它在经济活动、工程技术、企业管理等领域也具有广泛的应用. 在日常生活和工作中，常常需要把问题的数据汇总成矩形数表.

矩阵的概念与运算

引例 1 某商场计划在 2010 年销售甲、乙、丙三种饮料，在不同季度的销售量情况，如表 6-1 所示。

表 6-1 单位：件

饮料品种	销售量			
	第一季度	第二季度	第三季度	第四季度
甲	200	350	410	470
乙	513	612	824	510
丙	692	850	710	690

上述销售情况完全可以由以下矩形数表表示.

$$\begin{bmatrix} 200 & 350 & 410 & 470 \\ 513 & 612 & 824 & 510 \\ 692 & 850 & 710 & 690 \end{bmatrix}$$

表 6-1 描述了不同季度的销售量，商场可以根据季节的变化调整进货策略.

引例 2 线性方程组

$$\begin{cases} a_{11}x_1 + a_{12}x_2 + \cdots + a_{1n}x_n = b_1 \\ a_{21}x_1 + a_{22}x_2 + \cdots + a_{2n}x_n = b_2 \\ \cdots \quad \cdots \quad \cdots \quad \cdots \quad \cdots \\ a_{m1}x_1 + a_{m2}x_2 + \cdots + a_{mn}x_n = b_m \end{cases}$$

的系数按原来的位置构成以下一个数表.

$$
\begin{bmatrix}
a_{11} & a_{12} & \cdots & a_{1n} \\
a_{21} & a_{22} & \cdots & a_{2n} \\
\vdots & \vdots & \vdots & \vdots \\
a_{m1} & a_{m2} & \cdots & a_{mn}
\end{bmatrix}
$$

我们把上述具有行和列的数表称为矩阵.

1. 矩阵的概念

定义 6.5 由 $m \times n$ 个数排成的一个 m 行，n 列的矩形数表，称为 m **行** n **列矩阵**，简称 $m \times n$ **矩阵**。矩阵用大写拉丁字母 $A, B, C \cdots$ 表示. 如：

$$
A = \begin{bmatrix}
a_{11} & a_{12} & \cdots & a_{1n} \\
a_{21} & a_{22} & \cdots & a_{2n} \\
\cdots & \cdots & \cdots & \cdots \\
a_{m1} & a_{m2} & \cdots & a_{mn}
\end{bmatrix}
$$

矩阵 A 中的每一个数 $a_{ij}(i = 1, 2, \cdots, m; j = 1, 2, \cdots, n)$ 称为矩阵 A 的**元素**. 其中 a_{ij} 是第 i 行第 j 列的元素，$m \times n$ 矩阵 A 也可简记为 $A = \left[a_{ij} \right]_{m \times n}$ 或 $A_{m \times n}$.

2. 几种特殊矩阵

(1) 零矩阵：所有元素全为零的矩阵称为**零矩阵**，记作 O 或 $O_{m \times n}$.

(2) 行矩阵：只有一行的矩阵 $A = [a_1, a_2, \cdots, a_n](n > 1)$ 称为**行矩阵**.

(3) 列矩阵：只有一列的矩阵 $B = \begin{pmatrix} b_1 \\ b_2 \\ \vdots \\ b_m \end{pmatrix} (m > 1)$ 称为**列矩阵**.

(4) n 阶方阵：$n \times n$ 矩阵称为 n **阶方阵**或 n **阶矩阵**.

① $A_n = \begin{bmatrix} a_{11} & a_{12} & \cdots & a_{1n} \\ a_{21} & a_{22} & \cdots & a_{2n} \\ \cdots & \cdots & \cdots & \cdots \\ a_{n1} & a_{n2} & \cdots & a_{nn} \end{bmatrix}$ 就是一个 n 阶方阵. $a_{11}, a_{22}, \cdots, a_{nn}$ 称为**主对角线上的元素**.

② 主对角线下方(或上方)元素全为零的矩阵称为 n **阶上(下)三角形矩阵**.

例如：

$$
A = \begin{bmatrix}
a_{11} & a_{12} & \cdots & a_{1n} \\
 & a_{22} & \cdots & a_{2n} \\
 & & \ddots & \\
0 & & & a_{nn}
\end{bmatrix}
\qquad
B = \begin{bmatrix}
a_{11} & & & 0 \\
a_{21} & a_{22} & & \\
 & & \ddots & \\
a_{n1} & a_{n2} & \cdots & a_{nn}
\end{bmatrix}
$$

③ 除了主对角线上的元素以外，其余元素全为零的矩阵称为 n **阶对角矩阵**.

例如：

$$A = \begin{bmatrix} 1 & 0 & 0 & 0 \\ 0 & -3 & 0 & 0 \\ 0 & 0 & 4 & 0 \\ 0 & 0 & 0 & 5 \end{bmatrix}$$

④ 主对角线上的元素全相等的 n 阶对角矩阵称为 **n 阶数量矩阵**.

例如：

$$A = \begin{bmatrix} 5 & 0 & 0 \\ 0 & 5 & 0 \\ 0 & 0 & 5 \end{bmatrix} \qquad B = \begin{bmatrix} 2 & 0 \\ 0 & 2 \end{bmatrix}$$

⑤ 如果 n 阶数量矩阵中的元素全为 1，则称该矩阵为 **n 阶单位矩阵**，记作 I_n，即

$$I_n = \begin{bmatrix} 1 & 0 & \cdots & 0 \\ 0 & 1 & \cdots & 0 \\ \cdots & \cdots & \cdots & \cdots \\ 0 & 0 & \cdots & 1 \end{bmatrix} \quad \text{或} \quad I_n = \begin{bmatrix} 1 & & & 0 \\ & 1 & & \\ & & \ddots & \\ 0 & & & 1 \end{bmatrix}$$

3. 矩阵的相等

定义 6.6 矩阵 $A = (a_{ij})_{m \times n}$，$B = (b_{ij})_{s \times t}$，如果满足：行数和列数分别相同，且对应位置上的元素也相同，则称矩阵 A 与 B 相等，记作 $A = B$.

例如：

$$\begin{bmatrix} 2 & 0 & 0 \\ 0 & 2 & 0 \\ 0 & 0 & 2 \end{bmatrix} \neq \begin{bmatrix} 2 & 0 \\ 0 & 2 \end{bmatrix}, \qquad [1 \quad 1] \neq \begin{bmatrix} 1 \\ 1 \end{bmatrix}$$

例 1 设 $A = \begin{bmatrix} 1 & x & 4 \\ -7 & x+y & 6 \end{bmatrix}$，$B = \begin{bmatrix} a & 2 & c \\ b & 0 & 6 \end{bmatrix}$，如果 $A = B$，求 x, y, a, b, c.

解： 由 $A = B$，$a_{ij} = b_{ij}$，得 $a = 1, x = 2, x+y = 0, c = 4, b = -7$，即
$x = 2, y = -2, a = 1, b = -7, c = 4$.

6.4.2 矩阵的加法

1. 矩阵的加法

定义 6.7 设 $A = (a_{ij})_{m \times n}$，$B = (b_{ij})_{m \times n}$ 都是 $m \times n$ 矩阵，称由 A 与 B 的对应元素相加所得的 $m \times n$ 矩阵 $C = (c_{ij})_{m \times n}$ 为矩阵 A 与 B 的和，记作 $C = A + B$，其中 $c_{ij} = a_{ij} + b_{ij}$ $(i = 1, 2, \cdots, m; j = 1, 2, \cdots, n)$.

由矩阵加法的定义，容易验证矩阵的加法满足以下运算规律.

(1) 交换律：$A + B = B + A$.

(2) 结合律：$A + (B + C) = (A + B) + C$.

(3) 存在零矩阵：对任何矩阵 A，有 $A + O = A$.

(4) 存在负矩阵：对任何矩阵 A，存在矩阵 $-A$，使 $A + (-A) = O$.

例 2 设 $A = \begin{bmatrix} 1 & -2 \\ 10 & 1 \\ -3 & 5 \end{bmatrix}$，$A = \begin{bmatrix} 0 & 6 \\ 7 & 2 \\ 2 & 1 \end{bmatrix}$，求 $A + B, A - B$.

解：$A + B = \begin{bmatrix} 1 & -2 \\ 10 & 1 \\ -3 & 5 \end{bmatrix} + \begin{bmatrix} 0 & 6 \\ 7 & 2 \\ 2 & 1 \end{bmatrix} = \begin{bmatrix} 1 & 4 \\ 17 & 3 \\ -1 & 6 \end{bmatrix}$.

$A - B = \begin{bmatrix} 1 & -2 \\ 10 & 1 \\ -3 & 5 \end{bmatrix} - \begin{bmatrix} 0 & 6 \\ 7 & 2 \\ 2 & 1 \end{bmatrix} = \begin{bmatrix} 1 & -8 \\ 3 & -1 \\ -5 & 4 \end{bmatrix}$.

2. 数乘矩阵

定义 6.8 用数 k 乘以矩阵 A 的所有元素得到的矩阵，称作 A 的**数乘矩阵**，记作 kA，即如果 $A = (a_{ij})_{m \times n}$，那么 $kA = (ka_{ij})_{m \times n}$.

由定义可知，当矩阵的所有元素都有公因子 k 时，可将公因子 k 提到矩阵之外.

数乘矩阵满足如下运算规律.

(1) $(k + l)A = kA + lA$.

(2) $k(A + B) = kA + kB$.

(3) $k(lA) = (kl)A$.

(4) $1A = A, 0A = 0, k0 = 0$.

其中，k, l 为常数.

例 3 设 $A = \begin{bmatrix} -1 & 2 & 3 \\ 4 & 4 & 6 \end{bmatrix}$，$B = \begin{bmatrix} 0 & -1 & 3 \\ 2 & 1 & 0 \end{bmatrix}$，且 $A + 2X = B$，求 X.

解：$B - A = \begin{bmatrix} 0 & -1 & 3 \\ 2 & 1 & 0 \end{bmatrix} - \begin{bmatrix} -1 & 2 & 3 \\ 4 & 4 & 6 \end{bmatrix} = \begin{bmatrix} 1 & -3 & 0 \\ -2 & -3 & -6 \end{bmatrix}$

所以 $X = \dfrac{1}{2}(B - A) = \dfrac{1}{2} \begin{bmatrix} 1 & -3 & 0 \\ -2 & -3 & -6 \end{bmatrix} = \begin{bmatrix} \dfrac{1}{2} & -\dfrac{3}{2} & 0 \\ -1 & -\dfrac{3}{2} & -3 \end{bmatrix}$.

6.4.3 矩阵的乘法

例如，某校各年级不同专业在校学生人数，及不同年级、专业学生应交的学费和书费如下：

$$A = \begin{matrix} & 2017\ 级 & 2018\ 级 & 2019\ 级 \\ & \begin{bmatrix} 96 & 98 & 98 \\ 52 & 55 & 64 \\ 56 & 52 & 92 \\ 64 & 92 & 99 \end{bmatrix} & \begin{matrix} \leftarrow & 机电设备 \\ \leftarrow & 制冷工程 \\ \leftarrow & 模具制造 \\ \leftarrow & 汽车修理 \end{matrix} \end{matrix}$$

$$A = \begin{matrix} & 学费 & 书费 \\ \begin{bmatrix} 3800 & 500 \\ 3900 & 550 \\ 3950 & 450 \end{bmatrix} & \begin{matrix} 19\ 级 \\ 20\ 级 \\ 21\ 级 \end{matrix} \end{matrix}$$

制冷工程专业应交学费：

$$52 \times 3800 + 55 \times 3900 + 64 \times 3950 = 664\,900(元).$$

定义 6.9 设 $A = [a_{ij}]_{m \times s}, B = [b_{ij}]_{s \times n}$ ，称 $m \times n$ 矩阵 $C = [c_{ij}]_{m \times n}$ 为矩阵 A 与 B 的乘积，

记作 $C = AB$ ，其中，$c_{ij} = \sum_{k=1}^{s} a_{ik} b_{kj} = a_{i1} b_{1j} + a_{i2} b_{2j} + \cdots + a_{is} b_{sj} (i = 1, 2, \cdots, m; j = 1, 2, \cdots, n)$.

注 (1) 只有矩阵 A 的列数等于矩阵 B 的行数，AB 才有意义.

(2) 矩阵 $C = AB$ 的行数等于矩阵 A 的行数 m ，列数等于矩阵 B 的列数 n .

(3) 矩阵 $C = AB$ 的元素 c_{ij} 为矩阵 A 的第 i 行元素与矩阵 B 的第 j 列对应元素的乘积的

和，即 $c_{ij} = [a_{i1}, a_{i2}, \cdots, a_{is}] \begin{bmatrix} b_{1j} \\ b_{2j} \\ \vdots \\ b_{sj} \end{bmatrix} = a_{i1} b_{1j} + a_{i2} b_{2j} + \cdots + a_{is} b_{sj}$.

例 4 设 $A = \begin{bmatrix} 1 & 2 & 3 \\ 0 & 1 & 2 \end{bmatrix}$ ，$B = \begin{bmatrix} -1 & 0 & 1 \\ 2 & 2 & 2 \\ 1 & 1 & 0 \end{bmatrix}$ ，求 AB, BA .

解：

$$AB = \begin{bmatrix} 1 & 2 & 3 \\ 0 & 1 & 2 \end{bmatrix} \begin{bmatrix} -1 & 0 & 1 \\ 2 & 2 & 2 \\ 1 & 1 & 0 \end{bmatrix} = \begin{bmatrix} 1 \times (-1) + 2 \times 2 + 3 \times 1 & 1 \times 0 + 2 \times 2 + 3 \times 1 & 1 \times 1 + 2 \times 2 + 3 \times 0 \\ 0 \times (-1) + 1 \times 2 + 2 \times 1 & 0 \times 0 + 1 \times 2 + 2 \times 1 & 0 \times 1 + 1 \times 2 + 2 \times 0 \end{bmatrix}$$

$$= \begin{bmatrix} 6 & 7 & 5 \\ 4 & 4 & 2 \end{bmatrix}.$$

$$BA = \begin{bmatrix} -1 & 0 & 1 \\ 2 & 2 & 2 \\ 1 & 1 & 0 \end{bmatrix} \begin{bmatrix} 1 & 2 & 3 \\ 0 & 1 & 2 \end{bmatrix} \quad 无意义.$$

例 5 设 $A = \begin{bmatrix} 1 & 2 \\ -1 & -2 \end{bmatrix}$ ，$B = \begin{bmatrix} 0 & 1 \\ 1 & 0 \end{bmatrix}$ ，求 AB, BA .

解： $AB = \begin{bmatrix} 1 & 2 \\ -1 & -2 \end{bmatrix} \begin{bmatrix} 0 & 1 \\ 1 & 0 \end{bmatrix} = \begin{bmatrix} 2 & 1 \\ -2 & -1 \end{bmatrix}$.

$$BA = \begin{bmatrix} 0 & 1 \\ 1 & 0 \end{bmatrix} \begin{bmatrix} 1 & 2 \\ -1 & -2 \end{bmatrix} = \begin{bmatrix} -1 & -2 \\ 1 & 2 \end{bmatrix}.$$

由例 5 可知，矩阵的乘法不一定满足交换律，即 $AB \neq BA$.

定义 6.10 如果两矩阵满足 $AB = BA$ ，则称矩阵 A 与矩阵 B 可交换.

例 6 设 $A = \begin{bmatrix} 1 & 1 \\ 0 & 0 \end{bmatrix}$ ，$B = \begin{bmatrix} 1 & 2 \\ -1 & -2 \end{bmatrix}$ ，求 AB .

解： $AB = \begin{bmatrix} 1 & 1 \\ 0 & 0 \end{bmatrix} \begin{bmatrix} 1 & 2 \\ -1 & -2 \end{bmatrix} = \begin{bmatrix} 0 & 0 \\ 0 & 0 \end{bmatrix}$.

两个非零矩阵之积可以等于零矩阵，因此，由 $AB = AC$ 就不能断定 $B = C$ ，即矩阵的乘法不满足消去律.

矩阵的乘法满足以下运算规律.

(1) 结合律：$(AB)C = A(BC)$.

(2) 分配律：$(A + B)C = AC + BC$，$A(B + C) = AB + AC$.

(3) 数与乘积的结合律：$(kA)B = A(kB) = k(AB)$（k 为常数）.

(4) 如果 A, B 都是 n 阶方阵，那么 $|AB| = |A| \cdot |B|$.

(5) 若 A 是方阵，则乘积 $AA \cdots A$ 有意义，记作 A^k，称为 A 的 k 次幂，$A^k \cdot A^l = A^{k+l}$，$(A^k)^l = A^{k \cdot l}$.

6.4.4 矩阵的转置

定义 6.11 将矩阵 A 的行变为相应的列所得到的矩阵，称它为 A 的**转置矩阵**，记作 A^{T}. 例如，设

$$A = \begin{bmatrix} a_{11} & a_{12} & \cdots & a_{1n} \\ a_{21} & a_{22} & \cdots & a_{2n} \\ \cdots & \cdots & \cdots & \cdots \\ a_{m1} & a_{m2} & \cdots & a_{mn} \end{bmatrix}, \quad 则 \ A^{\mathrm{T}} = \begin{bmatrix} a_{11} & a_{21} & \cdots & a_{m1} \\ a_{12} & a_{22} & \cdots & a_{m2} \\ \cdots & \cdots & \cdots & \cdots \\ a_{1n} & a_{2n} & \cdots & a_{mn} \end{bmatrix}.$$

A 是 $m \times n$ 矩阵，而 A^{T} 是 $n \times m$ 矩阵.

如果 A 是一个 n 阶方阵，且 $A^{\mathrm{T}} = A$，称 A 是 n 阶**对称方阵**. 如果 $A = (a_{ij})$ 是一个 n 阶对称方阵，则必有 $a_{ij} = a_{ji}(i, j = 1, 2, \cdots, n)$.

转置矩阵满足以下运算规律.

(1) $(A + B)^{\mathrm{T}} = A^{\mathrm{T}} + B^{\mathrm{T}}$.

(2) $(A^{\mathrm{T}})^{\mathrm{T}} = A$.

(3) $(kA)^{\mathrm{T}} = kA^{\mathrm{T}}$.

(4) $(AB)^{\mathrm{T}} = B^{\mathrm{T}} A^{\mathrm{T}}$.

例 7 已知 $A = \begin{bmatrix} -1 & 3 & 2 \\ 0 & 4 & 1 \end{bmatrix}$，$B = \begin{bmatrix} 5 & 2 \\ 4 & 6 \\ 3 & -7 \end{bmatrix}$，求 $(AB)^{\mathrm{T}}$.

解法 1： $AB = \begin{bmatrix} -1 & 3 & 2 \\ 0 & 4 & 1 \end{bmatrix} \begin{bmatrix} 5 & 2 \\ 4 & 6 \\ 3 & -7 \end{bmatrix} = \begin{bmatrix} 13 & 2 \\ 19 & 17 \end{bmatrix}$，所以 $(AB)^{\mathrm{T}} = \begin{bmatrix} 13 & 19 \\ 2 & 17 \end{bmatrix}$.

解法 2： $(AB)^{\mathrm{T}} = B^{\mathrm{T}} A^{\mathrm{T}} = \begin{bmatrix} 5 & 4 & 3 \\ 2 & 6 & -7 \end{bmatrix} \begin{bmatrix} -1 & 0 \\ 3 & 4 \\ 2 & 1 \end{bmatrix} = \begin{bmatrix} 13 & 19 \\ 2 & 17 \end{bmatrix}$.

6.4.5 方阵行列式

定义 6.12 将一个 n 阶矩阵 A 的元素按原顺序排列，构成一个 n 阶行列式，称它为 n 阶矩阵 A 的**方阵行列式**，记作 $|A|$ 或 $\det A$.

注 只有 n 阶方阵才有相应的方阵行列式.

方阵 A 的行列式 $|A|$ 满足下列运算规律(设 A,B 为 n 阶方阵，k 为实数).

(1) $|A^{T}| = |A|$; (2) $|kA| = k^{n}|A|$; (3) $|AB| = |A||B|$.

例如：$A = \begin{pmatrix} 1 & 2 \\ 3 & 4 \end{pmatrix}$ ，则 $dA = \begin{vmatrix} 1 & 2 \\ 3 & 4 \end{vmatrix} = -2$.

定义 6.13 设 A 为 n 阶方阵，如果 $A^{T} = A$ ，即 $a_{ij} = a_{ji}(i,j=1,2,\cdots,n)$ ，则称 A 为对称矩阵。其特点是对称矩阵 A 的元素关于主对角线对称.

例如：$\begin{bmatrix} 1 & 2 & 7 \\ 2 & 3 & 4 \\ 7 & 4 & 5 \end{bmatrix}$ ，$\begin{bmatrix} 0 & 1 \\ 1 & 0 \end{bmatrix}$ 都是对称矩阵.

习题 6.4

1. 设 $A = \begin{bmatrix} 2 & 3 \\ 4 & 1 \end{bmatrix}$ ，$B = \begin{bmatrix} 3 & 4 \\ -1 & 0 \end{bmatrix}$ ，求 $3A - 2B, A + 2B, AB, A^{T} - B$.

2. 计算.

(1) $\begin{bmatrix} 4 & 3 & 2 \\ 1 & -2 & 7 \\ 6 & 0 & 5 \end{bmatrix}\begin{bmatrix} 1 \\ 2 \\ 3 \end{bmatrix}$;

(2) $\begin{bmatrix} 1 & 3 \\ -4 & -2 \end{bmatrix}\begin{bmatrix} 3 & 0 & -1 \\ 2 & 5 & 4 \end{bmatrix}$;

(3) $\begin{bmatrix} 1 & 2 & 3 & 4 \end{bmatrix}\begin{bmatrix} 1 \\ 2 \\ 3 \\ 4 \end{bmatrix}$;

(4) $\begin{bmatrix} 1 \\ 2 \\ 3 \\ 4 \end{bmatrix}\begin{bmatrix} 1 & 2 & 3 & 4 \end{bmatrix}$;

(5) $\begin{bmatrix} 3 & -2 & 4 \\ 2 & 0 & 5 \end{bmatrix}\begin{bmatrix} 4 & 1 & 0 \\ 2 & -1 & 3 \\ -6 & 2 & 4 \end{bmatrix}\begin{bmatrix} 1 & 2 \\ 2 & 0 \\ 3 & -2 \end{bmatrix}$;

(6) $\begin{bmatrix} 0 & 0 & 3 \\ 0 & -1 & 0 \\ 2 & 0 & 0 \end{bmatrix}\begin{bmatrix} 0 & 0 & a \\ 0 & b & 0 \\ c & 0 & 0 \end{bmatrix}$.

3. 解矩阵方程 $A + 2X = B$ ，其中

$A = \begin{bmatrix} 3 & -1 & 2 \\ 1 & 5 & 7 \\ 5 & 4 & -3 \end{bmatrix}$ ，$B = \begin{bmatrix} 7 & 5 & -4 \\ 5 & 1 & 9 \\ 3 & -2 & 1 \end{bmatrix}$.

4. 设 $A = \begin{bmatrix} 1 & 0 & 0 \\ 3 & -1 & 0 \\ 1 & 1 & 2 \end{bmatrix}$ ，$B = \begin{bmatrix} 1 & 2 & 1 \\ 0 & 1 & 0 \\ 0 & 0 & 3 \end{bmatrix}$ ，验证 $(AB)^{T} = B^{T}A^{T}$.

5. 已知 $A = \begin{bmatrix} 2 & 1 \\ 3 & 6 \end{bmatrix}$ ，$B = \begin{bmatrix} 2 & 0 \\ 1 & 6 \end{bmatrix}$ ，求 $\det(3A^{2} - 2AB)$.

6. 设 A, B 都是 n 阶矩阵，且 A 为对称矩阵，证明：$B^{T}AB$ 是对称矩阵.

6.5 逆 矩 阵

我们知道，对于任意两个非零实数 a,b，如果 $ab=1$，则 $a=b^{-1}, b=a^{-1}$．那么对于矩阵是否也有类似的结论呢？逆矩阵的概念可以回答这个问题．

6.5.1 逆矩阵的概念

逆矩阵

定义 6.14 对于 n 阶矩阵 A，如果存在一个 n 阶矩阵 B，使得 $AB = BA = I$，则称矩阵 A 可逆，且为非奇异矩阵．并称矩阵 B 为 A 的逆矩阵，记作 A^{-1}，即 $A^{-1} = B$．

显然，单位矩阵 I 是可逆的，且 $I^{-1} = I$．

命题 若矩阵 A 是可逆的，则 A 的逆矩阵是唯一的．

证明： 设 A 有两个逆矩阵 B 与 C，即

$$AB = BA = I, \quad AC = CA = I$$
$$B = BI = B(AC) = (BA)C = IC = C$$

所以矩阵 A 的逆矩阵是唯一的．

6.5.2 逆矩阵的性质

性质 1 若 A 可逆，则 A^{-1} 也可逆，且 $(A^{-1})^{-1} = A$．

性质 2 若 A 可逆，则 A^{T} 也可逆，$(A^{\mathrm{T}})^{-1} = (A^{-1})^{\mathrm{T}}$．

性质 3 若 A 可逆，$k \neq 0$，则 kA 也可逆，且 $(kA)^{-1} = \dfrac{1}{k} A^{-1}$．

性质 4 若 n 阶矩阵 A 与 B 均可逆，则 AB 也可逆，且 $(AB)^{-1} = B^{-1} A^{-1}$．

性质 5 若 A 可逆，则 A^{-1} 的行列式 $\left|A^{-1}\right| = \dfrac{1}{|A|}$．

6.5.3 逆矩阵的求法

1．伴随矩阵及其逆矩阵的判定

定义 6.15 行列式 $|A|$ 的各个元素的代数余子式 A_{ij} 所构成的矩阵

$$A^{*} = \begin{bmatrix} A_{11} & A_{21} & \cdots & A_{n1} \\ A_{12} & A_{22} & \cdots & A_{n2} \\ \cdots & \cdots & \cdots & \cdots \\ A_{1n} & A_{2n} & \cdots & A_{nn} \end{bmatrix}$$

称为矩阵 A 的伴随矩阵，其中，A_{ij} 为 $|A|$ 中 a_{ij} 的代数余子式．

定理 6.4 n 阶矩阵 A 可逆的充要条件是 $|A| \neq 0$，且当 A 可逆时，有 $A^{-1} = \dfrac{1}{|A|} A^{*}$．

例 1 判断矩阵 $A = \begin{bmatrix} 1 & 1 & 2 \\ -1 & 2 & 0 \\ 2 & 1 & 3 \end{bmatrix}$ 是否可逆，如果可逆，求其逆矩阵．

解: 因为 $\mathrm{d}\boldsymbol{A} = \begin{vmatrix} 1 & 1 & 2 \\ -1 & 2 & 0 \\ 2 & 1 & 3 \end{vmatrix} = \begin{vmatrix} 1 & 1 & 2 \\ 0 & 3 & 2 \\ 0 & -1 & -1 \end{vmatrix} = -1 \neq 0$，所以矩阵 $\boldsymbol{A}$ 可逆.

且　$\boldsymbol{A}_{11} = \begin{vmatrix} 2 & 0 \\ 1 & 3 \end{vmatrix} = 6$　　$\boldsymbol{A}_{12} = -\begin{vmatrix} -1 & 0 \\ 2 & 3 \end{vmatrix} = 3$　　$\boldsymbol{A}_{13} = \begin{vmatrix} -1 & 2 \\ 2 & 1 \end{vmatrix} = -5$

$\boldsymbol{A}_{21} = -\begin{vmatrix} 1 & 2 \\ 1 & 3 \end{vmatrix} = -1$　　$\boldsymbol{A}_{22} = \begin{vmatrix} 1 & 2 \\ 2 & 3 \end{vmatrix} = -1$　　$\boldsymbol{A}_{23} = -\begin{vmatrix} 1 & 1 \\ 2 & 1 \end{vmatrix} = 1$

$\boldsymbol{A}_{31} = \begin{vmatrix} 1 & 2 \\ 2 & 0 \end{vmatrix} = -4$　　$\boldsymbol{A}_{32} = -\begin{vmatrix} 1 & 2 \\ -1 & 0 \end{vmatrix} = -2$　　$\boldsymbol{A}_{33} = \begin{vmatrix} 1 & 1 \\ -1 & 2 \end{vmatrix} = 3$

所以　$\boldsymbol{A}^* = \begin{bmatrix} 6 & -1 & -4 \\ 3 & -1 & -2 \\ -5 & 1 & 3 \end{bmatrix}$　　$\boldsymbol{A}^{-1} = \dfrac{1}{|\boldsymbol{A}|}\boldsymbol{A}^* = -\begin{bmatrix} 6 & -1 & -4 \\ 3 & -1 & -2 \\ -5 & 1 & 3 \end{bmatrix} = \begin{bmatrix} -6 & 1 & 4 \\ -3 & 1 & 2 \\ 5 & -1 & -3 \end{bmatrix}$.

2. 矩阵方程

有了逆矩阵的概念，我们就可以讨论某些矩阵方程 $\boldsymbol{AX} = \boldsymbol{B}$ 的求解问题. 如果 $\boldsymbol{A}$ 可逆，则在方程两端同时左乘 $\boldsymbol{A}^{-1}$ 可得 $\boldsymbol{X} = \boldsymbol{A}^{-1}\boldsymbol{B}$. 同理，对于矩阵方程 $\boldsymbol{XA} = \boldsymbol{B}, \boldsymbol{AXB} = \boldsymbol{C}$，利用矩阵乘法和逆矩阵的运算性质，它们的解分别为 $\boldsymbol{X} = \boldsymbol{BA}^{-1}$，$\boldsymbol{X} = \boldsymbol{A}^{-1}\boldsymbol{CB}^{-1}$.

例 2　用逆矩阵求解线性方程组

$$\begin{cases} x_1 + 2x_2 + 3x_3 = 1 \\ 2x_1 + 2x_2 + 5x_3 = 2 \\ 3x_1 + 5x_2 + x_3 = 3 \end{cases}.$$

解: 把方程组改成矩阵形式 $\begin{bmatrix} 1 & 2 & 3 \\ 2 & 2 & 5 \\ 3 & 5 & 1 \end{bmatrix}\begin{bmatrix} x_1 \\ x_2 \\ x_3 \end{bmatrix} = \begin{bmatrix} 1 \\ 2 \\ 3 \end{bmatrix}$

因为 $\begin{vmatrix} 1 & 2 & 3 \\ 2 & 2 & 5 \\ 3 & 5 & 1 \end{vmatrix} = 15 \neq 0$，所以系数矩阵 $\boldsymbol{A}$ 可逆，则

$$\boldsymbol{X} = \begin{bmatrix} x_1 \\ x_2 \\ x_3 \end{bmatrix} = \begin{bmatrix} 1 & 2 & 3 \\ 2 & 2 & 5 \\ 3 & 5 & 1 \end{bmatrix}^{-1}\begin{bmatrix} 1 \\ 2 \\ 3 \end{bmatrix} = \frac{1}{15}\begin{bmatrix} -23 & 13 & 4 \\ 13 & -8 & 1 \\ 4 & 1 & -2 \end{bmatrix}\begin{bmatrix} 1 \\ 2 \\ 3 \end{bmatrix} = \begin{bmatrix} 1 \\ 0 \\ 0 \end{bmatrix}.$$

习题 6.5

1. 验证矩阵 $\boldsymbol{B} = \begin{bmatrix} 2 & -1 \\ -3 & 2 \end{bmatrix}$ 是矩阵 $\boldsymbol{A} = \begin{bmatrix} 2 & 1 \\ 3 & 2 \end{bmatrix}$ 的逆矩阵.

2. 求下列矩阵的逆矩阵.

(1) $\begin{bmatrix} 1 & 2 \\ 2 & 5 \end{bmatrix}$;　　　(2) $\begin{bmatrix} \sin x & -\cos x \\ \cos x & \sin x \end{bmatrix}$;　　　(3) $\begin{bmatrix} 1 & 2 & 3 \\ 2 & 2 & 1 \\ 3 & 4 & 3 \end{bmatrix}$.

3. 设方阵 $A = \begin{pmatrix} -1 & 1 & 3 \\ 3 & -1 & -2 \\ 2 & -1 & -3 \end{pmatrix}$，判断 A 是否可逆，如果可逆，求 A^{-1}.

4. 解下列矩阵方程.

(1) $\begin{bmatrix} 1 & 4 \\ -1 & 2 \end{bmatrix} X \begin{bmatrix} 2 & 0 \\ -1 & 1 \end{bmatrix} = \begin{bmatrix} 3 & 1 \\ 0 & -1 \end{bmatrix}$;

(2) $X \begin{bmatrix} 1 & 1 & 1 \\ 0 & 1 & 2 \\ 0 & 0 & 3 \end{bmatrix} = \begin{bmatrix} 3 & 1 & 5 \\ 6 & 2 & 4 \end{bmatrix}$;

(3) $\begin{bmatrix} 1 & 1 & -1 \\ 0 & 2 & 2 \\ 1 & -1 & 0 \end{bmatrix} X = \begin{bmatrix} 3 & -1 & 1 \\ 2 & 1 & 0 \\ 2 & 1 & 1 \end{bmatrix}$.

6.6 矩阵的初等变换与矩阵的秩

6.5 节我们学习了逆矩阵的概念及其求法，我们发现当矩阵的阶数较大时，计算量是相当大的，那么有没有一种比较简单的求逆矩阵的方法呢？

6.6.1 矩阵的初等变换

1. 矩阵的初等变换

矩阵的初等变换

定义 6.16 矩阵的初等变换是指对矩阵的行(列)进行如下三种变换.

(1) 交换矩阵的任意两行(列).

(2) 用一个非零数 k 乘以矩阵的某一行(列).

(3) 把矩阵的某一行的 k 倍加到另一行上去.

注 ①交换 i, j 两行，记作 $r_i \leftrightarrow r_j$；②第 i 行乘以数 k，记作 kr_i 或 $r_i \times k$；③第 j 行乘以数 k 加到第 i 行上，记作 $r_i + kr_j$；④把定义中的行换成列，得到矩阵的列变，相应记号中的 r 换成 c.

以上三种变换称为矩阵的初等变换，它既包括行变换，也包括列变换.

2. 用矩阵的初等行变换求逆矩阵

其具体方法是：在可逆矩阵 A 的右边放一个和 A 同阶的单位矩阵 I 写成一个 $n \times 2n$ 的矩阵：$[A \vdots I]$，然后利用初等行变换将 A 转化成单位矩阵 I，此时在相同的变换下，原来的 I 就转化成了 A^{-1}.

上述过程可简写为

$$[A \vdots I] \xrightarrow{\text{进行一系列初等行变换}} [I \vdots A^{-1}]$$

例1 求矩阵 $A = \begin{bmatrix} 0 & 1 & 2 \\ 1 & 1 & 4 \\ 2 & -1 & 0 \end{bmatrix}$ 的逆矩阵.

解：$[A \vdots I] = \begin{bmatrix} 0 & 1 & 2 & 1 & 0 & 0 \\ 1 & 1 & 4 & 0 & 1 & 0 \\ 2 & -1 & 0 & 0 & 0 & 1 \end{bmatrix} \xrightarrow{r_1 \leftrightarrow r_2} \begin{bmatrix} 1 & 1 & 4 & 0 & 1 & 0 \\ 0 & 1 & 2 & 1 & 0 & 0 \\ 2 & -1 & 0 & 0 & 0 & 1 \end{bmatrix}$

$\xrightarrow{r_3 - 2r_1} \begin{bmatrix} 1 & 1 & 4 & 0 & 1 & 0 \\ 0 & 1 & 2 & 1 & 0 & 0 \\ 0 & -3 & -8 & 0 & -2 & 1 \end{bmatrix} \xrightarrow[r_3 + 3r_2]{r_1 - r_2} \begin{bmatrix} 1 & 0 & 2 & -1 & 1 & 0 \\ 0 & 1 & 2 & 1 & 0 & 0 \\ 0 & 0 & -2 & 3 & -2 & 1 \end{bmatrix}$

$\xrightarrow[r_2 + r_3]{r_1 + r_3} \begin{bmatrix} 1 & 0 & 0 & 2 & -1 & 1 \\ 0 & 1 & 0 & 4 & -2 & 1 \\ 0 & 0 & -2 & 3 & -2 & 1 \end{bmatrix} \xrightarrow{r_3 \times \left(\frac{-1}{2}\right)} \begin{bmatrix} 1 & 0 & 0 & 2 & -1 & 1 \\ 0 & 1 & 0 & 4 & -2 & 1 \\ 0 & 0 & 1 & -\frac{3}{2} & 1 & -\frac{1}{2} \end{bmatrix}.$

所以 $\quad A^{-1} = \begin{bmatrix} 2 & -1 & 1 \\ 4 & -2 & 1 \\ -\frac{3}{2} & 1 & -\frac{1}{2} \end{bmatrix}.$

必须注意，用初等变换求逆矩阵时，要始终作行(列)变换，其间不能作任何列(行)变换；如果作初等行(列)变换时，出现全零行(列)，则矩阵是不可逆的．由此可见，对给定的 n 阶矩阵 A，不一定需要知道 A 是否可逆，也可以用上述方法进行计算．

3．阶梯形矩阵和行简化阶梯形矩阵

定义 6.17 满足以下条件的矩阵称为**阶梯形矩阵**.

(1) 矩阵的零行(若存在)在矩阵的最下方.

(2) 各个非零行的第一个非零元素的列标随着行标的增大而严格增大.

例如，$A = \begin{bmatrix} 1 & 2 & -3 & 4 \\ 0 & 1 & 1 & 0 \\ 0 & 0 & 0 & 0 \end{bmatrix}$，$B = \begin{bmatrix} 1 & 2 & 1 & 2 \\ 0 & 0 & 1 & 0 \\ 0 & 0 & 0 & 2 \end{bmatrix}$ 都是阶梯形矩阵，而 $C = \begin{bmatrix} 1 & -1 & 0 & 2 \\ 0 & 0 & 3 & 1 \\ 0 & 0 & 2 & 5 \end{bmatrix}$，

$D = \begin{bmatrix} 2 & 3 & 0 \\ 0 & 0 & 0 \\ 0 & 1 & 0 \end{bmatrix}$ 不是阶梯形矩阵.

定理 6.5 任何矩阵 A 经过一系列初等行变换后都可化成阶梯形矩阵.

例 2 用矩阵的初等行变换将矩阵 $A = \begin{bmatrix} 3 & 3 & 6 & 9 \\ 1 & 0 & -1 & 2 \\ 2 & 2 & 0 & 3 \\ -4 & -4 & 0 & -6 \end{bmatrix}$ 化为阶梯形矩阵.

解：$A = \begin{bmatrix} 3 & 3 & 6 & 9 \\ 1 & 0 & -1 & 2 \\ 2 & 2 & 0 & 3 \\ -4 & -4 & 0 & -6 \end{bmatrix} \xrightarrow{r_1 \leftrightarrow r_2} \begin{bmatrix} 1 & 0 & -1 & 2 \\ 3 & 3 & 6 & 9 \\ 2 & 2 & 0 & 3 \\ -4 & -4 & 0 & -6 \end{bmatrix}$

$$\xrightarrow[\substack{r_2-3r_1 \\ r_3-2r_1 \\ r_4+4r_1}]{} \begin{bmatrix} 1 & 0 & -1 & 2 \\ 0 & 3 & 9 & 3 \\ 0 & 2 & 2 & -1 \\ 0 & -4 & -4 & 2 \end{bmatrix} \xrightarrow[\substack{\frac{1}{3}r_2 \\ r_3-2r_2 \\ r_4+2r_3}]{} \begin{bmatrix} 1 & 0 & -1 & 2 \\ 0 & 1 & 3 & 1 \\ 0 & 0 & -4 & -3 \\ 0 & 0 & 0 & 0 \end{bmatrix}.$$

如果阶梯形矩阵还满足以下条件:

(1) 各个非零行的第一个非零元素都是 1.

(2) 各个非零行的第一个非零元素所在列的其余元素都为零,那么该矩阵称为**行简化阶梯形矩阵**.

例如, $C = \begin{bmatrix} 1 & 0 & 0 & 0 \\ 0 & 1 & 3 & 0 \\ 0 & 0 & 0 & 1 \end{bmatrix}$, $D = \begin{bmatrix} 1 & 0 & 8 & 0 \\ 0 & 1 & -1 & 0 \\ 0 & 0 & 0 & 0 \end{bmatrix}$, $E = \begin{bmatrix} 0 & 0 \\ 0 & 0 \end{bmatrix}$

都是行简化阶梯形矩阵.

我们对例 2 所得的阶梯形矩阵,再施行初等行变换,就可将其化为行简化阶梯形矩阵.

$$\begin{bmatrix} 1 & 0 & -1 & 2 \\ 0 & 3 & 9 & 3 \\ 0 & 0 & -4 & -3 \\ 0 & 0 & 0 & 0 \end{bmatrix} \xrightarrow[\substack{r_3 \times \left(-\frac{1}{4}\right) \\ r_2 \times \frac{1}{3}}]{} \begin{bmatrix} 1 & 0 & -1 & 2 \\ 0 & 1 & 3 & 1 \\ 0 & 0 & 1 & \frac{3}{4} \\ 0 & 0 & 0 & 0 \end{bmatrix} \xrightarrow[\substack{r_1+r_3 \\ r_2-3r_3}]{} \begin{bmatrix} 1 & 0 & 0 & \frac{11}{4} \\ 0 & 1 & 0 & -\frac{5}{4} \\ 0 & 0 & 1 & \frac{3}{4} \\ 0 & 0 & 0 & 0 \end{bmatrix}$$

注 矩阵的行简化阶梯形矩阵是唯一的,而矩阵的阶梯形矩阵并不是唯一的,但是一个矩阵的阶梯形矩阵中非零行的个数是唯一的. 矩阵的这一性质在矩阵理论中占有非常重要的地位.

6.6.2 矩阵的秩

定义 6.18 从矩阵 A 中任取 k 行 k 列,其交叉位置上的元素保持相对位置不变,而构成的 k 阶行列式,称之为矩阵 A 的一个 k **阶子式**.

例如, $A = \begin{bmatrix} 3 & 2 & 1 & 1 \\ 1 & 2 & -3 & 2 \\ 4 & 4 & -2 & 3 \end{bmatrix}$,其一阶、二阶、三阶子式分别如下:

$$|3|, |-2|, \begin{vmatrix} 1 & 2 \\ 4 & 4 \end{vmatrix}, \begin{vmatrix} -3 & 2 \\ -2 & 3 \end{vmatrix}, \begin{vmatrix} 3 & 2 & 1 \\ 1 & 2 & -3 \\ 4 & 4 & -2 \end{vmatrix}, \begin{vmatrix} 2 & 1 & 1 \\ 2 & -3 & 2 \\ 4 & -2 & 3 \end{vmatrix}$$

定义 6.19 矩阵 A 中所有不为零的子式的最高阶数,称为矩阵 A 的秩,记作 $R(A)$ 或 $r(A)$.

显然,如果 $R(A) = r$,则 A 中至少有一个 r 阶子式不等于零,所有高于 r 阶的子式都为零. 例如, $A = \begin{bmatrix} 1 & 2 & 3 \\ 2 & 2 & 1 \\ 3 & 4 & 4 \end{bmatrix}$,因为 $|A| = 0$, $\begin{vmatrix} 1 & 2 \\ 2 & 2 \end{vmatrix} = -2 \neq 0$,所以 $R(A) = 2$.

秩的性质如下.

(1) 如果 A 为 $m \times n$ 矩阵，则 $0 \leqslant R(A) \leqslant \min(m, n)$；特别当 $R(A) = m$ 时，称矩阵 A 为行满秩；当 $R(A) = n$ 时，称矩阵 A 为列满秩.

(2) 当 $R(A) = m = n$ 时，称矩阵 A 为满秩矩阵.

例 3 求矩阵 $A = \begin{bmatrix} 1 & 1 & -1 & 2 \\ 2 & -2 & 1 & -3 \\ 3 & -1 & 0 & -1 \end{bmatrix}$ 的秩.

解： 因为 $\begin{vmatrix} 1 & 1 \\ 2 & -2 \end{vmatrix} = -4 \neq 0$，矩阵 A 不为零的子式的最高阶数至少是 2.

A 的所有 4 个三阶子式：$\begin{vmatrix} 1 & 1 & -1 \\ 2 & -2 & 1 \\ 3 & -1 & 0 \end{vmatrix} = 0$，$\begin{vmatrix} 1 & 1 & 2 \\ 2 & -2 & -3 \\ 3 & -1 & -1 \end{vmatrix} = 0$，

$\begin{vmatrix} 1 & -1 & 2 \\ 2 & 1 & -3 \\ 3 & 0 & -1 \end{vmatrix} = 0$，$\begin{vmatrix} 1 & -1 & 2 \\ -2 & 1 & -3 \\ -1 & 0 & -1 \end{vmatrix} = 0$，全为零，所以 $R(A) = 2$.

6.6.3　用初等变换求矩阵的秩

利用定义求矩阵的秩，当矩阵的行数和列数较高时，计算是很烦琐的，由于任意一个矩阵经过一系列初等行变换后都可以化成阶梯形矩阵，所以可以考虑借助初等变换来求矩阵的秩.

定理 6.6 矩阵经过初等变换后，其秩不变.

例 4 设 $A = \begin{bmatrix} 1 & 1 & 2 & 2 & 1 \\ 0 & 2 & 1 & 5 & -1 \\ 2 & 0 & 3 & -1 & 3 \\ 1 & 1 & 0 & -4 & -1 \end{bmatrix}$，求 $r(A)$.

$$A = \begin{bmatrix} 1 & 1 & 2 & 2 & 1 \\ 0 & 2 & 1 & 5 & -1 \\ 2 & 0 & 3 & -1 & 3 \\ 1 & 1 & 0 & -4 & -1 \end{bmatrix} \xrightarrow[r_4 - r_1]{r_3 - 2r_1} \begin{bmatrix} 1 & 1 & 2 & 2 & 1 \\ 0 & 2 & 1 & 5 & -1 \\ 0 & -2 & -1 & -5 & 1 \\ 0 & 0 & -2 & -6 & -2 \end{bmatrix}$$

$$\xrightarrow{r_3 + r_2} \begin{bmatrix} 1 & 1 & 2 & 2 & 1 \\ 0 & 2 & 1 & 5 & -1 \\ 0 & 0 & 0 & 0 & 0 \\ 0 & 0 & -2 & -6 & -2 \end{bmatrix} \xrightarrow[-\frac{1}{2}r_4]{r_3 \leftrightarrow r_4} \begin{bmatrix} 1 & 1 & 2 & 2 & 1 \\ 0 & 2 & 1 & 5 & -1 \\ 0 & 0 & 1 & 3 & 1 \\ 0 & 0 & 0 & 0 & 0 \end{bmatrix}.$$

所以 $r(A) = 3$.

定理 6.7 矩阵的秩等于它的阶梯形矩阵的非零行的行数.

事实上，对于任意一个矩阵 A，都有 $r(A) = r(A^T)$.

定义 6.20 设 A 是一个 n 阶方阵，如果 $r(A) = n$，则称 A 为**满秩矩阵**，或非奇异的矩阵.

例如：

$$A = \begin{bmatrix} 1 & 2 & 3 \\ 0 & 2 & 4 \\ 0 & 0 & 3 \end{bmatrix}, \quad I_n = \begin{bmatrix} 1 & 0 & \cdots & 0 \\ 0 & 1 & \cdots & 0 \\ \cdots & \cdots & \cdots & \cdots \\ 0 & 0 & \cdots & 1 \end{bmatrix}$$ 都是满秩矩阵，或非奇异的矩阵.

定理 6.8 一个 n 阶方阵 A 满秩的充要条件为 $|A| \neq 0$.

定理 6.9 n 阶矩阵 A 可逆的充要条件是 A 为满秩矩阵，即 $r(A) = n$.

定理 6.10 任何满秩矩阵 A 都能经过一系列初等行变换化成 n 阶单位矩阵 I.

例 5 设 $A = \begin{bmatrix} 1 & 1 & 3 \\ 2 & 3 & 7 \\ 3 & 4 & 9 \end{bmatrix}$，判断 A 是否为满秩矩阵，若是，将 A 化成单位矩阵.

解： $A = \begin{bmatrix} 1 & 1 & 3 \\ 2 & 3 & 7 \\ 3 & 4 & 9 \end{bmatrix} \xrightarrow{\substack{r_2 - 2r_1 \\ r_3 - 3r_1}} \begin{bmatrix} 1 & 1 & 3 \\ 0 & 1 & 1 \\ 0 & 1 & 0 \end{bmatrix} \xrightarrow{r_3 - r_2} \begin{bmatrix} 1 & 1 & 3 \\ 0 & 1 & 1 \\ 0 & 0 & -1 \end{bmatrix}$

$\xrightarrow{\substack{r_3 \times (-1) \\ r_2 + r_3}} \begin{bmatrix} 1 & 1 & 3 \\ 0 & 1 & 0 \\ 0 & 0 & 1 \end{bmatrix} \xrightarrow{r_1 - r_2} \begin{bmatrix} 1 & 0 & 3 \\ 0 & 1 & 0 \\ 0 & 0 & 1 \end{bmatrix} \xrightarrow{r_1 - 3r_3} \begin{bmatrix} 1 & 0 & 0 \\ 0 & 1 & 0 \\ 0 & 0 & 1 \end{bmatrix}$.

显然，A 是满秩矩阵.

判断 A 是否为满秩矩阵时，也可利用定理 6.4，通过计算，$|A| = \begin{vmatrix} 1 & 1 & 3 \\ 2 & 3 & 7 \\ 3 & 4 & 9 \end{vmatrix} = -1 \neq 0$，

从而得出 A 是满秩矩阵.

习题 6.6

1. 将下列矩阵化成阶梯形矩阵.

(1) $\begin{bmatrix} 1 & 1 & 1 & -1 \\ -1 & -1 & 2 & 3 \\ 2 & 2 & 5 & 0 \end{bmatrix}$； (2) $\begin{bmatrix} 1 & 1 & 1 & 4 \\ 1 & -1 & 3 & -2 \\ 2 & 1 & 3 & 5 \\ 3 & 1 & 5 & 4 \end{bmatrix}$.

2. 用初等变换求下列矩阵的逆矩阵.

(1) $\begin{bmatrix} 0 & 2 & -1 \\ 1 & 1 & 2 \\ -1 & -1 & -1 \end{bmatrix}$； (2) $\begin{bmatrix} 1 & 2 & 3 \\ 2 & 2 & 1 \\ 3 & 4 & 3 \end{bmatrix}$； (3) $\begin{bmatrix} 1 & 2 & 0 & 0 \\ -1 & -2 & 1 & 3 \\ 0 & 0 & 2 & 4 \\ 3 & 6 & 1 & 2 \end{bmatrix}$.

3．求下列矩阵的秩．

$(1)\begin{bmatrix} 1 & 1 & 2 \\ 1 & 2 & 3 \\ 0 & 1 & 1 \end{bmatrix}$；

$(2)\begin{bmatrix} 1 & -2 & 1 & 1 & -1 \\ 2 & 1 & -1 & -1 & -1 \\ 1 & 3 & -2 & -2 & 0 \\ 3 & -1 & 0 & 0 & -2 \end{bmatrix}$；

$(3)\begin{bmatrix} 0 & 1 & 0 & 2 \\ 1 & -1 & 2 & -1 \\ 1 & 3 & -4 & 4 \end{bmatrix}$；

$(4)\begin{bmatrix} 1 & 1 & 2 & 2 & 1 \\ 0 & 2 & 1 & 5 & -1 \\ 2 & 0 & 3 & -1 & 3 \\ 1 & 1 & 0 & 4 & -1 \end{bmatrix}$．

4．用初等变换解矩阵方程 $\begin{bmatrix} 1 & 2 & 1 \\ 4 & 1 & -1 \\ -2 & -1 & 1 \end{bmatrix} X = \begin{bmatrix} 1 \\ 0 \\ -2 \end{bmatrix}$．

6.7　线性方程组解的判定

6.7.1　高斯消元法

设有 m 个方程 n 个未知数的线性方程组

$$\left. \begin{array}{l} a_{11}x_1 + a_{12}x_2 + \cdots + a_{1n}x_n = b_1 \\ a_{21}x_1 + a_{22}x_2 + \cdots + a_{2n}x_n = b_2 \\ \cdots \quad\quad \cdots \quad\quad \cdots \quad\quad \cdots \quad\quad \cdots \\ a_{m1}x_1 + a_{m}x_2 + \cdots + a_{mn}x_n = b_m \end{array} \right\} \tag{6.6}$$

它的矩阵形式为 $AX = b$．

当常数项矩阵 $b \neq 0$ 时，方程组(6.6)称为**非齐次线性方程组**；当 $b = 0$ 时，方程组(6.6)称为**齐次线性方程组**．我们将系数矩阵和常数项矩阵合并成的矩阵 $\overline{A} = (A \vdots b)$ 称为**增广矩阵**．即

$$\begin{bmatrix} a_{11} & a_{12} & \cdots & a_{1n} & b_1 \\ a_{21} & a_{22} & \cdots & a_{2n} & b_2 \\ \vdots & \vdots & \cdots & \vdots & \vdots \\ a_{m1} & a_{m2} & \cdots a_{mn} & b_m \end{bmatrix}$$

用消元法解线性方程组的基本思想是：通过对方程组中各个方程之间的运算，把一部分方程变成未知量较少的方程，使新的方程组与原方程组同解．

例 1　解方程组 $\begin{cases} 3x_1 + 2x_2 + 6x_3 = 6 \\ 3x_1 + 5x_2 + 9x_3 = 9 \\ 6x_1 + 4x_2 + 15x_3 = 6 \end{cases}$．

解： 原方程组

$$\xrightarrow[\text{③}-2\times\text{①}]{\text{②}-\text{①}}\begin{cases}3x_1+2x_2+6x_3=6\\3x_2+3x_3=3\\3x_3=-6\end{cases}\xrightarrow[\text{②}-\text{③}]{\text{①}-2\times\text{③}}\begin{cases}3x_1+2x_2=18\\3x_2=9\\3x_3=-6\end{cases}$$

$$\xrightarrow{\text{①}-\frac{2}{3}\times\text{②}}\begin{cases}3x_1=12\\3x_2=9\\3x_3=-6\end{cases}\xrightarrow{\frac{1}{3}\times\text{①},\frac{1}{3}\times\text{②},\frac{1}{3}\times\text{③}}\begin{cases}x_1=4\\x_2=3\\x_3=-2\end{cases}.$$

原方程组的解为：$x_1=4,x_2=3,x_3=-2$.

若将方程组的增广矩阵作相同的初等行变换，得到：

$$\overline{A}=\begin{bmatrix}3&2&6&|&6\\3&5&9&|&9\\6&4&15&|&6\end{bmatrix}\xrightarrow[r_3-2r_1]{r_2-r_1}\begin{bmatrix}3&2&6&|&6\\0&3&3&|&3\\0&0&3&|&-6\end{bmatrix}\xrightarrow[r_2-r_3]{r_1-2r_3}\begin{bmatrix}3&2&0&|&18\\0&3&0&|&9\\0&0&3&|&-6\end{bmatrix}$$

$$\xrightarrow{r_1-\frac{2}{3}r_2}\begin{bmatrix}3&0&0&|&12\\0&3&0&|&9\\0&0&3&|&-6\end{bmatrix}\xrightarrow{\frac{1}{3}r_1,\frac{1}{3}r_2,\frac{1}{3}r_3}\begin{bmatrix}1&0&0&|&4\\0&1&0&|&3\\0&0&1&|&-2\end{bmatrix}.$$

得到方程组的解为：$\begin{cases}x_1=4\\x_2=3\\x_3=-2\end{cases}$.

高斯消元法实质上就是对方程组的增广矩阵施以行的初等变换(称为初等行变换)，化为行简化阶梯形矩阵，从而求出方程组的解.

例 2 解方程组 $\begin{cases}x_1-x_2+x_3+x_4=0\\x_1+x_2+3x_3+x_4=-2\\2x_1-x_2+7x_3+6x_4=-5\end{cases}$.

解： 对方程组的增广矩阵进行初等行变换，将其化为阶梯形矩阵

$$\overline{A}=\begin{bmatrix}1&-1&1&1&0\\1&1&3&1&-2\\2&-1&7&6&-5\end{bmatrix}\xrightarrow[r_3-2r_1]{r_2-r_1}\begin{bmatrix}1&-1&1&1&0\\0&2&2&0&-2\\0&1&5&4&-5\end{bmatrix}$$

$$\xrightarrow[r_3-r_2]{\frac{1}{2}r_2}\begin{bmatrix}1&-1&1&1&0\\0&1&1&0&-1\\0&0&4&4&-4\end{bmatrix}\xrightarrow{\frac{1}{4}r_3}\begin{bmatrix}1&-1&1&1&0\\0&1&1&0&-1\\0&0&1&1&-1\end{bmatrix}$$

$$\xrightarrow[r_1-r_3]{r_2-r_3}\begin{bmatrix}1&-1&0&0&1\\0&1&0&-1&0\\0&0&1&1&-1\end{bmatrix}\xrightarrow{r_1+r_2}\begin{bmatrix}1&0&0&-1&1\\0&1&0&-1&0\\0&0&1&1&-1\end{bmatrix}$$

得到同解方程组为：$\begin{cases}x_1=x_4+1\\x_2=x_4\\x_3=-x_4-1\end{cases}$. (1)

只要未知数 x_4 任取一个值，代入方程组(1)，就可得到原方程组的一个解，故原方程

组有无穷多组解，我们称 x_4 为自由未知量.

6.7.2　线性方程组解的判定

线性方程组解
的判定

一个线性方程组的解有三种情况：无解、有唯一解、有无穷多解。方程组解的情况完全取决于方程组的系数矩阵和增广矩阵.

例 3　解线性方程组 $\begin{cases} x_1 + x_2 - 2x_3 = 5 \\ 2x_1 + 3x_2 - 7x_3 = 13 \\ x_1 + 2x_2 - 5x_3 = 10 \end{cases}$.

解： 对方程组的增广矩阵进行初等行变换，化为阶梯形矩阵

$$\overline{A} = \begin{bmatrix} 1 & 1 & -2 & | & 5 \\ 2 & 3 & -7 & | & 13 \\ 1 & 2 & -5 & | & 10 \end{bmatrix} \xrightarrow[r_3 - r_1]{r_2 - 2r_1} \begin{bmatrix} 1 & 1 & -2 & | & 5 \\ 0 & 1 & -3 & | & 3 \\ 0 & 1 & -3 & | & 5 \end{bmatrix} \xrightarrow{r_3 - r_2} \begin{bmatrix} 1 & 1 & -2 & | & 5 \\ 0 & 1 & -3 & | & 3 \\ 0 & 0 & 0 & | & 2 \end{bmatrix}.$$

最后阶梯形矩阵对应的线性方程组为 $\begin{cases} x_1 + x_2 - 2x_3 = 5 \\ 0x_1 + x_2 - 3x_3 = 3 \\ 0x_1 + 0x_2 + 0x_3 = 2 \end{cases}$.

显然无论 x_1, x_2, x_3 取何值，都不能使第三个方程成立，因而这个方程组无解. 我们看到，在例 3 中，$R(A) = 2$，$R(\overline{A}) = 3$，$R(A) \neq R(\overline{A})$，它表明系数矩阵的秩不等于增广矩阵的秩，因而方程组无解.

一般地，判断一个方程组是否有解，有下面的定理.

定理 6.11　**(解的存在定理)** 线性方程组 $AX = b$ 有解的充分必要条件是：$R(A) = R(\overline{A})$.

定理 6.12　对于有 m 个方程 n 个未知数的非齐次线性方程组 $AX = b$：

(1) $AX = b$ 无解的充分必要条件是 $R(A) \neq R(\overline{A})$.

(2) $AX = b$ 有唯一解的充分必要条件是 $R(A) = R(\overline{A}) = n$.

(3) $AX = b$ 有无穷多解的充分必要条件是 $R(A) = R(\overline{A}) = r < n$.

例 4　判断下列方程组解的情况.

(1) $\begin{cases} 2x_1 + x_2 + 3x_3 = 6 \\ 3x_1 + 2x_2 + x_3 = 1 \\ 5x_1 + 3x_2 + 4x_3 = 13 \end{cases}$；　　(2) $\begin{cases} x_1 - 2x_2 + x_3 = -2 \\ -2x_1 + x_2 + x_3 = -2 \\ x_1 + x_2 - 2x_3 = 4 \end{cases}$.

解： (1) 对方程组的增广矩阵进行初等行变换

$$\overline{A} = \begin{bmatrix} 2 & 1 & 3 & 6 \\ 3 & 2 & 1 & 1 \\ 5 & 3 & 4 & 13 \end{bmatrix} \xrightarrow{r_1 - r_2} \begin{bmatrix} -1 & -1 & 2 & 5 \\ 3 & 2 & 1 & 1 \\ 5 & 3 & 4 & 13 \end{bmatrix} \xrightarrow[r_2 + 3r_1]{r_3 + 5r_1} \begin{bmatrix} -1 & -1 & 2 & 5 \\ 0 & -1 & 7 & 16 \\ 0 & -2 & 14 & 38 \end{bmatrix}$$

$$\xrightarrow{r_3 - 2r_2} \begin{bmatrix} -1 & -1 & 2 & 5 \\ 0 & -1 & 7 & 16 \\ 0 & 0 & 0 & 6 \end{bmatrix}.$$

因为　$R(A) = 2, R(\overline{A}) = 3$，$R(A) \neq R(\overline{A})$，所以方程组无解.

(2) 对方程组的增广矩阵进行初等行变换

$$\overline{A} = \begin{bmatrix} 1 & -2 & 1 & -2 \\ -2 & 1 & 1 & -2 \\ 1 & 1 & -2 & 4 \end{bmatrix} \xrightarrow[r_3-r_1]{r_2+2r_1} \begin{bmatrix} 1 & -2 & 1 & -2 \\ 0 & -3 & 3 & -6 \\ 0 & 3 & -3 & 6 \end{bmatrix}$$

$$\xrightarrow{r_3+r_2} \begin{bmatrix} 1 & -2 & 1 & -2 \\ 0 & 1 & -1 & 2 \\ 0 & 0 & 0 & 0 \end{bmatrix}.$$

因为 $R(A) = R(\overline{A}) = 2 < 3$，所以方程组有无穷多组解.

定理 6.13 对于有 m 个方程 n 个未知数的齐次线性方程组 $AX = 0$：

(1) 当 $R(A) = n$ 时，方程组只有零解.

(2) 当 $R(A) < n$ 时，方程组有无穷多组解.

例 5 k 取何值时，齐次线性方程组 $\begin{cases} x_1 + 2x_2 + kx_3 = 0 \\ 2x_1 + 5x_2 - x_3 = 0 \\ x_1 + x_2 + 10x_3 = 0 \end{cases}$ 有非零解？并求出它的一般解.

解： 对方程组的系数矩阵施行初等行变换

$$A = \begin{bmatrix} 1 & 2 & k \\ 2 & 5 & -1 \\ 1 & 1 & 10 \end{bmatrix} \xrightarrow[r_3-r_1]{r_2+(-2)r_1} \begin{bmatrix} 1 & 2 & k \\ 0 & 1 & -1-2k \\ 0 & -1 & 10-k \end{bmatrix}$$

$$\xrightarrow{r_3+r_2} \begin{bmatrix} 1 & 2 & k \\ 0 & 1 & -1-2k \\ 0 & 0 & 9-3k \end{bmatrix}.$$

当 $9 - 3k = 0$，即 $k = 3$ 时，$R(A) = 2 < 3$，方程组有非零解.

此时方程组的系数矩阵为 $A \rightarrow \begin{bmatrix} 1 & 2 & 3 \\ 0 & 1 & -7 \\ 0 & 0 & 0 \end{bmatrix} \xrightarrow{r_1+(-2)r_2} \begin{bmatrix} 1 & 0 & 17 \\ 0 & 1 & -7 \\ 0 & 0 & 0 \end{bmatrix}.$

得到的同解方程组为 $\begin{cases} x_1 + 17x_3 = 0 \\ x_2 - 7x_3 = 0 \end{cases}$ (x_3 为自由未知量).

习题 6.7

1. 用高斯消元法解下列线性方程组.

(1) $\begin{cases} 2x_1 - x_2 + 2x_3 = 1 \\ x_1 + 2x_2 + x_3 = -2 \\ -2x_1 + x_2 - x_3 = 0 \end{cases}$;
(2) $\begin{cases} x_1 + 2x_2 + x_3 = 8 \\ 2x_1 - x_2 + x_3 = 7 \\ -2x_1 + x_2 - x_3 = -7 \end{cases}$.

2. 判断下列方程组是无解、有唯一解还是有无穷多组解.

(1) $\begin{cases} x_1 + 3x_2 - x_3 - 2x_4 = 1 \\ 2x_1 - x_2 + 2x_3 + 3x_4 = 2 \\ 3x_1 + 2x_2 + x_3 + x_4 = 3 \\ x_1 - 4x_2 + 3x_3 + 5x_4 = 1 \end{cases}$;
(2) $\begin{cases} x_1 - 2x_2 + 3x_3 - 4x_4 = 4 \\ x_2 - x_3 + x_4 = -3 \\ x_1 + 3x_2 - 3x_4 = 1 \\ -7x_2 + 3x_3 + x_4 = -1 \end{cases}$.

3. λ, μ 为何值时，方程组 $\begin{cases} x_1 + 2x_2 + 3x_3 = 6 \\ x_1 - x_2 + 6x_3 = 0 \\ 3x_1 - 2x_2 + \lambda x_3 = \mu \end{cases}$　无解？有唯一解？有无穷多组解？

4. 解下列线性方程组.

(1) $\begin{cases} x_1 + 5x_2 - x_3 - x_4 = -1 \\ x_1 - 2x_2 + x_3 + 3x_4 = 3 \\ 3x_1 + 8x_2 - x_3 + x_4 = 1 \\ x_1 - 9x_2 + 3x_3 + 7x_4 = 7 \end{cases}$;　(2) $\begin{cases} 3x_1 + 2x_2 + x_3 + x_4 = 0 \\ 2x_1 + 3x_2 + x_3 - x_4 = 0 \\ x_1 + 2x_2 + 3x_3 - x_4 = 0 \end{cases}$.

6.8　线性规划问题

线性规划是运筹学的一个重要分支，它是人们用于科学管理的一种数学方法．这种方法被广泛地应用在农业生产、交通运输、经济管理等方面，是现代经济分析经常采用的基本方法之一．

6.8.1　线性规划问题的数学模型

例 1　某汽车厂生产甲、乙两种车型，每台车的利润分别是 4000 元和 3000 元．已知生产甲车型需要经过 A, B 两道工序，加工时间分别为每台 2 小时和 3 小时，生产乙车型需要经过 A, B, C 三道工序，加工时间各为 1 小时、1 小时、2 小时．若每天可供加工的机器工作时间分别是 A 机器 10 小时、B 机器 8 小时、C 机器 7 小时，问：该汽车厂每天生产甲、乙车型各多少台，才能使利润最大？

解：根据题中的条件建立所求问题的数学模型：设每天生产甲、乙两种车型分别为 x_1 台和 x_2 台，则 x_1, x_2 根据所提供的限制条件应满足下列不等式：

$$\begin{cases} 2x_1 + x_2 \leqslant 10 \\ 3x_1 + x_2 \leqslant 8 \\ 2x_2 \leqslant 7 \\ x_1, x_2 \geqslant 0 \end{cases}.$$

问题的目标是在给定的条件限制下，获得最大利润，最大利润表示为

$$\max S = 4000x_1 + 3000x_2$$

上述问题归结为

目标函数　　$\max S = 4000x_1 + 3000x_2$　　　　　　　　　　(1)

约束条件　$\begin{cases} 2x_1 + x_2 \leqslant 10 \\ 3x_1 + x_2 \leqslant 8 \\ 2x_2 \leqslant 7 \\ x_1, x_2 \geqslant 0 \end{cases}$　　　　　　　　　　(2)

例 2　某食品厂生产一种早餐饼干，需要三种原料 A_1, A_2, A_3．要求该饼干中蛋白质、脂肪、碳水化合物、糖的含量不低于 10 个、20 个、70 个、15 个单位．三种原料的单价和每种单位原料所含的营养成分如表 6-2 所示，问：如何配置各种原料，能使所需成本最低？

表 6-2

原　料	营养成分及其单位含量(个)				原料单价(元)
	蛋白质	脂肪	碳水化合物	糖	
A_1	5	4	10	3	20
A_2	6	6	12	4	28
A_3	9	3	15	8	30

　　解： 设 A_1, A_2, A_3 三种原料的用量分别为 x_1, x_2, x_3(千克)，S 表示饼干的成本(元)，则该问题的数学模型为

$$\text{目标函数} \quad \min S = 20x_1 + 28x_2 + 30x_3 \tag{3}$$

$$\text{约束条件} \quad \begin{cases} 5x_1 + 6x_2 + 9x_3 \geqslant 10 \\ 4x_1 + 6x_2 + 3x_3 \geqslant 20 \\ 10x_1 + 12x_2 + 15x_3 \geqslant 70 \\ 3x_1 + 4x_2 + 8x_3 \geqslant 15 \\ x_1, x_2, x_3 \geqslant 0 \end{cases} \tag{4}$$

　　上述两个例子就是最优化问题的数学模型，这里变量 x_1, x_2, x_3 称为**决策变量**，式(1)和式(3)被称为问题的**目标函数**，式(2)、式(4)被称为问题的**约束条件**，记作 s.t.，由于模型中目标函数及约束条件均为线性函数，故称为**线性规划问题**.

　　线性规划问题数学模型的一般形式如下.

　　(1) 每个问题都要求一组变量(决策变量)，这组变量的值就代表一个具体方案，通常要求其取值是非负的.

　　(2) 存在一定的限制条件(约束条件)，这些限制条件都可以用一组线性等式或线性不等式来表示.

　　(3) 都有一个目标要求，并且这个目标可以表示为一组变量的线性函数，要求目标函数实现最大或最小.

　　对于不同的具体问题，约束条件的不等号可以是小于号，也可以是大于号，因此给出的线性规划问题的具体形式可能不同. 一般来说，线性规划问题的数学模型描述为

$$\text{目标函数} \quad \max(\min) S = c_1 x_1 + c_2 x_2 + \cdots + c_n x_n$$

$$\text{约束条件} \quad \begin{cases} a_{11}x_1 + a_{12}x_2 + \cdots + a_{1n}x_n \leqslant (=、\geqslant) b_1 \\ a_{21}x_1 + a_{22}x_2 + \cdots + a_{2n}x_n \leqslant (=、\geqslant) b_2 \\ \cdots\cdots \\ a_{m1}x_1 + a_{m2}x_2 + \cdots + a_{mn}x_n \leqslant (=、\geqslant) b_m \\ x_j \geqslant 0 \, (j = 1, 2, \cdots, n) \end{cases}$$

一般形式也可以简记为

$$\text{目标函数} \quad \max(\min) S = \sum_{j=1}^{n} c_j x_j,$$

$$\text{约束条件} \quad \text{s.t.} \begin{cases} \sum_{j=1}^{n} a_{ij} x_j \leqslant (=、\geqslant) b_i \quad (i = 1, 2, \cdots, m) \\ x_j \geqslant 0 \quad (j = 1, 2, \cdots, n) \end{cases}$$

我们称满足约束条件的一组变量的值 $x_j^{(0)}$ ($j = 1,2,\cdots,n$)为线性规划问题的**可行解**,能使目标函数取得最大(或最小)值的可行解称为**最优解**,由最优解确定的目标函数值叫作**线性规划问题的最优值**.

6.8.2 线性规划问题的图解法

图解法是线性规划问题中最直观、最简便的一种解法,我们仅介绍有两个变量的图解法. 图解法的步骤如下.

(1) 建立平面直角坐标系.

(2) 绘制约束条件图,画出每个约束条件表示的半平面或直线,其交集就是可行域.

(3) 绘制目标函数的等值线.

(4) 向着目标函数的优化方向平移等值线,直到得到等值线与可行域的交点,这种点就是对应的最优解.

例 3 用图解法解线性规划问题

$$\max S = 4x_1 + 5x_2$$

$$\text{s.t.} \begin{cases} 2x_1 + x_2 \leqslant 8 \\ x_2 \leqslant 3 \\ x_1 + 2x_2 \leqslant 8 \\ x_1 \geqslant 0, x_2 \geqslant 0 \end{cases}$$

解:以 x_1 为横坐标, x_2 为纵坐标建立平面直角坐标系,作出该问题的可行域 $ABCDO$ (见图 6-2). 在平面直角坐标系中, $2x_1 + x_2 \leqslant 8$ 表示直线 $2x_1 + x_2 = 8$ 及其左下方的半平面, $x_1 + 2x_2 \leqslant 8$ 表示直线 $x_1 + 2x_2 = 8$ 及其左下方的半平面。 $x_2 \leqslant 3$ 表示只能取 y 轴 3 以下的部分, $x_1 \geqslant 0, x_2 \geqslant 0$ 表示只能取第一象限内的点.

把目标函数 $S = 4x_1 + 5x_2$ 中的 S 看作参数,当 $S = 0$ 时,直线 $4x_1 + 5x_2 = 0$ 过原点,在坐标系内画出该条直线,用虚线表示,如图 6-2 所示. 逐渐增加 S 的取值,意味着在 x_2 轴上的纵截距增加,从而形成一组平行的等值线 $4x_1 + 5x_2 = S$,当平行线移动到恰好要脱离可行域(即阴影区域),即移动到图 6-2 中的 C 点时,目标函数取得最大值. 点 C 是直线 $2x_1 + x_2 = 8$ 与 $x_1 + 2x_2 = 8$ 的交点,即 $C\left[\dfrac{8}{3}, \dfrac{8}{3}\right]$,

目标函数最大值 $S = 24$.

例 4 用图解法解线性规划问题

$$\min S = 3x_1 + 2x_2$$

$$\text{s.t.} \begin{cases} x_1 - x_2 \geqslant 1 \\ x_1 + 2x_2 \geqslant 4 \\ x_1 \geqslant 0, x_2 \geqslant 0 \end{cases}$$

解:在平面直角坐标系内,由约束条件画出可行域,它是一个无界区域,如图 6-3 所示.

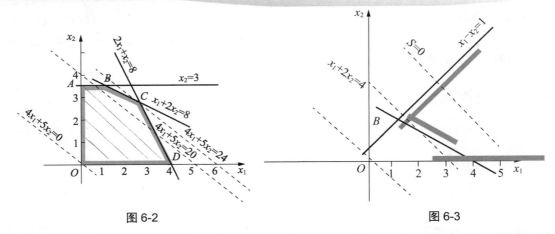

图 6-2   图 6-3

目标函数 $S = 3x_1 + 2x_2$ 表示以 S 为参数的一组平行线，参数 S 的值越小，直线离原点越近，图 6-3 中 B 点就是满足条件的点．B 点是直线 $x_1 - x_2 = 1$ 和 $x_1 + 2x_2 = 4$ 的交点，B 点坐标 $B(2,1)$，目标函数最小值为 $S = 3 \times 2 + 2 \times 1 = 8$．

6.8.3　线性规划图解法的几种情况

1. 有唯一最优解

一般情况是有可行解且最优解是唯一的，最优解必在某个顶点处到达．如例 3、例 4.

2. 有可行解且有无穷多个最优解

若将例 3 的目标函数改为 $S = x_1 + 2x_2$，目标函数同时在 B,C 两个顶点上达到最优，在这两个顶点之间的可行域边界上的各点均为最优点(即线段 BC 上的各点)．

3. 有可行解，但没有最优解

此时可行域是无界的，目标函数在该区域的最大值可以无限增大，目标函数的平行直线的直线无限远离原点．

4. 没有可行解

此时可行域变为空集，线性规划问题无可行解．一般出现无可行解的情况，表明数学模型中存在矛盾的约束条件．

习题 6.8

用图解法解下列线性规划问题.

(1)
$$\min S = 90x_1 + 80x_2$$
$$\text{s.t.} \begin{cases} x_1 + 2x_2 \geqslant 10 \\ 3x_1 + x_2 \geqslant 15 \\ x_1 \geqslant 0, x_2 \geqslant 0 \end{cases};$$

(2)
$$\max S = x_1 + 2x_2$$
$$\text{s.t.} \begin{cases} 2x_1 + x_2 \leqslant 8 \\ x_2 \leqslant 3 \\ x_1 + 2x_2 \leqslant 8 \\ x_1 \geqslant 0, x_2 \geqslant 0 \end{cases};$$

$$\max S = 3x_1 + 3x_2$$

(3) $\text{s.t.} \begin{cases} x_1 - x_2 \geqslant -2 \\ 2x_1 + x_2 \geqslant 4 \\ x_1 \geqslant 0, x_2 \geqslant 0 \end{cases}$;

$$\max S = 2x_1 + 2x_2$$

(4) $\text{s.t.} \begin{cases} x_1 + x_2 \leqslant -2 \\ -x_1 + x_2 \geqslant 1 \\ x_1 \geqslant 0, x_2 \geqslant 0 \end{cases}$.

本 章 小 结

本章主要内容及学习要点

本章主要介绍了行列式、矩阵、逆矩阵、矩阵的秩以及矩阵的初等变换等概念，讨论了行列式的性质及行列式的计算方法，矩阵的运算、逆矩阵的性质和判别，逆矩阵的计算方法，矩阵的秩的计算、矩阵的初等变换和简单的线性规划问题.

1. 行列式的概念

二阶行列式和三阶行列式的计算，可以利用对角线法则. 高阶行列式的计算，可以结合行列式结构的大小，采用定义法；或把行列式按照某一行或某一列展开；也可以利用性质采用"降阶法"计算；或者利用"三角形法"把行列式化为上(下)三角行列式，从而得到行列式的值等于主对角线上元素的乘积.

2. 在矩阵的加法和乘法，首先掌握矩阵运算的分配律、结合律，但同时也要注意矩阵运算不同于实数的运算

(1) 一般情况下，矩阵乘法不满足交换律，即 $\boldsymbol{AB} \neq \boldsymbol{BA}$.

(2) 矩阵乘法不满足消去律，即 $\boldsymbol{AB} = \boldsymbol{AC}$ ，且 $\boldsymbol{A} \neq 0$ ，不一定 $\boldsymbol{B} = \boldsymbol{C}$.

(3) 若矩阵 $\boldsymbol{A}$ 与 $\boldsymbol{B}$ 都不为零，但是 $\boldsymbol{AB}$ 可能为零.

3．若矩阵可逆，求逆矩阵可以利用 $\boldsymbol{A}^{-1} = \dfrac{1}{|\boldsymbol{A}|} \boldsymbol{A}^*$ ，或者利用矩阵的初等行变换

$$[\boldsymbol{A} \vdots \boldsymbol{I}] \xrightarrow{\text{进行一系列初等行变换}} [\boldsymbol{I} \vdots \boldsymbol{A}^{-1}] \text{求得}$$

4．利用初等变换的方法求矩阵的秩，阶梯形矩阵中非零行的行数等于矩阵的秩

5．初等变换可以求解线性方程组

线性方程组的解有三种情况：无解、有唯一解、有无穷多解.

6．线性规划数学模型的一般形式

目标函数　　$\max (\min) S = \displaystyle\sum_{j=1}^{n} c_j x_j$

约束条件　　$\text{s.t.} \begin{cases} \displaystyle\sum_{j=1}^{n} a_{ij} x_j \leqslant (=、\geqslant) b_i & (i = 1, 2, \cdots, m) \\ x_j \geqslant 0 & (j = 1, 2, \cdots, n) \end{cases}$

7．图解法的步骤

(1) 建立平面直角坐标系.

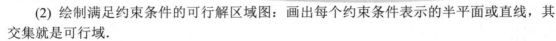

(2) 绘制满足约束条件的可行解区域图：画出每个约束条件表示的半平面或直线，其交集就是可行域.

(3) 绘制目标函数的等值线.

(4) 求目标函数的最优解.

自 测 题

一、填空题

1. 若 $\begin{vmatrix} a_1 & a_2 \\ b_1 & b_2 \end{vmatrix} = 2$, 则 $\begin{vmatrix} a_1 + 2b_1 & a_2 + 2b_2 \\ b_1 & b_2 \end{vmatrix} = $ _____.

2. 当 $k = $ _____时, $\begin{vmatrix} k & 3 & 4 \\ 0 & k & 1 \\ -1 & k & 0 \end{vmatrix} = 0$.

3. 当 _____时，矩阵 $A_{m \times n}$ 与矩阵 $B_{r \times s}$ 的乘积有意义，且 AB 是一个 _____矩阵.

4. 设 A 为三阶方阵，且 $|A| = 3$, 则 $|-2A| = $ ____, $|A^2| = $ ____, $|A^{-1}| = $ ____.

5. 矩阵 $A = \begin{bmatrix} a & b \\ c & d \end{bmatrix}$ 的伴随矩阵是_____.

6. 设矩阵 $A_{m \times n}$ 的秩为 r , 则 A 中至少有一个_____阶子式都不等于零.

7. 当 $k = $ _____时，矩阵 $A = \begin{bmatrix} 1 & 0 & 1 \\ k^2 & k & 0 \\ 1 & 2 & 3 \end{bmatrix}$ 可逆.

8. 方阵 $\begin{bmatrix} 2 & 3 \\ 4 & 4 \end{bmatrix}$ 的逆矩阵是_____.

二、计算下列行列式的值

(1) $\begin{vmatrix} 1 & 5 & 1 \\ 5 & 1 & 5 \\ 5 & 5 & 1 \end{vmatrix}$;

(2) $\begin{vmatrix} 1 & 2 & 3 \\ 4 & 0 & 5 \\ -1 & 0 & 6 \end{vmatrix}$;

(3) $\begin{vmatrix} 1 & 1 & 1 & 1 \\ 1 & -1 & 1 & 1 \\ 1 & 1 & -1 & 1 \\ 1 & 1 & 1 & -1 \end{vmatrix}$;

(4) $\begin{vmatrix} 0 & a & b & a \\ a & 0 & a & b \\ b & a & 0 & a \\ a & b & a & 0 \end{vmatrix}$;

(5) $\begin{vmatrix} 1 & 2 & -1 & 2 \\ -1 & 1 & 2 & 3 \\ 0 & 0 & 1 & 2 \\ 0 & 0 & -2 & 1 \end{vmatrix}$;

(6) $\begin{vmatrix} x & y & 0 & \cdots & 0 & 0 \\ 0 & x & y & \cdots & 0 & 0 \\ \cdots & \cdots & \cdots & \cdots & \cdots & \cdots \\ 0 & 0 & 0 & \cdots & x & y \\ y & 0 & 0 & \cdots & 0 & x \end{vmatrix}$.

三、用初等变换求下列方程组的通解

(1) $\begin{cases} x_1 + x_2 - 2x_3 - x_4 = -1 \\ x_1 + 5x_2 - 3x_3 - 2x_4 = 0 \\ 3x_1 - x_2 + x_3 + 4x_4 = 2 \\ -2x_1 + 2x_2 + x_3 - x_4 = 1 \end{cases}$;

(2) $\begin{cases} 2x_1 - x_2 - x_3 + x_4 = 1 \\ 3x_1 + x_2 - 2x_3 - x_4 = 1 \\ 4x_1 + 3x_2 - 3x_3 - 3x_4 = 1 \end{cases}$;

(3) $\begin{cases} x_1 - x_2 + 5x_3 - x_4 = 0 \\ x_1 + x_2 - 2x_3 + 3x_4 = 0 \\ 3x_1 - x_2 + 8x_3 + x_4 = 0 \end{cases}$.

四、矩阵的计算

(1) $\begin{bmatrix} -2 & 4 \\ 0 & 3 \\ 8 & 6 \end{bmatrix} - \begin{bmatrix} 1 & -4 \\ 2 & 6 \\ 4 & 1 \end{bmatrix}$;

(2) $\begin{bmatrix} 1 & 2 & 0 \\ -1 & 1 & 2 \end{bmatrix} \begin{bmatrix} 1 & 2 & 1 \\ 0 & 1 & 2 \\ 3 & 0 & -1 \end{bmatrix}$;

(3) $\begin{bmatrix} 2 \\ 3 \\ -1 \end{bmatrix} \begin{bmatrix} 1 & -1 & -1 \end{bmatrix}$;

(4) $\begin{bmatrix} 1 & -1 & 2 \end{bmatrix} \begin{bmatrix} -1 & 2 & 0 \\ 0 & 1 & 1 \\ 3 & 0 & -1 \end{bmatrix} \begin{bmatrix} 1 \\ 2 \\ 3 \end{bmatrix}$.

五、证明

设 $A = \begin{bmatrix} 1 & 2 \\ 1 & 0 \end{bmatrix}$，$B = \begin{bmatrix} 1 & 0 \\ 1 & 2 \end{bmatrix}$，问：

(1) $AB = BA$ 成立吗？为什么？

(2) $(A + B)^2 = A^2 + 2AB + B^2$ 成立吗？为什么？

(3) $(A + B)(A - B) = A^2 - B^2$ 成立吗？为什么？

六、判断下列矩阵是否可逆，若可逆，求其逆矩阵

(1) $\begin{bmatrix} 2 & 3 \\ 1 & 4 \end{bmatrix}$;

(2) $\begin{bmatrix} 0 & 2 & 1 \\ 1 & -1 & 1 \\ 3 & -1 & 2 \end{bmatrix}$;

(3) $\begin{bmatrix} 1 & 1 & 0 \\ 1 & 2 & 2 \\ 2 & 3 & 2 \end{bmatrix}$.

七、求下列矩阵的秩

(1) $\begin{bmatrix} 2 & 1 & 3 & -1 \\ 3 & -1 & 2 & 0 \\ 1 & 3 & 4 & -2 \\ 4 & -3 & 1 & 1 \end{bmatrix}$;

(2) $\begin{bmatrix} 1 & 2 & 3 & 4 & 5 \\ -1 & -2 & -3 & -3 & -4 \\ 1 & 3 & 3 & 3 & 4 \\ 2 & 2 & 2 & 2 & 3 \end{bmatrix}$;

(3) $\begin{bmatrix} 1 & 0 & 0 & 1 & 4 \\ 0 & 1 & 0 & 2 & 5 \\ 0 & 0 & 1 & 3 & 6 \\ 1 & 2 & 3 & 14 & 32 \\ 4 & 5 & 6 & 32 & 77 \end{bmatrix}$.

八、利用矩阵的初等变换，求下列矩阵的逆矩阵

(1) $\begin{bmatrix} 3 & 1 & 1 \\ 2 & 1 & 0 \\ 1 & 0 & 0 \end{bmatrix}$;

(2) $\begin{bmatrix} 1 & 2 & 3 \\ 2 & 2 & 1 \\ 3 & 4 & 3 \end{bmatrix}$;

(3) $\begin{bmatrix} 1 & 5 & 3 & 7 \\ 2 & 1 & 3 & 0 \\ 0 & 0 & 1 & 2 \\ 0 & 1 & 0 & 1 \end{bmatrix}$;

(4) $\begin{bmatrix} 1 & 0 & 0 & 0 \\ \lambda & 1 & 0 & 0 \\ 0 & \lambda & 1 & 0 \\ 0 & 0 & \lambda & 1 \end{bmatrix}$ $(\lambda \neq 0)$.

九、证明

如果 n 阶矩阵 A, B, C 都可逆，则 ABC 也可逆，且 $(ABC)^{-1} = C^{-1}B^{-1}A^{-1}$.

十、证明并求解

若 n 阶矩阵满足 $A^2 - 2A - 4I = 0$，试证明 $A + I$ 可逆，并求 $(A+I)^{-1}$.

 拓展阅读——行列式发展史 →

第7章 概率统计初步

【知识目标】

- 理解随机试验、随机事件及样本空间的概念.
- 理解掌握事件之间的关系与运算.
- 掌握概率的基本性质, 会用古典概型和概率的加法公式求概率.
- 掌握概率的乘法公式.
- 会判断事件的独立性, 会利用事件的独立性及全概率公式求概率.
- 了解随机变量、离散型随机变量、连续型随机变量的概念和性质.
- 掌握两点分布、二项分布、泊松分布、均匀分布、指数分布、正态分布等概率分布的计算.

【能力目标】

- 熟练掌握古典概型和概率的加法公式.
- 能利用乘法公式求概率.
- 掌握事件的独立性, 会利用事件的独立性及全概率公式求概率.
- 会查正态分布表.
- 掌握数学期望、方差、标准差的概念和计算.
- 能求随机变量函数的数学期望和方差.

案例：生日问题

举一个我们身边的古典概型的例子——生日问题. 假设每个人的生日在一年 365 天中的任一天是等可能的, 即概率都等于 1/365. 某个班级有 64 名学生, 那么这 64 名学生中至少有两名学生生日相同的概率为 0.997, 64 名学生中至少有两名学生生日相同几乎成了一个必然事件. 怎么样? 没想到吧, 是不是感觉很有意思?

学习完本章内容后你就能独立完成这种概率的计算问题, 而且你会发现概率真的很有用, 它能够解决生活中的很多问题.

概率论是研究和揭示随机现象客观规律性的数学学科，它是近代数学的一个重要分支，随着生产的发展和科学研究的深入，概率统计的思想方法日益渗透到自然科学和社会科学的众多领域中，它在工业、国防、地质、物理、生物、医学及企业管理等方面有着广泛的应用．本章介绍的随机事件及其概率的计算方法是概率论中最基本、最重要的内容之一．

7.1 随机事件及其相关概念

7.1.1 随机现象和随机事件

1. 随机现象

随机事件及其
相关概念

客观世界存在的种种现象，大体可以分为两类：一类是在一定条件下必然发生的现象，称为**确定性现象**．例如，在标准大气压下，水加热到 100℃ 必然会沸腾；同性电荷必然相斥；垂直上抛一重物，该重物必然会垂直下落等．另一类是在一定条件下，可能发生也可能不发生的现象，称为**随机现象**．例如，抛一枚硬币，可能出现正面朝上，也可能出现反面朝上；掷一枚骰子，可能出现的点数为 2 点、3 点、5 点；某人射击命中靶子 8 环；从一批含有 5 件不合格品中任取一件来检验，可能是合格品，也可能是不合格品．

2. 随机试验

为了研究和揭示随机现象的统计规律性，要对随机现象进行大量重复的观测和研究，我们把进行一次观测或进行一次实验的过程统称为**试验**，满足下列条件的实验称为**随机试验**.

(1) 试验可以在相同条件下重复进行．

(2) 每次试验具有多种可能结果，并且事先知道试验的所有可能结果．

(3) 试验之前不能准确预言试验后会出现哪一种结果．

随机试验的每一种可能结果称作**随机事件**，简称**事件**，通常用大写字母 A, B, C 等表示．例如，抛一枚硬币，用 $A = \{$正面朝上$\}$，$B = \{$反面朝上$\}$，分别表示随机事件；在产品检验中 $A_0 = \{$全是合格品$\}$，$A_1 = \{$有1件不合格品$\}$，$A_2 = \{$有2件不合格品$\}$，…，这里 A_0, A_1, A_2 也是随机事件.

在每次试验中，必然发生的事件称为必然事件，用 Ω 表示；一定不发生的事件称为不可能事件，用 ϕ 表示；可能发生也可能不发生的事件称为随机事件，为了以后讨论方便，我们将必然事件和不可能事件也当作随机事件．

3. 样本空间

随机试验有多种结果，我们把不能再分解的最简单的试验结果称为**基本事件**(样本点)，记作 ω，由若干个基本事件组成的试验结果称为**复合事件**．全体基本事件的总和构成的集合称为**样本空间**，记作 Ω．例如，掷一枚骰子，"出现奇数点""出现偶数点"是复合事件，"出现 1 点""出现 2 点"是基本事件，全体基本事件的总和构成样本空间.

例 1 写出下列各个事件的样本空间.

(1) 同时抛两枚硬币，观察正面朝上的情况.

(2) 某公共汽车每间隔 5 分钟发一辆车，写出乘客等车的时间.

(3) 掷两枚骰子，观察出现的点数；

(4) 10 件产品中有 2 件不合格品，每次从中取一件，直到 2 件不合格品都取出，求：抽取的次数.

解：(1) 正面朝上的情况有 4 种，样本空间为

$\Omega = \{(正，正), (正，反), (反，正), (反，反)\}$.

(2) 乘客等车的时间为 0～5 分钟，样本空间为

$\Omega = \{t \mid 0 < t < 5\}$.

(3) 掷两枚骰子，共会出现 36 种情况，样本空间为

$\Omega = \{(1，1), (1，2), (1，3), (1，4), (1，5), (1，6), \cdots, (6，1), (6，2), \cdots, (6，6)\}$.

(4) 2 件不合格品都取出时抽取次数最少是 2 次，依次类推，样本空间为

$\Omega = \{2, 3, 4, \cdots, 10\}$.

7.1.2　事件的关系与运算

在一个随机试验中，一般有很多个事件，为了更好地研究复杂事件的规律，需要研究事件间的关系和运算，事件间的各种关系和运算法则与集合间的关系和运算非常相似.

1．事件的包含

如果事件 A 发生必然导致事件 B 发生，则称事件 B 包含事件 A，或称事件 A 是事件 B 的子事件，记作 $A \subset B$ 或 $B \supset A$.

例如，在掷骰子试验中，$A = \{出现1点\}$，$B = \{出现奇数点\}$，则 $A \subset B$.

2．事件的相等

设 A、B 是两个事件，如果 $A \subset B$ 且 $B \subset A$，则称事件 A 与 B 相等，记作 $A = B$.

3．事件的并(和)

如果事件 A 和 B 至少有一个发生，称为事件 A 与事件 B 的并(和)，记作 $A + B$ 或 $A \bigcup B$.

例如，$A = \{1, 3, 5, 7\}$，$B = \{2, 3, 4, 5\}$，则 $A + B = \{1, 2, 3, 4, 5, 7\}$.

4．事件的交(积)

事件 A 与 B 同时发生所构成的事件，称为事件 A 与事件 B 的交(积)，记作 AB 或 $A \bigcap B$. 例如，$A = \{1, 3, 5, 7, 9\}$，$B = \{1, 2, 3, 5\}$，则 $AB = \{1, 3, 5\}$.

若 A 为任意随机事件，则有 $A \bigcap A = A$；$A \bigcap \Omega = A$；$A \bigcap \Phi = \Phi$.

5．事件的差

事件 A 发生而事件 B 不发生所构成的事件，称为事件 A 与事件 B 的差，记作 $A - B$.

例如，设 $A = \{甲厂生产的产品\}$，$B = \{合格品\}$，$C = \{甲厂生产的不合格品\}$，则 $C = A - B$.

6．互不相容事件(互斥事件)

如果事件 A 与事件 B 不能同时发生，即 $A \cap B = \Phi$，则称为事件 A 与事件 B 互不相容(或互斥)．

例如，口袋里装有红、白、黄三个球，从中任意摸出一球，令 $A = \{$摸出红球$\}$，$B = \{$摸出黄球$\}$，则事件 A 与事件 B 互斥．

7．互逆事件

若事件 A 与事件 B 满足 $AB = \phi$，且 $A + B = \Omega$，则称事件 A 与事件 B 互逆(或对立)．

其含义是：每次试验事件 A、事件 B 中必有一个发生，且仅有一个发生，事件 A 的逆事件(或对立事件)记为 $\bar{A}$．

显然，互逆事件一定是互不相容事件，而互不相容事件不一定是互逆事件．

事件的关系与运算可以用如图 7-1 所示的文氏图表示．

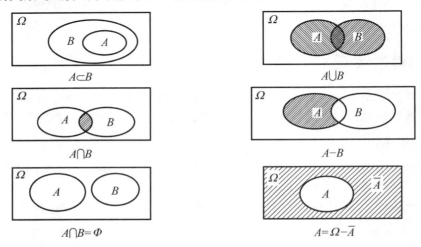

图 7-1

8．完备事件组

若 n 个事件 $A_1, A_2, \cdots, A_n$ 满足：

(1) $A_1, A_2, \cdots, A_n$ 两两互不相容，即 $A_i A_j = \Phi (i, j = 1, 2, \cdots, n; i \neq j)$．

(2) $A_1 \cup A_2 \cup \cdots \cup A_n = \Omega$，即 $\sum_{i=1}^{n} A_i = \Omega$．

则称事件 $A_1, A_2, \cdots, A_n$ 构成完备事件组．

显然对立事件 A 与 $\bar{A}$ 构成完备事件组．再如，将一枚硬币掷两次，正面朝上的次数 $A_0 = \{0$ 次$\}$，$A_1 = \{1$ 次$\}$，$A_2 = \{2$ 次$\}$，则 A_0, A_1, A_2 构成完备事件组．

9．事件的运算律

事件的运算满足以下定律．

(1) 交换律　$A \cup B = B \cup A$，$A \cap B = B \cap A$．

(2) 结合律　$(A \cup B) \cup C = A \cup (B \cup C)$，
　　　　　　$(A \cap B) \cap C = A \cap (B \cap C)$．

(3) 分配律　$(A \cup B) \cap C = (A \cap C) \cup (B \cap C)$，

$(A \cap B) \cup C = (A \cup C) \cap (B \cup C)$．

(4) 德·摩根律(对偶律) $\overline{A \cup B} = \overline{A} \cap \overline{B}$，$\overline{A \cap B} = \overline{A} \cup \overline{B}$．

例 2　设 A, B, C 为三个基本事件，将下列事件用 A, B, C 的运算式子表示．

(1) 仅 A 发生；　　　　　　　(2) A, B 发生，但 C 不发生；

(3) A, B, C 中至少有一个发生；　　(4) A, B, C 中恰有一个发生；

(5) A, B, C 中至少有两个发生．

解：(1) 仅 A 发生，表示 B, C 不发生，即 $A\overline{B}\overline{C}$．

(2) 表示 A, B 同时发生，但 C 不发生，即 $AB\overline{C}$．

(3) 表示 A, B, C 中有一个或两个，或三个同时发生，即 $A \cup B \cup C$．

(4) 可以是只有 A 或只有 B 发生，也可以是只有 C 发生，即 $(A\overline{B}\overline{C}) \cup (\overline{A}B\overline{C}) \cup (\overline{A}\overline{B}C)$．

(5) 可以是 A, B, C 中的任意两个或三个都发生，即 $AB \cup BC \cup CA$ 或 $(AB\overline{C}) \cup (A\overline{B}C) \cup (\overline{A}BC) \cup (ABC)$．

习题 7.1

1. 指出下列事件哪些是必然事件、不可能事件、随机事件．

(1) 没有水分，种子会发芽．

(2) 明年的中秋节能观赏到月亮．

(3) 从一副扑克牌中任意抽取 14 张，至少有一张红桃．

(4) 开车通过 5 个红绿灯的路口，会遇到 3 次红灯．

(5) 如果 a, b 是实数，则 $a + b = b + a$．

2. 某射手向目标射击 3 次，用 A_i 表示第 i 次击中目标，试用事件的关系表示．

①三次都击中目标；②至少有一次击中目标；③恰好有两次击中目标；④最多击中一次；⑤至少有一次没有击中目标；⑥三次都没有击中目标．

3. 随机抽取 3 件产品，用 A_i 表示"3 件中至少有 i 件不合格品"，试用语言描述下列事件：①$\overline{A_1}$；②$\overline{A_2}$；③$A_0 \cup A_1$；④$A_1 - A_2$．

7.2　概率及其性质

随机事件在一次试验中有可能发生，就会产生发生可能性大小的问题．事实上，在多次重复试验中，它发生的可能性大小是可以"度量"的．本节首先引入频率的概念，进而引出度量随机事件发生可能性大小的数量指标——概率．

概率及其性质

7.2.1　概率的统计定义

1. 频率

定义 7.1　在相同的条件下将一试验重复进行 n 次，事件 A 发生 m 次，则称 $\dfrac{m}{n}$ 为事件

A 发生的频率，记作 $f_n(A)$，即 $f_n(A) = \dfrac{m}{n}$.

频率具有以下性质.

(1) $0 \leqslant f_n(A) \leqslant 1$；　　　(2) $f_n(\Omega) = 1$；　　　(3) $f_n(\Phi) = 0$.

频率反映了一个随机事件在大量重复试验中发生的频繁程度. 例如，在抛掷一枚质量均匀的硬币时，虽然一次试验不能确定是否会出现正面，但经过大量重复试验后可以发现，"正面朝上"和"反面朝上"的次数基本相同，大约各占试验总次数的一半(见表 7-1)，而且随着试验次数的增加，这一比例更加稳定地趋近于一半，这表明随机试验当试验次数很大时，随机事件的频率具有一定的稳定性，这种性质在概率论中被称为**频率的稳定性**.

表 7-1

试验者	抛掷次数(次)	正面朝上的次数 m (次)	正面朝上的频率 $\dfrac{m}{n}$
德·摩根	2048	1061	0.5181
蒲丰	4040	2048	0.5069
K.皮尔逊	12000	6019	0.5016
维尼	30000	14994	0.4998

2. 概率

定义 7.2 (概率的统计定义)在相同的条件下重复进行 n 次试验，如果事件 A 发生的频率 $\dfrac{m}{n}$ 稳定地在某个常数 p 附近摆动，那么称 p 为事件 A 发生的概率，记作 $P(A) = p$.

根据概率的统计定义，当试验次数足够大时，可以用事件 A 发生的频率近似地代替事件 A 的概率，且随着试验次数的逐渐增加，估计的精确度也会越来越高.

7.2.2　古典概型

具有以下特征的随机试验模型称为**古典概型**.

(1) 有限性：随机试验可能发生的结果的个数是有限的.

(2) 等可能性：每一个结果发生的可能性大小相同.

(3) 每次实验只出现一个结果.

古典概型又称为**等可能概型**，是最基本的概率模型. 前面提到的抛硬币、掷骰子等试验都是古典概型. 根据古典概型的特点，我们可以定义随机事件的概率.

定义 7.3　对于给定的古典概型，若样本空间中基本事件的总数为 n，事件 A 包含 k 个基本事件，则事件 A 发生的概率为

$$P(A) = \frac{k}{n} = \frac{\text{事件} A \text{包含的基本事件数}}{\text{样本空间所包含的基本事件数}}$$

上述定义称为概率的**古典定义**.

例 1　设在 100 件产品中有 4 件产品不合格，其余都是合格品，从中任取 3 件，求：
(1)恰有 1 件不合格品的概率？(2)3 件全是合格品的概率？

解： 本题属于古典概型，从 100 件产品中任取 3 件的取法有 C_{100}^3 种，即基本事件总数是 C_{100}^3 .

设 $A = \{$恰有 1 件不合格品$\}$，$B = \{3$ 件全是合格品$\}$

(1) 事件 A 包含的基本事件总数为 $m_A = C_{96}^2 C_4^1$

$$P(A) = \frac{C_{96}^2 C_4^1}{C_{100}^3} = 0.11 .$$

(2) 事件 B 包含的基本事件总数为 $m_B = C_{96}^3$

$$P(B) = \frac{C_{96}^3}{C_{100}^3} = 0.88 .$$

例 2 口袋里装有 a 个白球，b 个黑球，现从口袋里任意取出两个球，分别按有放回和无放回两种情况抽取出：(1)取出的两个球都是白球的概率？(2)取出的两个球是一白一黑的概率？

解： 设 $A = \{$取出的两个球都是白球$\}$，$B = \{$取出的两个球颜色不同$\}$

有放回情况：基本事件是重复排列，$n = (a+b)^2$

(1) 取出的两个球都是白球，A 所包含的基本事件数为 $m = a \times a = a^2$，

$$P(A) = \frac{m}{n} = \frac{a^2}{(a+b)^2} .$$

(2) 取出的两个球一白一黑，只要顺序不同，就看作不同的取法，B 包含的基本事件总数为 $m = C_a^1 C_b^1 + C_b^1 C_a^1 = 2ab$，

$$P(B) = \frac{m}{n} = \frac{2ab}{(a+b)^2} .$$

无放回情况：从 $a+b$ 个球中无放回抽取两个球，是排列问题，基本事件总数为 P_{a+b}^2，

(1) 取出的两个都是白球，A 所包含的基本事件数为 $m = P_a^2$，

$$P(A) = \frac{m}{n} = \frac{P_a^2}{P_{a+b}^2} = \frac{a(a-1)}{(a+b)(a+b-1)} .$$

(2) 取出的两个球可以是先白后黑，也可以是先黑后白．B 包含的基本事件总数是组合问题，$m = C_a^1 C_b^1 + C_b^1 C_a^1 = 2ab$，

$$P(B) = \frac{m}{n} = \frac{2ab}{P_{a+b}^2} = \frac{2ab}{(a+b)(a+b-1)} .$$

7.2.3　概率的性质与加法公式

由概率的统计定义可知，概率具有如下性质．

性质 1(非负性) 对任一事件 A，有 $0 \leqslant P(A) \leqslant 1$.

性质 2(规范性) $P(\Omega) = 1$；$P(\Phi) = 0$.

性质 3 设 A, B 为任意两个事件，有

$$P(A + B) = P(A) + P(B) - P(AB) \tag{7.1}$$

通常被称为**概率的加法公式**.

注 性质 3 可以推广到任意 n 个事件和的情形，如 $n = 3$ 时

$$P(A+B+C)=P(A)+P(B)+P(C)-P(AB)-P(AC)-P(BC)+P(ABC)$$

性质 4　如果 A,B 为互不相容的事件，则

$$P(A+B)=P(A)+P(B)$$

推论　如果事件 $A_1,A_2,\cdots,A_n$ 两两互斥，则

$$P(A_1+A_2+\cdots+A_n)=P(A_1)+P(A_2)+\cdots+P(A_n)$$

性质 5　设 A 为任意一个随机事件，则 $P(\overline{A})=1-P(A)$.

性质 6　$P(A-B)=P(A)-P(AB)$，特别地，若 $B\subset A$，则 $P(A-B)=P(A)-P(B)$.

例 3　气象资料显示甲、乙两个城市 7 月降雨情况. 已知甲城市 7 月出现雨天的概率为 0.3，乙城市出现雨天的概率为 0.4，甲、乙两个城市至少有一个出现雨天的概率为 0.52，试求甲、乙两个城市同时出现雨天的概率？

解：设 $A=\{$甲城市下雨$\}$，　$B=\{$乙城市下雨$\}$

则　　$P(A)=0.3,P(B)=0.4,P(A\bigcup B)=0.52$

所以　$P(AB)=P(A)+P(B)-P(A\bigcup B)=0.3+0.4-0.52=0.18$.

习题 7.2

1. 已知 $P(\overline{A})=0.6,P(AB)=0.25$，$P(B)=0.3$，求 $P(A-B)$，$P(A+B)$，$P(\overline{AB})$.

2. 某射击手在一次射击中击中 10 环，9 环，8 环的概率分别是 0.24，0.28，0.19，求该射手在一次射击中，(1)射中 10 环或 9 环的概率？(2)射中不到 8 环的概率？

3. 在 $1\sim100$ 的自然数中，任取一个数，求这个数能被 2 或 5 整除的概率.

4. 一批产品共有 50 件，其中有 5 件不合格品，从中任取 10 件进行检验，求：

(1) 其中至少有 2 件不合格品的概率？

(2) 最多有 1 件不合格品的概率？

5. 口袋里装有 5 个球，其中 3 个红球，2 个绿球，现从口袋里任意抽取 2 个球，按有放回抽取的情况求：(1)取出的两个球都是红球的概率？(2)取出的两个球是一红一绿的概率？

7.3　概率的基本计算方法

7.3.1　条件概率与乘法公式

1. 条件概率

在许多实际问题中，我们不仅会遇到求"某个事件发生的概率"，还会遇到求"在某个事件发生的情况下，求另外一个事件发生的概率"问题，这种概率称为**条件概率**.

引例　盒中装有 20 个玻璃球，其中 16 个红球，4 个白球；10 个木质球，其中 8 个红球，2 个白球，如表 7-2 所示. 现从中任意抽取一球，求下列事件的概率.

条件概率与
乘法公式

表 7-2

	玻　璃　球	木　质　球	合　　计
红色	16	8	24
白色	4	2	6
合计	20	10	30

(1) 抽到的是白球.

(2) 抽到的是玻璃球.

(3) 抽到的是白色玻璃球.

(4) 在已知抽到白球的情况下，它又是玻璃球.

解： 设抽到的是白球的事件为 A，抽到的是玻璃球的事件为 B.

(1) 从表 7-2 中可以看到，盒中共有 30 个球，白球共 6 个，抽到白球属于古典概型，所以 $P(A) = \dfrac{6}{30}$.

(2) 玻璃球共有 20 个，抽到玻璃球的事件也属于古典概型，即 $P(B) = \dfrac{20}{30}$.

(3) 而白色玻璃球共 4 个，所以 $P(AB) = \dfrac{4}{30}$.

(4) 该事件与(3)的事件是不同的，我们知道白球共 6 个，而其中玻璃球有 4 个，样本空间为 6，这种有附加条件的概率将是下面要讲述的条件概率，记作 $P(B|A)$，所以

$$P(B|A) = \frac{4}{6} = \frac{4/30}{6/30} = \frac{P(AB)}{P(A)}.$$

一般地，$P(B|A) = \dfrac{在 A 发生的条件下 B 包含的样本点数}{缩减后的样本空间 \Omega_A 包含的样本点数} = \dfrac{P(AB)}{P(A)}$.

定义 7.4 设 A, B 为同一个随机试验中的两个随机事件，且 $P(A) \neq 0$，则称

$$P(B|A) = \frac{P(AB)}{P(A)} \tag{7.2}$$

为在事件 A 发生的条件下，事件 B 发生的条件概率.

类似地，如果 $P(B) \neq 0$，那么 $P(A|B) = \dfrac{P(AB)}{P(B)}$.

例 1 某商场销售一种商品，其中甲厂生产的产品有 60 件，4 件不合格品；乙厂生产的产品有 40 件，5 件不合格品. 现从商场随机购买 1 件该种商品，已知 1 件是不合格品，求该产品是由甲厂生产的概率.

解： 设 $A = \{甲厂生产的产品\}$，$B = \{购买一件不合格品\}$

方法 1： 缩减后的样本空间包含的样本点数由原来的 100 减少为 9，事件包含的样本点数为 4，所以 $P(A|B) = \dfrac{4}{9}$.

方法 2： 由题设可知　$P(B) = \dfrac{9}{100}$，　　　$P(AB) = \dfrac{4}{100}$

因此 $\qquad P(A|B) = \dfrac{P(AB)}{P(B)} = \dfrac{4/100}{9/100} = \dfrac{4}{9}$.

例 2 口袋中装有 5 个球,其中 2 个白球,3 个黑球.现在不放回地摸球两次,每次只摸 1 个球,如果已知第 1 次摸到的是黑球,求第 2 次摸到的也是黑球的概率.

解: 设 A 表示"第 1 次摸到黑球",B 表示"第 2 次摸到黑球".

因为第 2 次摸到黑球的概率与第 1 次摸到黑球有关,因此属于条件概率.

方法 1: 缩减后的样本空间包含的样本点数,由原来的 5 减少为 4,且事件 B 包含的样本点数为 2,即事件 A 发生后,口袋中的黑球只有 2 个.

所以 $\qquad P(B|A) = \dfrac{2}{4}$.

方法 2: $P(A) = \dfrac{3}{5} = 0.6 \qquad P(AB) = \dfrac{3}{5} \times \dfrac{2}{4} = 0.3$

所以 $\qquad P(B|A) = \dfrac{P(AB)}{P(A)} = \dfrac{0.3}{0.6} = 0.5$.

2. 乘法公式

由条件概率的定义可得:
$$P(AB) = P(A)P(B|A) \quad (P(A) > 0) \ \text{或}$$
$$P(AB) = P(B)P(A|B) \quad (P(B) > 0) \tag{7.3}$$

公式(7.3)称为**乘法公式**,利用它可以计算两个事件同时发生的概率.

乘法公式可以推广到 3 个事件的情形,此时
$$P(ABC) = P(A)P(B|A)P(C|AB) \quad (P(AB) > 0) \tag{7.4}$$

对于 n 个事件 $A_1, A_2, \cdots, A_n$,若 $P(A_1 A_2 \cdots A_{n-1}) > 0$,则
$$P(A_1 A_2 \cdots A_n) = P(A_1)P(A_2|A_1)P(A_3|A_1 A_2) \cdots P(A_n|A_1 A_2 \cdots A_{n-1}) \tag{7.5}$$

例 3 一批零件共 100 件,其中有 7 个不合格品,每次从中任取 1 件,取后不放回,求第三次才取到合格品的概率.

解: 设 $A_i = \{$第i次取到合格品$\}$,$(i = 1, 2, 3)$

$\overline{A_1} = \{$第1次取到不合格品$\}$ $\overline{A_2} = \{$第2次取到不合格品$\}$,由乘法公式所求概率为

$$P(\overline{A_1}\,\overline{A_2} A_3) = P(\overline{A_1})P(\overline{A_2}|\overline{A_1})P(A_3|\overline{A_1}\,\overline{A_2})$$

$$= \dfrac{7}{100} \times \dfrac{6}{99} \times \dfrac{93}{98} \approx 0.004$$.

7.3.2 全概率公式与贝叶斯公式

在实际问题中,我们可能会遇到计算一个复杂事件的概率,通常把该事件分解成若干个互斥的简单事件之和,然后分别计算这些简单事件的概率,利用概率的可加性得到最终结果.

全概率公式与
贝叶斯公式

1. 全概率公式

定义 7.5 如图 7-2 所示，如果事件 $A_1, A_2, \cdots, A_n$ 构成一个完备事件组，且 $P(A_i) > 0$ $(i = 1, 2, \cdots, n)$，则对于任一事件 B，有

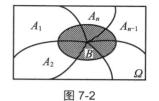

图 7-2

$$P(B) = \sum_{i=1}^{n} P(A_i)P(B|A_i) \qquad (7.6)$$

证明： 因为 $A_1, A_2, \cdots, A_n$ 两两互斥，

所以

$$B = B\Omega = B(A_1 + A_2 + \cdots + A_n) = BA_1 + BA_2 + \cdots + BA_n$$

$$P(B) = P(BA_1 + BA_2 + \cdots + BA_n) = \sum_{i=1}^{n} P(BA_i) = \sum_{i=1}^{n} P(A_i)P(B|A_i)$$

例 4 某仓库存有同一规格的产品，其中甲厂生产 15%，乙厂生产 20%，丙厂生产 30%，丁厂生产 35%，且甲、乙、丙、丁四个厂生产该产品的不合格品率分别为 0.5、0.6、0.4 和 0.3．现从中任取一件，求取到不合格品的概率．

解： 设 $A_1 = \{$甲厂生产的产品$\}$，$A_2 = \{$乙厂生产的产品$\}$，$A_3 = \{$丙厂生产的产品$\}$，$A_4 = \{$丁厂生产的产品$\}$，$B = \{$取到次品$\}$，则 A_1, A_2, A_3, A_4 构成一个完备事件组．由题意得

$$P(A_1) = 15\%, P(A_2) = 20\%, P(A_3) = 30\%, P(A_4) = 35\%$$

$$P(B|A_1) = 0.5, P(B|A_2) = 0.6, P(B|A_3) = 0.4, P(B|A_4) = 0.3.$$

由全概率公式，得

$$P(B) = \sum_{i=1}^{4} P(A_i)P(B|A_i) = 0.15 \times 0.5 + 0.2 \times 0.6 + 0.3 \times 0.4 + 0.35 \times 0.3$$

$$= 0.42.$$

2. 贝叶斯公式(逆概率公式)

与全概率公式不同，下面要介绍的贝叶斯公式则考虑与之相反的问题，即某一事件已经发生，求引发该事件的原因可能性大小的问题．

定义 7.6 如果事件 $A_1, A_2, \cdots, A_n$ 构成一个完备事件组，且 $P(A_i) > 0$ $(i = 1, 2, \cdots, n)$，则对于任一事件 B，$P(B) > 0$，有

$$P(A_i|B) = \frac{P(A_i)P(B|A_i)}{P(B)} = \frac{P(A_i)P(B|A_i)}{\sum_{j=1}^{n} P(A_j)P(B|A_j)} \quad (i = 1, 2, \cdots, n) \qquad (7.7)$$

在贝叶斯公式中，我们称 $P(A_i)$ 为**先验概率**，它反映了各种原因发生的可能性大小，而称 $P(A_i|B)$ 为**后验概率**，它有助于我们在实验之后对各种原因发生的可能性大小有进一步的了解，可以对以往认识有一种修正．

例 5 设某工厂有甲、乙、丙三个车间生产同一种类型的产品，已知各车间的产量分别占全厂产量的 25%，35%，40%，而且各车间的不合格品率依次为 5%，4%，2%．现从待出厂的产品中检查出一个不合格品，试判断它是由甲车间生产的概率．

解： 设 A_1, A_2, A_3 分别表示产品由甲、乙、丙车间生产，B 表示产品为次品，显然 A_1, A_2, A_3 构成完备事件组．依题意，有

$$P(A_1) = 25\%, \quad P(A_2) = 35\%, \quad P(A_3) = 40\%,$$

$$P(B|A_1) = 5\%, \quad P(B|A_2) = 4\%, \quad P(B|A_3) = 2\%.$$

$$P(A_1|B) = \frac{P(A_1)P(B|A_1)}{P(B)} = \frac{P(A_1)P(B|A_1)}{P(A_1)P(B|A_1) + P(A_2)P(B|A_2) + P(A_3)P(B|A_3)}$$

$$= \frac{0.25 \times 0.05}{0.25 \times 0.05 + 0.35 \times 0.04 + 0.4 \times 0.02} \approx 0.362.$$

习题 7.3

1. 已知 $P(A) = \dfrac{1}{5}, P(B|A) = \dfrac{1}{3}, P(A|B) = \dfrac{1}{2}$，求 $P(A+B)$.

2. 口袋里有 10 个球，其中 4 个白球，6 个黑球，不放回地先后两次从中任取一球，求：(1)两次取到的均为黑球的概率；(2)第一次取白球，第二次取黑球的概率；(3)第二次取白球的概率；(4)在第一次取黑球的情况下，第二次还是取黑球的概率.

3. 在 $1,2,\cdots,100$ 中任取一个数，求它既能被 2 整除又能被 5 整除的概率？它能被 2 整除或能被 5 整除的概率是多少？

4. 有一批灯泡可以使用 80 小时以上的概率为 0.8，可以使用 100 小时以上的概率为 0.7，现在有一只灯泡已经使用了 80 小时，求它还能继续使用 20 小时的概率.

5. 一批产品中有 4% 的次品，而合格品中一等品占 45%. 从这批产品中任取一件，求该产品是一等品的概率.

6. 盒子里有 8 个乒乓球，其中有 6 个新球，2 个旧球，第一次比赛时从中任取 2 个球，比赛后放回，第二次比赛时再从盒子任取 2 个球，求第二次取出的 2 个球都是新球的概率.

7. 有三个盒子，其中甲盒中装有 2 支红笔和 4 支蓝笔；乙盒中装有 4 支红笔和 2 支蓝笔；丙盒中装有 3 支红笔和 3 支蓝笔；现从中任取一支笔，假设从三个盒子中取物的机会相等，求：(1)取到的是红笔的概率；(2)若已知取到的是红笔，求它是从甲盒中取出的概率.

7.4 事件的相互独立性

7.4.1 独立事件

一般情况下，$P(B) \neq P(B|A)$，即事件 A 发生与否对事件 B 的概率是有影响的. 但在许多实际问题中，也会遇到一个事件发生与否对另一个事件的发生没有影响，反之亦然，此时

$$P(B) = P(B|A), P(A) = P(A|B)$$

由乘法公式可得，$P(AB) = P(A)P(B|A) = P(A)P(B)$

这时在概率论中称事件 A 与事件 B 是相互独立的.

定义 7.7 若事件 A 与事件 B 满足

$$P(A) = P(A|B) \text{ 且 } P(B) = P(B|A) \tag{7.8}$$

则称事件 A 与事件 B 是相互独立的.

事件的独立性

定理 7.1 事件 A 与事件 B 相互独立的充分必要条件是

$$P(AB) = P(A)P(B)$$

定理 7.2 若事件 A 与事件 B 相互独立，则 A 与 $\bar{B}$，$\bar{A}$ 与 B，$\bar{A}$ 与 $\bar{B}$ 也相互独立．

例 1 两门炮同时向敌机射击一次，甲门炮击中敌机的概率为 0.7，乙门炮击中敌机的概率为 0.8，求敌机被击中的概率．

解： 设 $A=\{$甲门炮击中敌机$\}$，$B=\{$乙门炮击中敌机$\}$，$C=\{$敌机被击中$\}$

则 $C = A + B$

$$P(C) = P(A+B) = P(A) + P(B) - P(AB)$$

由于甲、乙两门炮相互不影响，因而 A,B 是相互独立的，$P(AB) = P(A)P(B)$

所以 $P(C) = P(A) + P(B) - P(AB) = 0.7 + 0.8 - 0.7 \times 0.8 = 0.94$．

定义 7.8 设 A,B,C 为三个事件，若满足

$$P(AB) = P(A)P(B), P(AC) = P(A)P(C)$$

$$P(BC) = P(B)P(C), P(ABC) = P(A)P(B)P(C) \tag{7.9}$$

则称事件 A,B,C 相互独立．

例 2 盒子中有 6 个黑球、4 个白球，从中有放回地摸球．求：(1)第一次摸到黑球的条件下，第二次摸到黑球的概率；(2)摸到的两个球颜色相同的概率；(3)第二次摸到黑球的概率；(4)摸到的两个球至少有一个是黑球的概率．

解： 设 $A=\{$第一次摸到黑球$\}$，$B=\{$第二次摸到黑球$\}$

(1) $P(B|A) = \dfrac{6}{10} = 0.6$．

(2) 两个球颜色相同，有两种情况，$AB + \bar{A}\bar{B}$ 表示"摸到两个颜色相同的球"

$$P(AB + \bar{A}\bar{B}) = P(AB) + P(\bar{A}\bar{B})$$

$$= P(A)P(B) + P(\bar{A})P(\bar{B}) = \frac{6}{10} \times \frac{6}{10} + \frac{4}{10} \times \frac{4}{10} = \frac{13}{25}.$$

(3) 第二次摸到黑球，第一次既可以是白球，也可以是黑球

$$P(B) = P[B(A+\bar{A})] = P(A)P(B|A) + P(\bar{A})P(B|\bar{A})$$

$$= \frac{6}{10} \times \frac{6}{10} + \frac{4}{10} \times \frac{6}{10} = 0.6.$$

(4) 至少有一个黑球，用 $A + B$ 表示

$$P(A+B) = P(A) + P(B) - P(AB)$$

$$= \frac{6}{10} + \frac{6}{10} - \frac{6}{10} \times \frac{6}{10} = \frac{21}{25}.$$

7.4.2 伯努利概型

如果随机试验只有两种可能的结果：事件 A 发生或事件 A 不发生，则称这样的试验为**伯努利试验**．

定义 7.9 将某一试验重复进行 n 次，这 n 次试验满足以下条件：

(1) 每次试验的条件相同，结果只有两个，事件 A 发生或事件 A 不发生，且 $P(A) = p, P(\bar{A}) = 1 - p$．

(2) 每次试验的结果之间相互独立．称这样的 n 次重复试验为 n 重伯努利试验，或简称伯努利概型．

定理 7.3 设在 n 重伯努利试验中，事件 A 发生的概率为 $p\,(0<p<1)$，则在 n 次试验中事件 A 发生 k 次的概率为

$$P_n(k) = C_n^k p^k (1-p)^{n-k} \qquad (k=0,1,2,\cdots,n)$$

例 3 设某人打靶，命中率为 0.7，重复射击 5 次，求恰好命中 3 次的概率．

解： 该试验为 5 重伯努利试验，且

$n=5, p=0.7, k=3$，所求概率为

$P(A) = C_5^3 \times 0.7^3 \times 0.3^2 = 0.3087$．

例 4 一批种子的发芽率为 80%，试问每穴至少播种几粒种子，才能保证 99% 以上的穴不空苗．

解： "穴不空苗" 即为 "至少有一颗种子发芽"．

假设播种 n 粒种子，设 A 表示 "种子发芽"，B 表示 "不空穴"，则依题意可得

$$P(B) = \sum_{k=1}^{n} C_n^k \times 0.8^k \times 0.2^{n-k} \geqslant 0.99 .$$

即 $\quad P(B) = 1 - P(\overline{B}) = 1 - C_n^0 \times 0.8^0 \times 0.2^n \geqslant 0.99$

$1 - 0.2^n \geqslant 0.99 \qquad$ 即 $\quad 0.2^n \leqslant 0.01$

解得 $\quad n \geqslant \dfrac{\ln 0.01}{\ln 0.2} = 2.8614$

所以，每个穴中宜种 3 粒种子．

习题 7.4

1. 加工一个零件一共需要经过三道工序，设三道工序的不合格品率分别是 3%,4%,5%，假定各道工序是互不影响的，求加工出来的零件的不合格品率．

2. 某车间有甲、乙两台机床独立工作，甲机床停机的概率为 0.1，乙机床停机的概率为 0.3，求甲、乙两机床至少有一台停机的概率．

3. 甲乙二人向同一目标射击，甲击中目标的概率为 0.6，乙击中目标的概率为 0.5．试计算：(1)两人都击中目标的概率；(2)恰有一人击中目标的概率；(3)目标被击中的概率？

4. 某高射炮击中飞机的概率为 0.6，现在若干高射炮同时发射，求欲以 99% 的把握击中一架飞机，至少要架设多少高射炮？

5. 一批产品中有 20% 的不合格品，现在进行重复抽样检查，共抽查 5 件样品，求这 5 件中至多有 3 件不合格品的概率？

7.5 随机变量与分布函数

7.5.1 随机变量的定义

随机变量与分布函数

在研究随机事件时，试验的每一种可能的结果可以用一个数来表示，它随着试验结果

的不同而变化，即把随机试验的结果与实数对应起来．

(1) 掷一颗骰子，可能出现的点数为 $1,2,3,4,5,6$ 中的一个，如果用 X 表示出现的点数，则 "$X = i$" 就表示随机事件 $A_i = \{$出现的点数是$i\}$．

(2) 一天内某电话总机台被呼叫的次数用 Y 表示．则 "$Y = n$"（$n = 1, 2, 3, \cdots$）表示随机事件 $A_n = \{$总机被呼叫的次数为$n\}$．

(3) 某公共汽车站每 5 分钟发一辆车，用 W 表示一位乘客等车的时间，他等车的时间取值是在闭区间 $[0,5]$ 内的任意实数，$W = \{0 \leqslant X \leqslant 5\}$．

(4) 抛一枚硬币，规定 "$X = 1$" 表示 "正面朝上"；"$X = 0$" 表示 "反面朝上"．

以上例子表明，随机试验的结果都可以用一个实数来表示，它是样本点的函数，这个函数就是我们引入的随机变量．

定义 7.10　设试验的样本空间是 Ω，如果对于每一个样本点 $\omega \in \Omega$，都有一个实数值 $X(\omega)$ 和它相对应，则称实数值 $X(\omega)$ 为**随机变量**，简称 X．随机变量常用大写字母 $X, Y, Z, \cdots$ 来表示．

引入随机变量可以把随机事件数字化，这样可以避免 "10 件产品中至少有 1 件不合格品" "掷一枚骰子出现点数为 6" 等文字叙述，更重要的是可以直接运用数学工具来研究概率问题．

例 1　用随机变量表示下列事件．

(1) 在 10 件同类型产品中，有 8 件合格品，2 件不合格品，现从中任取 2 件，用 X 表示 "取到不合格品的数目"．

(2) 如在掷骰子试验中，用 X 表示出现偶数点和点数小于 4．

(3) 用 X 表示某人接听电话的时间超过 3 分钟．

解：(1) 随机变量 X 只能在 $0, 1, 2$ 这三个数字中取值，

$\{X = 0\}, \{X = 1\}, \{X = 2\}$．

(2) "出现偶数点" 可表示为 $\{X = 2\} \bigcup \{X = 4\} \bigcup \{X = 6\}$．

"出现的点数小于 4" 可表示为 $\{X < 4\}$ 或 $\{X \leqslant 3\}$．

(3) 随机变量 X 的样本空间为 $(0, +\infty)$．

$\{X > 3\}$ 表示接听电话的时间超过 3 分钟．

7.5.2　随机变量的分类

根据随机变量的取值，可以分为以下两种类型．

(1) **离散型随机变量**：如果随机变量可能取的值是有限个或可数无穷多个，则称 X 为离散型随机变量．

(2) **连续型随机变量**：如果随机变量的可能取值不能一一列举出来，则称 X 为连续型随机变量．

1. 离散型随机变量的概率分布

定义 7.11　设离散型随机变量 X 的所有可能取值为 $X_i (i = 1, 2, \cdots)$

$$P\{X = x_k\} = p_k \quad (k = 1, 2, \cdots)$$

称该式为离散型随机变量 X 的**概率分布**或**分布律**，也称**概率函数**．常用表格形式来表

示，称为概率分布表，如表 7-3 所示.

表 7-3

X	x_1	x_2	$\cdots$	x_k	$\cdots$
P	p_1	p_2	$\cdots$	p_k	$\cdots$

离散型随机变量的分布列满足以下性质.

(1) $0 \leqslant p_k \leqslant 1, k = 1, 2, \cdots, n$；　　　　(2) $\sum\limits_{k=1}^{n} p_k = 1$.

例 2　同例 1，在 10 件同类型产品中，有 8 件合格品，2 件不合格品，现从中任取 2 件，写出取到不合格品数 X 的分布列，并求出 $P(X \geqslant 1)$ 和 $P(X \leqslant 2)$.

解：　X 的可能取值为 $\{X = 0\}, \{X = 1\}, \{X = 2\}$

$$P\{X = 0\} = \frac{C_8^2}{C_{10}^2} = \frac{28}{45}; \qquad P\{X = 1\} = \frac{C_8^1 C_2^1}{C_{10}^2} = \frac{16}{45};$$

$$P\{X = 2\} = \frac{C_2^2}{C_{10}^2} = \frac{1}{45}.$$

所以 X 的分布列可写成

X	0	1	2
P	$\dfrac{28}{45}$	$\dfrac{16}{45}$	$\dfrac{1}{45}$

$$P(X \geqslant 1) = P(X = 1) + P(X = 2) = \frac{17}{45}.$$

$$P(X \leqslant 2) = P(X = 0) + P(X = 1) + P(X = 2) = \frac{28}{45} + \frac{16}{45} + \frac{1}{45} = 1.$$

2. 连续型随机变量的概率分布

定义 7.12　设随机变量 X，如果存在非负可积函数 $f(x)$ $(-\infty < x < +\infty)$，使得对于任意实数 $a \leqslant b$，有 $P\{a \leqslant X \leqslant b\} = \int_a^b f(x)\mathrm{d}x$

则称 X 为连续型随机变量，$f(x)$ 为 X 的概率密度函数，简称概率密度或分布函数.

由定义可知，概率密度有如下性质.

(1) 非负性：$f(x) \geqslant 0$　$(-\infty < x < +\infty)$，密度曲线 $f(x)$ 在 x 轴上方.

(2) 规范性：$\int_{-\infty}^{+\infty} f(x)\mathrm{d}x = 1$.

可以认为密度函数 $f(x)$ 在 x 轴上方与 x 轴围成的图形面积为 1，当概率为 $P(a < x < b)$ 时，即连续型随机变量 X 取值落在开区间 (a, b) 上的定积分. 它表示密度函数 $f(x)$ 与 $x = a, x = b$ 以及 x 轴所围成的曲边梯形的面积（见图 7-3）.

(3) $P\{X = a\} = \int_a^a f(x)\mathrm{d}x = 0$. 即连续型随机变量在任一指定点的概率必为零，这样 $P\{a < X \leqslant b\} = P\{a \leqslant X < b\} = P\{a \leqslant X \leqslant b\} = P\{a < X < b\}$.

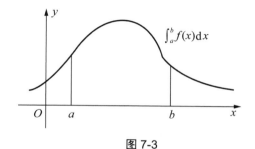

图 7-3

例 3　设随机变量 X 的概率密度为

$$f(x) = \begin{cases} A(x - x^2), & 1 < x < 2 \\ 0, & \text{其他} \end{cases}$$

试求：(1) 系数 A ；(2) X 落在开区间 $(1, 1.5)$ 上的概率.

解： (1)　由性质(2)可知，

$$\int_{-\infty}^{+\infty} f(x)\mathrm{d}x = \int_1^2 A(x - x^2)\mathrm{d}x = A\left(\frac{1}{2}x^2 - \frac{1}{3}x^3 \right)\Big|_1^2 = 1.$$

$$A = -\frac{6}{5}.$$

(2)　$P\{1 < x < 1.5\} = -\dfrac{6}{5}\displaystyle\int_1^{1.5}(x - x^2)\mathrm{d}x = -\dfrac{6}{5}\left(\dfrac{1}{2}x^2 - \dfrac{1}{3}x^3 \right)\Big|_1^{1.5} = \dfrac{1}{5}.$

7.5.3　分布函数的定义

定义 7.13　设 X 为随机变量，x 是任意实数，称函数
$$F(x) = P\{X \leqslant x\} \quad (-\infty < x < +\infty)$$
为随机变量 X 的分布函数.

对于离散型随机变量 X ，它的概率分布是 $P\{X = x_k\} = p_k, \quad (k = 1, 2, \cdots)$.

那么它的分布函数就是　$F(x) = P\{X \leqslant x\} = \displaystyle\sum_{x_i \leqslant x} p_i$.

对于连续型随机变量 X ，它的密度函数为 $f(x)$ ，那么它的分布函数就是

$$F(x) = P\{X \leqslant x\} = \int_{-\infty}^{x} f(t)\mathrm{d}t$$

说明：

(1) 若将 X 看作数轴上随机点的坐标，则分布函数 $F(x)$ 的值表示 X 落在区间 $(-\infty, x]$ 内的概率.

(2) 连续型随机变量，对任意实数 $x_1, x_2(x_1 < x_2)$ ，随机变量落在区间 $(x_1, x_2]$ 内的概率
$$P\{x_1 < X \leqslant x_2\} = P\{X \leqslant x_2\} - P\{X \leqslant x_1\} = F(x_2) - F(x_1).$$

(3) $P\{X > a\} = 1 - P\{X \leqslant a\} = 1 - F(a)$.

分布函数 $F(x)$ 的性质如下.

(1) $0 \leqslant F(x) \leqslant 1 \quad (-\infty < x < +\infty)$.

(2) $F(x)$ 是单调不减函数，若 $x_1 < x_2$ ，则 $F(x_1) \leqslant F(x_2)$.

(3) $F(-\infty) = \lim\limits_{x \to -\infty} F(x) = 0$，$F(+\infty) = \lim\limits_{x \to +\infty} F(x) = 1$．

(4) $F(x)$ 右连续，即 $\lim\limits_{x \to x_0^+} F(x) = F(x_0)$．

(5) 若 $f(x)$ 在点 x 处连续，则 $F'(x) = f(x)$．

7.5.4　分布函数的计算

例 4　设离散型随机变量 X 的分布律为

X	0	1	2	3
P	0.1	0.3	0.2	0.4

求分布函数 $F(x)$．

解：当 $x < 0$ 时，$F(x) = P\{X < x\} = P(\varPhi) = 0$．

当 $0 \leqslant x < 1$ 时，$F(x) = P\{X < x\} = P\{X = 0\} = 0.1$．

当 $1 \leqslant x < 2$ 时，$F(x) = P\{X < x\} = P\{X = 0\} + P\{X = 1\} = 0.4$．

当 $2 \leqslant x < 3$ 时，$F(x) = P\{X = 0\} + P\{X = 1\} + P\{X = 2\} = 0.6$．

当 $x \geqslant 3$ 时，$F(x) = P\{X = 0\} + P\{X = 1\} + P\{X = 2\} + P\{X = 3\} = 1$．

所以 X 的分布函数为

$$F(x) = \begin{cases} 0 & x < 0 \\ 0.1 & 0 \leqslant x < 1 \\ 0.4 & 1 \leqslant x < 2 \\ 0.6 & 2 \leqslant x < 3 \\ 1 & x \geqslant 3 \end{cases}.$$

例 5　设随机变量 X 的概率密度为 $f(x) = \begin{cases} \dfrac{1}{b-a} & a \leqslant x \leqslant b \\ 0 & \text{其他} \end{cases}$，求分布函数 $F(x)$．

解：当 $x < a$ 时，$f(x) = 0$，所以 $F(x) = 0$．

当 $a \leqslant x < b$ 时，$F(x) = \int_{-\infty}^{x} f(t)\mathrm{d}t = \int_{a}^{x} \dfrac{1}{b-a}\mathrm{d}t = \dfrac{x-a}{b-a}$．

当 $x \geqslant b$ 时，$F(x) = \int_{-\infty}^{x} f(t)\mathrm{d}t = \int_{-\infty}^{a} 0\mathrm{d}t + \int_{a}^{b} \dfrac{1}{b-a}\mathrm{d}t + \int_{b}^{x} 0\mathrm{d}t = 1$．

所以 X 的分布函数为 $F(x) = \begin{cases} 0, & x < a \\ \dfrac{x-a}{b-a}, & a \leqslant x < b \\ 1, & x \geqslant b \end{cases}$．

习题 7.5

1．设随机变量 X 的分布律为 $P\{X = k\} = \dfrac{k}{15}$，$k = 1,2,3,4,5$，求：

(1) $P\left\{\dfrac{1}{2}<X<\dfrac{7}{2}\right\}$；　　(2) $P\{1\leqslant X\leqslant 4\}$；　　(3) $P\{X>2\}$．

2．下列各表能否作为某个随机变量 X 的分布列？

(1)

X	1	3	5	7
P	0.1	0.3	0.5	0.4

(2)

X	0	1	2
P	0.25	0.35	0.4

3．口袋里装有10个球，其中4个白球，6个黑球，从中任取3个球，求取到白球的分布列．

4．一名射击运动员对某一目标进行射击，其一次命中目标的概率为0.8，如果连续射击直到命中目标为止，写出射击次数的分布列．

5．设随机变量 X 的分布函数为

$$F(x)=\begin{cases}0, & x<1\\[2mm] \dfrac{x}{2}, & 1\leqslant x<2\\[2mm] \dfrac{x-1}{3}, & 2\leqslant x<3\\[2mm] 1, & x\geqslant 3\end{cases},$$

求：(1) $P\{X<2\}$；　　(2) $P\{1\leqslant X<3\}$；　　(3) $P\left\{X>\dfrac{3}{2}\right\}$．

6．已知离散型随机变量 X 的概率分布为 $P\{X=1\}=0.3, P\{X=2\}=0.2, P\{X=3\}=0.5$．写出 X 的分布函数，并画出图形．

7.6　几种常见随机变量的分布函数

7.6.1　离散型随机变量的典型分布

1．两点分布

如果随机变量 X 只能取两个值，且其概率分布为

$$P\{X=A\}=p,\qquad P\{X=B\}=1-p\ (0<p<1)$$

则称随机变量 X 服从参数为 p 的两点分布．即

X	A	B
P	p	$1-p$

几种常见随机变量
的分布函数

当 $A=0$，$B=1$ 时，两点分布即为 $(0-1)$ 分布.

如果一个随机试验只有两个对立结果 A 和 $\overline{A}$，或者试验虽然有多个结果，但我们只考虑 A 是否发生，那么随机变量服从两点分布. 例如，抛掷硬币试验，检验产品的合格率等.

2．二项分布

若随机变量 X 的所有可能取值为 $0,1,2,\cdots,n$，其概率分布为

$$P\{X=k\}=C_n^k p^k q^{n-k} \quad (k=0,1,2,\cdots,n)$$

其中 $q=1-p(0<p<1)$，则称 X 服从参数为 n,p 的**二项分布**，记作 $X\sim B(n,p)$.

二项分布的特点是：事件 A 在每次试验中发生的可能结果只有两种，现把试验独立地重复进行 n 次，以 X 表示在这 n 次试验中事件 A 发生的次数.

例如，一名运动员多次射击命中目标的概率；一批种子能发芽的种子数；产品检验中抽到的次品数.

3．泊松(Poisson)分布

如果随机变量 X 的概率分布为

$$P\{X=k\}=\frac{\lambda^k}{k!}\mathrm{e}^{-\lambda}, \quad \lambda>0, \ k=0,1,2,\cdots,$$

则称 X 服从参数为 λ 的泊松分布，记为 $X\sim P(\lambda)$.

泊松分布主要应用于稠密度问题. 例如，某网站在一段时间内被访问的次数；某电话台在一定时间内收到用户的呼叫次数；在一定时间间隔内某放射性物体放射的粒子数；某车站的客流量；容器内的细菌数等.

例 1 已知某班级有 50 名学生，其中每名学生的生日在任何月份内都是等可能的，求该班级在 1 月份：(1)有两名学生过生日的概率？(2)至少有两名学生过生日的概率？

解：假设用 X 表示过生日的学生人数，显然它符合二项分布，即 $X\sim B\left(50,\dfrac{1}{12}\right)$

$$P\{X=k\}=C_n^k p^k (1-p)^{n-k}$$

(1) 有两名学生过生日，由题意

$$P\{X=2\}=C_{50}^2\left(\frac{1}{12}\right)^2\left(1-\frac{1}{12}\right)^{48}\approx 0.13.$$

(2) 至少有两名学生过生日，则

$$P(X\geqslant 2)=1-P(X=0)-P(X=1)$$
$$\approx 1-0.013-0.059=0.928.$$

例 2 一种流行性感冒发病的人数 X 服从泊松分布，且 $X\sim P(5)$.

求：(1) 有 5 人发病的概率？(2) 发病人数不超过 3 人的概率？

解：随机变量 X 服从参数为 $\lambda=5$ 的泊松分布

$$P\{X=k\}=\frac{5^k}{k!}\mathrm{e}^{-5}, \quad k=0,1,2,\cdots,$$

(1) $P\{X=5\}=\dfrac{5^k}{5!}\mathrm{e}^{-5}\approx 0.175.$

(2) $P\{X \leqslant 3\} = P\{X=0\} + P\{X=1\} + P\{X=2\} + P\{X=3\}$

$\approx 0.006738 + 0.03369 + 0.084224 + 0.140374$

≈ 0.265 .

4．二项分布的泊松近似

对于二项分布 $B(n, p)$ ，当试验次数 n 很大，概率 p 很小时，计算其概率相当麻烦，二项分布可以用泊松分布公式近似代替．

$$C_n^k p^k (1-p)^{n-k} \approx \frac{\lambda^k}{k!} \mathrm{e}^{-\lambda} \quad (\lambda = np)$$

例 3　设有一批产品的不合格品率为 0.02 ，如果购买 400 个这种产品，求至少有 2 个不合格品的概率？

解：设 X 表示 400 个产品中含有的不合格品数量，则 $X \sim B(400, 0.02)$

$P\{X \geqslant 2\} = 1 - P\{X=0\} - P\{X=1\}$

$= 1 - (0.98)^{400} - 400 \times 0.02 \times (0.98)^{399}$.

用泊松分布来近似计算

$$P\{X=k\} \approx \frac{\lambda^k}{k!} \mathrm{e}^{-\lambda}, \quad \lambda = np = 400 \times 0.02 = 8 .$$

$$P\{X \geqslant 2\} \approx 1 - \frac{8^0}{0!} \mathrm{e}^{-8} - \frac{8}{1} \mathrm{e}^{-8} \approx 0.997 .$$

7.6.2　连续型随机变量的典型分布

1．均匀分布

若连续型随机变量的概率密度为

$$f(x) = \begin{cases} \dfrac{1}{b-a}, & a < x < b \\ 0, & \text{其他} \end{cases}$$

则称 X 在开区间 (a, b) 上服从参数为 a, b 的均匀分布，记作 $X \sim U(a, b)$ ．

一般情况下，均匀分布适用于概率密度相等的连续型随机变量，如乘客等候公共汽车的时间；计算机编程中的随机数；小数点后第一位小数由于四舍五入引起的误差．

例 4　某路公共汽车每隔 8 分钟发一辆车，一乘客不知道汽车通过该站的时间，则他等候的时间 X (单位：分钟)是一个随机变量．求：①他等车的时间在 3~5 分钟内的概率；②他等车时间超过 5 分钟的概率．

解：因为随机变量 X 的密度函数为 $f(x) = \begin{cases} \dfrac{1}{8}, & 0 < x < 8 \\ 0, & \text{其他} \end{cases}$.

(1) $P\{3 < x < 5\} = \int_3^5 \frac{1}{8} \mathrm{d}x = \frac{1}{4}$.

(2) $P\{5 < x < 8\} = \int_5^8 \frac{1}{8} \mathrm{d}x = \frac{3}{8}$.

2．正态分布

若随机变量 X 的概率密度为

$$f(x) = \frac{1}{\sqrt{2\pi}\sigma} e^{-\frac{(x-\mu)^2}{2\sigma^2}} \quad (-\infty < x < +\infty)$$

其中 μ 和 σ 为常数，且 $\sigma > 0$ ，则称 X 服从参数为 μ 和 σ^2 的**正态分布**，记为 $X \sim N(\mu, \sigma^2)$ ，正态分布的概率密度曲线称为**正态分布曲线**(见图7-4).

正态分布曲线具有下列性质.

(1) 关于直线 $x = \mu$ 对称.

图 7-4

(2) 曲线在 $x = \mu$ 时达到最大值，为 $f(x) = \frac{1}{\sqrt{2\pi}\sigma}$.

(3) μ 是正态分布的中心，它确定曲线的位置．若固定 μ 而改变 σ 的值，则当 σ 越小，正态曲线越陡峭，X 落在 μ 附近的概率越大；反之 σ 越大，曲线越平缓，X 落在 μ 附近的概率就越小(见图7-5).

(4) 若固定 σ 而改变 μ 的值，则正态曲线沿着 x 轴平行移动，形状不变，即参数 μ 决定曲线的位置(见图7-6).

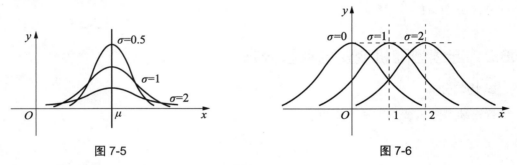

图 7-5   图 7-6

(5) 曲线在 $x = \mu \pm \sigma$ 处有拐点，且 x 轴是曲线的水平渐近线.

正态分布是连续型随机变量中最重要的一种分布，其应用非常广泛．例如，测量机械制造中的误差；各种职业的人群的合法收入；一群人中的身高、体重；农作物的产量；学生的考试成绩等都可以认为近似地服从正态分布．另外，它还可以产生许多其他统计学中的重要分支，如 χ^2 分布、t 分布、F 分布等.

当 $X \sim N(\mu, \sigma^2)$ 时，X 的分布函数为

$$F(x) = \frac{1}{\sqrt{2\pi}\sigma} \int_{-\infty}^{x} e^{-\frac{(t-\mu)^2}{2\sigma^2}} \, dt \quad (-\infty < x < +\infty)$$

在正态分布 $X \sim N(\mu, \sigma^2)$ 中，当 $\mu = 0, \sigma = 1$ 时，则称随机变量 X 服从**标准正态分布**，记作 $X \sim N(0,1)$ ．此时其概率密度函数为

$$\varphi(x) = \frac{1}{\sqrt{2\pi}} e^{-\frac{x^2}{2}} \quad (-\infty < x < +\infty)$$

图形关于 y 轴对称.

标准正态分布的概率计算如下.

（1）为了解决正态分布的计算问题，人们编制了标准正态分布函数值表，见本书附录，在正态分布函数值表中，可计算随机变量 X 在区间 $(-\infty, x]$ 上取值的概率．记作 $\Phi(x)$，即

$$\Phi(x) = P(X \leqslant x) = \int_{-\infty}^{x} \frac{1}{\sqrt{2\pi}} \mathrm{e}^{-\frac{t^2}{2}} \mathrm{d}t$$

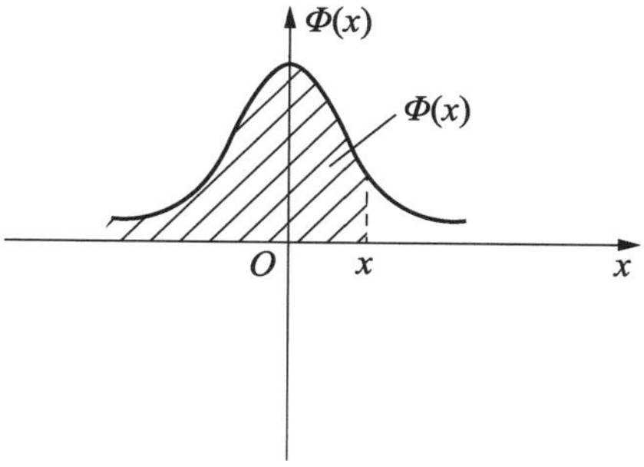

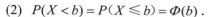

图 7-7

在标准正态分布表中只给出 $x > 0$ 的值，当 $x < 0$ 时，利用正态分布密度函数的对称性，不难得到 $\Phi(-x) = 1 - \Phi(x)$，如图 7-7 所示．

（2）$P(X < b) = P(X \leqslant b) = \Phi(b)$．

（3）随机变量 X 在闭区间 $[a, b]$ 上的概率为

$$P(a \leqslant X \leqslant b) = \int_{a}^{b} \frac{1}{\sqrt{2\pi}} \mathrm{e}^{-\frac{t^2}{2}} \mathrm{d}t = \int_{-\infty}^{b} \frac{1}{\sqrt{2\pi}} \mathrm{e}^{-\frac{t^2}{2}} \mathrm{d}t - \int_{-\infty}^{a} \frac{1}{\sqrt{2\pi}} \mathrm{e}^{-\frac{t^2}{2}} \mathrm{d}t = \Phi(b) - \Phi(a)$$

（4）$P(X \geqslant a) = 1 - \Phi(a)$．

例 5　设随机变量 $X \sim N(0,1)$，求：(1) $P(X < 1.5)$；(2) $P(2 < X < 3)$；(3) $P(X \leqslant -1)$；(4) $P(|X| < 1)$；(5) $P\{X \geqslant -0.5\}$．

解： 利用标准正态分布表求解．

(1) $P\{X < 1.5\} = \Phi(1.5) = 0.9332$．

(2) $P\{2 < x < 3\} = \Phi(3) - \Phi(2) = 0.9987 - 0.9772 = 0.0215$．

(3) $P(X \leqslant -1) = \Phi(-1) = 1 - \Phi(1) = 1 - 0.8413 = 0.1587$．

(4) $P\{|x| < 1\} = P\{-1 < x < 1\} = \Phi(1) - \Phi(-1) = 2\Phi(1) - 1 = 0.6826$．

(5) $P\{X \geqslant -0.5\} = 1 - \Phi(-0.5) = \Phi(0.5) = 0.6915$．

一般正态分布的标准化

若 $X \sim N(\mu, \sigma^2)$，则 $Y = \dfrac{X - \mu}{\sigma} \sim N(0,1)$，此时

(1) $P\{a < x \leqslant b\} = P\left\{ \dfrac{a-\mu}{\sigma} < Y \leqslant \dfrac{b-\mu}{\sigma} \right\} = \Phi\left(\dfrac{b-\mu}{\sigma} \right) - \Phi\left(\dfrac{a-\mu}{\sigma} \right)$．

(2) $P(X < b) = \Phi\left(\dfrac{b-\mu}{\sigma} \right)$．

(3) $P(X > a) = 1 - \Phi\left(\dfrac{a-\mu}{\sigma} \right)$．

例 6　设 $X \sim N(1,4)$，求：(1) $P\{1.5 < X < 2.5\}$；(2) $P\{X > 2\}$．

解：(1) $P\{1.5 < X < 2.5\} = \Phi\left(\dfrac{2.5-1}{2} \right) - \Phi\left(\dfrac{1.5-1}{2} \right)$

$$= \Phi(0.75) - \Phi(0.25) = 0.7734 - 0.5987 = 0.1747 .$$

(2) $p\{X > 2\} = 1 - P\{X \leqslant 2\} = 1 - \Phi\left(\dfrac{2-1}{2} \right) = 0.3085$．

例 7　全区进行期末统考，其中数学的考试成绩近似服从正态分布，平均成绩为 72 分，94 分以上的考生占考生总数的 2.3%，求考生成绩在 60～80 分的概率．

解: 设考生成绩为变量 X ，由题意 $X \sim N(72, \sigma^2)$

$$P\{X > 94\} = 1 - P\{X \leqslant 94\} = 1 - \varPhi\left(\frac{X-72}{\sigma}\right) = 1 - \varPhi\left(\frac{94-72}{\sigma}\right) = 0.023$$

所以 $\quad \varPhi\left(\dfrac{22}{\sigma}\right) = 0.977$ ，$\qquad \sigma = 11$ ，$\qquad$ 即 $X \sim N(72, 11^2)$.

$$P\{60 < x < 80\} = \varPhi\left(\frac{80-72}{11}\right) - \varPhi\left(\frac{60-72}{11}\right) \approx 0.629 .$$

3．指数分布

若随机变量 X 的概率密度为

$$f(x) = \begin{cases} \lambda \mathrm{e}^{-\lambda x}, & x > 0, \lambda > 0 \\ 0, & \text{其他} \end{cases}$$

则称 X 服从参数为 λ 的指数分布.

例 8 某电器元件的使用寿命服从参数为 $\lambda = 0.001$ 的指数分布，求该产品的使用寿命超过 3000 h 的概率.

解: 所求概率为 $P\{X > 3000\} = \int_{3000}^{+\infty} f(x)\mathrm{d}x$.

概率密度函数 $\quad f(x) = \begin{cases} 0.001\mathrm{e}^{-0.001x}, & x > 0 \\ 0, & x \leqslant 0 \end{cases}$.

所以 $\quad P\{X > 3000\} = \int_{3000}^{+\infty} 0.001\mathrm{e}^{-0.001x}\mathrm{d}x = \mathrm{e}^{-3} \approx 0.0498$.

习题 7.6

1．设 $X \sim N(0,1)$ ，求：(1) $P\{1 < X \leqslant 2\}$ ；(2) $P\{|X| < 1\}$ ；(3) $P(X \leqslant -1)$.

2．已知 $X \sim N(1,4)$ ，求：(1) $P\{|X-1| \leqslant 2\}$ ；(2) $P(0 < X < 1.6)$ ；(3) $P(X > 5)$.

3．已知100件产品中有10件不合格品，现从中有放回地抽取3次，每次取1件，求所取的3件产品中恰有2件不合格品的概率.

4．已知一批零件的尺寸与标准尺寸的误差为 $X \sim N(0, 2^2)$ ，如果误差不超过 2.5 mm就算合格，求这批零件的合格率？

5．设打一次电话所用的时间 X (单位：分钟)服从参数为 $\lambda = 0.1$ 的指数分布. 如果某人刚好在你前面走进电话亭，求你等待时间超过10分钟的概率.

7.7 随机变量的数字特征

掌握随机变量的概率分布是很重要的，但在实际问题中，有时很难求出随机变量的概率分布，只需知道随机变量的平均数和描述其取值分散程度的一些特征值即可. 例如，考查某地区的气候变化情况，我们只关心该地区气温的平均值和温度分布的离散程度；选拔运动员，我们只关心其成绩的稳定程度等. 描述随机变量的平均值和随机变量与平均值偏离程度的量，就是我们这节要讨论的随机变量的数字特征：数学期望和方差.

7.7.1　数学期望

随机变量的数字
特征

1. 离散型随机变量的数学期望

引例　设随机变量 X 的分布列为

X	100	200	300
P	0.01	0.05	0.94

求出随机变量 X 的取值的"平均"大小.

解法 1：算术平均数：$(100+200+300)\div 3=200$，但 200 不能真正体现取值的平均大小，因为 X 取 $100,200$ 与 300 的机会是不同的.

解法 2：加权平均数：$100\times 0.01+200\times 0.05+300\times 0.94=293$．它既考虑到 X 的不同取值，又考虑到这些取值所占的概率.

定义 7.14　设离散型随机变量 X 的概率分布列为

X	x_1	x_2	$\cdots$	x_k	$\cdots$
$P\{X=x_k\}$	p_1	p_2	$\cdots$	p_k	$\cdots$

则称和式 $\sum\limits_{k=1}^{\infty}x_k p_k$ 为随机变量 X 的**数学期望**或**均值**，记作 $E(X)$．

例如引例中随机变量 X 的数学期望是

$E(X)=100\times 0.01+200\times 0.05+300\times 0.94=293$．

它才真正体现了随机变量 X 的取值的"平均"，为此我们也称它为 X 的**均值**.

例 1　设随机变量 X 的概率分布为

X	0	1	2
P	0.4	0.3	0.3

求 $E(X)$，$E(X^2)$，$E(2X+1)$．

解：$E(X)=0\times 0.4+1\times 0.3+2\times 0.3=0.9$．

$E(X^2)=0\times 0.4+1^2\times 0.3+2^2\times 0.3=1.5$．

$E(2X+1)=1\times 0.4+3\times 0.3+5\times 0.3=2.8$．

2. 连续型随机变量的数学期望

定义 7.15　设连续型随机变量 X 的概率密度为 $f(x)$，如果广义积分 $\int_{-\infty}^{+\infty}xf(x)\mathrm{d}x$ 收敛，则称该积分为连续型随机变量 X 的**数学期望**或**均值**，记作 $E(X)$，即

$$E(X)=\int_{-\infty}^{+\infty}xf(x)\mathrm{d}x$$

例 2　设随机变量 X 服从指数分布

$$f(x)=\begin{cases}\lambda \mathrm{e}^{-\lambda x}, & x>0,\lambda>0\\ 0, & \text{其他}\end{cases}$$

求数学期望 $E(X)$.

解： $E(X) = \int_{-\infty}^{+\infty} xf(x)\mathrm{d}x = \int_{0}^{+\infty} \lambda x\mathrm{e}^{-\lambda x}\mathrm{d}x = \int_{0}^{+\infty} x\mathrm{d}(-\mathrm{e}^{-\lambda x})$

$\qquad = -x\mathrm{e}^{-\lambda x}\Big|_{0}^{+\infty} + \int_{0}^{+\infty} \mathrm{e}^{-\lambda x}\mathrm{d}x = \int_{0}^{+\infty} \mathrm{e}^{-\lambda x}\mathrm{d}x$

$\qquad = -\dfrac{1}{\lambda}\mathrm{e}^{-\lambda x}\Big|_{0}^{+\infty} = \dfrac{1}{\lambda}$.

3. 数学期望的性质

性质 1　若 C 是常数，则 $E(C) = C$.

性质 2　$E(X+C) = E(X) + C$（C 为常数）.

性质 3　$E(kX+b) = kE(X) + b$.

性质 4　$E(X+Y) = E(X) + E(Y)$.

7.7.2　方差

数学期望描述了随机变量取值的平均值，它是随机变量的重要数字特征. 但仅仅知道均值是不够的，我们还需要知道随机变量取值在均值周围的波动情况.

例如：抽查两个班级的经济数学的学习情况，从两个班级各抽出 5 名同学，他们的考试成绩(单位：分)如下：

甲班：88，90，75，92，90　　　　乙班：100，65，78，94，98

不难看出，虽然两个班 5 名同学的平均分都是 87 分，但甲班的成绩较为稳定；而乙班的成绩波动较大，故甲班的成绩要好些. 这个例子说明在实际问题中，我们还需要知道随机变量的取值与数学期望的偏离程度.

定义 7.16　设 X 为随机变量，如果 $E[X - E(X)]^2$ 存在，则称它为 X 的**方差**，记作 $D(X)$ ，即 $D(X) = E[X - E(X)]^2$.

其中方差的算术平方根 $\sqrt{D(X)}$ 称为**标准差**或**均方差**. 不难看出，方差和标准差越大，分布越分散.

(1) 离散型随机变量的方差：$D(X) = \sum\limits_{k}[x_k - E(X)]^2 p_k$

(2) 连续型随机变量的方差：$D(X) = \int_{-\infty}^{+\infty}[x - E(X)]^2 p(x)\mathrm{d}x$

(3) 计算方差常用公式：$D(X) = E(X^2) - [E(X)]^2$

(4) 方差的性质如下.

性质 1　$D(C) = 0$　（C 为常数）.

性质 2　$D(kX) = k^2 D(X)$.

性质 3　$D(kX+b) = k^2 D(X)$.

性质 4　若 X,Y 相互独立，则 $D(X+Y) = D(X) + D(Y)$.

7.7.3 几个重要的随机变量的数学期望和方差

1. 两点分布

对于两点分布，其分布律为 $P\{X=1\}=p$，$P\{X=0\}=1-p$，其数学期望和方差分别是：
$$E(X)=p，\quad D(X)=p(1-p)$$

2. 二项分布

对于二项分布 $X \sim B(n,p)$，其数学期望和方差分别是：
$$E(X)=np，\quad D(X)=np(1-p)$$

3. 泊松分布

对于泊松分布 $X \sim P(\lambda)$，其数学期望和方差分别是：
$$E(X)=\lambda，\quad D(X)=\lambda$$

4. 均匀分布

对于均匀分布 $X \sim U(a,b)$，其数学期望和方差分别为
$$E(X)=\frac{a+b}{2}，\quad D(X)=\frac{(b-a)^2}{12}$$

5. 正态分布

对于正态分布 $X \sim N(\mu,\sigma^2)$，其数学期望和方差分别为
$$E(X)=\mu，\quad D(X)=\sigma^2$$

6. 指数分布

若 X 服从参数为 λ 的指数分布，其数学期望和方差分别为
$$E(X)=\frac{1}{\lambda}，\quad D(X)=\frac{1}{\lambda^2}$$

例 3 盒中有 5 个球，其中有 3 个红球，2 个黑球，从中任取 2 个球，求取得红球数 X 的数学期望和方差.

解：红球数 X 的可能取值为 $0,1,2$

其中 $P(X=0)=\dfrac{C_2^2}{C_5^2}=\dfrac{1}{10}$，$\quad P(X=1)=\dfrac{C_3^1 \cdot C_2^1}{C_5^2}=\dfrac{6}{10}$，

$P(X=2)=\dfrac{C_3^2}{C_5^2}=\dfrac{3}{10}$.

分布列如下：

X	0	1	2
P	$\dfrac{1}{10}$	$\dfrac{6}{10}$	$\dfrac{3}{10}$

数学期望：$E(X) = 0 \times \dfrac{1}{10} + 1 \times \dfrac{6}{10} + 2 \times \dfrac{3}{10} = \dfrac{6}{5}$.

方差：$D(X) = \left(0 - \dfrac{6}{5}\right)^2 \times \dfrac{1}{10} + \left(1 - \dfrac{6}{5}\right)^2 \times \dfrac{6}{10} + \left(2 - \dfrac{6}{5}\right)^2 \times \dfrac{3}{10} = \dfrac{9}{25}$.

例 4　某金融机构设立了两种理财产品，其风险与回报如下，问投资者为了减少投资风险，选择哪种理财产品更好？

经营状况	概　率	A 产品回报率	B 产品回报率
盈利	0.4	80%	20%
持平	0.3	15%	15%
亏损	0.3	−50%	30%

解：A 产品的回报率期望为

$E(A) = 0.4 \times 0.8 + 0.3 \times 0.15 - 0.3 \times 0.5 = 0.215$.

B 产品的回报率期望为

$E(B) = 0.4 \times 0.2 + 0.3 \times 0.15 + 0.3 \times 0.3 = 0.215$.

A 产品的方差为

$D(A) = (0.4 - 0.215)^2 \times 0.8 + (0.3 - 0.215)^2 \times 0.15 - (0.3 - 0.215)^2 \times 0.5 \approx 0.025$.

B 产品的方差为

$D(B) = (0.4 - 0.215)^2 \times 0.2 + (0.3 - 0.215)^2 \times 0.15 + (0.3 - 0.215)^2 \times 0.3$

　　　≈ 0.01.

在回报率的期望相同的条件下，B 产品的方差小，选择 B 产品理财更好.

习题 7.7

1. 甲、乙两人进行射击比赛，所得成绩分别记为 X, Y，它们的分布列为

X	8	9	10
P	0.7	0.2	0.1

Y	8	9	10
P	0.2	0.6	0.2

试评判甲、乙两人的成绩谁更好？

2. 已知一批玉米种子的发芽率为 75%，播种时每穴种三粒，求每穴发芽种子粒数的数学期望、方差.

3. 设随机变量 X 的概率密度为 $f(x) = \begin{cases} 1+x & -1 \leqslant x \leqslant 0 \\ 1-x & 0 < x < 1 \\ 0 & 其他 \end{cases}$，求 $E(X), D(X)$.

4. 一批零件有 9 件合格品，3 件不合格品，先从这批零件中任取 1 件，如果取出的是不合格品就不再放回去，求在取得合格品以前取得不合格品数的数学期望.

本 章 小 结

本章主要内容及学习要点

本章主要介绍了随机事件和随机变量两个重要概念. 在随机事件概念中, 讨论了事件之间的关系及运算, 学习了概率的性质和概率的加法、乘法公式, 介绍了古典概型、条件概率、独立事件、全概率公式与贝叶斯公式. 在随机变量概念中, 学习了离散型随机变量和连续型随机变量的概率分布、分布函数、常见的随机变量的分布及随机变量的数字特征——期望和方差.

1．概率计算公式

(1) 加法公式:

$$P(A + B) = P(A) + P(B) - P(AB) \quad (A, B为任意事件)$$
$$P(A + B) = P(A) + P(B) \quad (A, B为互不相容事件)$$

推广形式:
$$P(A + B + C) = P(A) + P(B) + P(C) - P(AB) - P(AC) - P(BC) + P(ABC)$$

(2) 乘法公式:

$$P(AB) = P(A)P(B|A) = P(B)P(A|B) \quad (A, B为任意事件)$$
$$P(AB) = P(A)P(B) \quad (A, B相互独立)$$

(3) 全概率公式:

$$P(B) = \sum_{i=1}^{n} P(A_i)P(B|A_i)$$

其中 $A_1, A_2, \cdots, A_n$ 构成完备事件组.

(4) 贝叶斯公式(逆概率公式):

$$P(A_i|B) = \frac{P(A_i)P(B|A_i)}{\sum_{j=1}^{n} P(A_j)P(B|A_j)} \quad (i = 1, 2, \cdots, n)$$

2．随机变量的分布函数

对于离散型随机变量 X 的每个可能值的概率为 $p_k = P\{X = x_k\}$，其分布函数为

$$F(x) = P\{X \leqslant x\} = \sum_{x_i \leqslant x} p_i$$

连续型随机变量 X 的概率为 $P(a < X < b) = \int_a^b f(x)\mathrm{d}x$，其分布函数为

$$F(x) = P\{X < x\} = \int_{-\infty}^{x} f(t)\mathrm{d}t$$

分布函数就是对概率分布或概率密度的"累计".

3．掌握常见的六个分布函数的期望和方差

4．掌握正态分布函数的计算公式

自　测　题

一、填空题

1. 设事件 A,B 为互斥事件，且 $P(A)=0.3,P(\bar{B})=0.4$，则 $P(A+B)=$ _____.

2. 某人在一次射击中射中 10 环、8 环、7 环的概率分别为 0.26, 0.2, 0.3，则命中不足 7 环的概率为_____.

3. 若 $P(A)=\dfrac{1}{2}$，$P(B|A)=\dfrac{2}{3}$，$P(A|B)=\dfrac{3}{4}$，则 $P(B)=$ _____.

4. 某射击手击中目标的概率为 0.8，射击 5 次，恰好有 2 次命中目标的概率为_____.

5. 设随机变量 X 的分布列为

X	4	5	6
P	$\dfrac{1}{4}$	$\dfrac{1}{2}$	$\dfrac{1}{4}$

则 $E(X)=$ _____，$D(X)=$ _____.

6. 若 $X\sim N(2,16)$，则它通过变量代换_____，使得 $Y\sim N(0,1)$.

7. 设随机变量 $X\sim N(0,1)$，$Y=2X+1$，则 Y 服从_____.

8. 若随机变量 X 的概率密度函数为 $f(x)=\begin{cases} a\cos x, & -\dfrac{\pi}{2}<x<\dfrac{\pi}{2} \\ 0, & \text{其他} \end{cases}$，则 $a=$ _____.

9. 设随机变量 $Y=2X+2$，如果 $E(X)=2$，则 $E(Y)=$ _____.

10. 设 $X\sim N(2,0.25)$，则 $E(2X+3)=$ _____，$D(2X+3)=$ _____.

二、综合计算题

1. 在一批产品中抽取 3 件进行检验，设 A_i 表示第 i 件是合格品（$i=1,2,3$），用 A_1,A_2,A_3 表示下列事件.

(1) 只有第 1 件是合格品.

(2) 至少有 1 件是合格品.

(3) 没有 1 件是合格品.

(4) 至少有 2 件是合格品.

2. 设 $P(A)=0.3,P(B)=0.4,P(A|B)=0.32$，求：(1) $P(AB)$；(2) $P(A\cup B)$；(3) $P(\overline{AB})$；(4) $P(\overline{A}\overline{B})$.

3. 从一副 52 张的扑克牌中不重复地任取 3 张，求至少有 2 张花色相同的概率.

4. 有一批零件 100 个，不合格品有 10 个，从这批零件中不放回地任取 2 个，求第二次才取到合格品的概率.

5. 甲、乙、丙三部机器独立地工作，由一人照管，在某段时间内，它们不需要照管的概率分别为 0.9, 0.8, 0.75，求在这段时间内，至少有一台机器不需要人照管的概率.

6. 一只股票在未来一段时期内价格的变化受许多因素的影响，比如利率的变化.

假设人们估计未来一段时间内利率下调的概率为 70%，利率不变的概率为 30%. 在利率下调的情况下，该只股票价格上涨的概率为 80%；在利率不变的情况下，该只股票价格上涨的概率为 25%，求该只股票价格会上涨的概率.

7. 某工厂生产某种元件的不合格品率为 2%，现从该厂产品中重复抽取样品检验 10 件，问恰好有 2 件不合格品的概率？

8. 某型号的日光灯使用 1000 小时以上不损坏的概率为 0.2，现有 4 只该种型号的日光灯，求在使用 1000 小时后，最多有一只损坏的概率？

9. 现有 10 件商品，其中有 2 件不合格品，从中任取 3 件，用随机变量 X 表示取出的不合格品数量，写出 X 的分布列，并求出 $P(X \geqslant 1)$ 和 $P(X \leqslant 2)$.

10. 设离散型随机变量 X 的分布函数为

$$F(x) = \begin{cases} 0, & x < -1 \\ 0.4, & -1 \leqslant x < 1 \\ 0.6, & 1 \leqslant x < 2 \\ 1, & x \geqslant 2 \end{cases}$$

求：(1) X 的概率分布；(2) $P\{X < 2\}$.

11. 设随机变量 X 的分布律为

X	0	1	2
P	0.4	0.3	0.3

求：$E(X), D(X), E(X^2), E(3X + 2)$.

12. 设随机变量 X 的概率密度为 $f(x) = \begin{cases} Ax(1-x), & 0 \leqslant x \leqslant 1 \\ 0, & \text{其他} \end{cases}$

求：(1) 常数 A；(2) $E(X), D(X)$.

13. 设连续型随机变量 X 的分布函数为

$$F(X) = \begin{cases} 0 & x \leqslant 0 \\ x^3 & 0 < x \leqslant 1 \\ 1 & x > 1 \end{cases}$$

求：(1) $P\{0.2 < x < 0.8\}$；(2) X 的概率密度函数.

14. 设 $X \sim N(3, 4)$，求：(1) $P\{2 < X \leqslant 5\}$；(2) $P\{-2 < X < 7\}$.

15. 甲、乙两人在同样的条件下，每天生产同样数量的同种产品，已知甲、乙两人每天出不合格品的件数分别为 X, Y，试评定两人的技术高低.

X	0	1	2	3
P	0.3	0.3	0.2	0.2

Y	0	1	2	3
P	0.1	0.5	0.4	0

 拓展阅读——概率论的产生和发展　→

附　　录

附录一　标准正态分布函数值表

$$\Phi(x) = \frac{1}{\sqrt{2\pi}} \int_{-\infty}^{x} e^{-\frac{t^2}{2}} dt$$

x	0.00	0.01	0.02	0.03	0.04	0.05	0.06	0.07	0.08	0.09
0.0	0.5000	0.5040	0.5080	0.5120	0.5160	0.5199	0.5239	0.5279	0.5319	0.5359
0.1	0.5398	0.5438	0.5478	0.5517	0.5557	0.5596	0.5636	0.5675	0.5714	0.5735
0.2	0.5739	0.5832	0.5871	0.5910	0.5948	0.5987	0.6026	0.6064	0.6103	0.6141
0.3	0.6179	0.6217	0.6255	0.6293	0.6331	0.6368	0.6406	0.6443	0.6480	0.6517
0.4	0.6554	0.6591	0.6628	0.6664	0.6700	0.6736	0.6772	0.6808	0.6844	0.6879
0.5	0.6915	0.6950	0.6985	0.7019	0.7054	0.7088	0.7123	0.7157	0.7190	0.7224
0.6	0.7257	0.7291	0.7324	0.7357	0.7389	0.7422	0.7454	0.7486	0.7517	0.7549
0.7	0.7580	0.7611	0.7642	0.7673	0.7704	0.7734	0.7764	0.7794	0.7823	0.7852
0.8	0.7881	0.7910	0.7939	0.7967	0.7995	0.8023	0.8051	0.8078	0.8106	0.8133
0.9	0.8159	0.8186	0.8212	0.8238	0.8264	0.8289	0.8315	0.8340	0.8365	0.8389
1.0	0.8413	0.8438	0.8461	0.8485	0.8506	0.8531	0.8554	0.8577	0.8599	0.8621
1.1	0.8643	0.8665	0.8686	0.8708	0.8729	0.8749	0.8770	0.8790	0.8810	0.8830
1.2	0.8849	0.8869	0.8888	0.8907	0.8925	0.8944	0.8962	0.8980	0.8997	0.9015
1.3	0.9032	0.9049	0.9066	0.9082	0.9099	0.9115	0.9131	0.9147	0.9162	0.9177
1.4	0.9192	0.9207	0.9222	0.9236	0.9251	0.9265	0.9279	0.9292	0.9306	0.9319
1.5	0.9332	0.9345	0.9357	0.9370	0.9382	0.9394	0.9406	0.9418	0.9429	0.9441
1.6	0.9452	0.9463	0.9474	0.9484	0.9495	0.9505	0.9515	0.9525	0.9535	0.9545
1.7	0.9554	0.9564	0.9573	0.9582	0.9591	0.9599	0.9608	0.9616	0.9625	0.9633
1.8	0.9641	0.9649	0.9656	0.9664	0.9671	0.9678	0.9686	0.9693	0.9699	0.9706
1.9	0.9713	0.9719	0.9726	0.9732	0.9738	0.9744	0.9750	0.9756	0.9761	0.9767
2.0	0.9772	0.9778	0.9783	0.9788	0.9793	0.9798	0.9803	0.9808	0.9812	0.9817
2.1	0.9821	0.9826	0.9830	0.9834	0.9838	0.9842	0.9846	0.9850	0.9854	0.9857
2.2	0.9861	0.9864	0.9868	0.9871	0.9875	0.9878	0.9881	0.9884	0.9887	0.9890
2.3	0.9893	0.9896	0.9898	0.9901	0.9904	0.9906	0.9909	0.9911	0.9913	0.9916
2.4	0.9918	0.9920	0.9922	0.9925	0.9927	0.9929	0.9931	0.9932	0.9934	0.9936
2.5	0.9938	0.9940	0.9941	0.9943	0.9945	0.9946	0.9948	0.9949	0.9951	0.9952
2.6	0.9953	0.9955	0.9956	0.9957	0.9959	0.9960	0.9961	0.9962	0.9963	0.9964
2.7	0.9965	0.9966	0.9967	0.9968	0.9969	0.9970	0.9971	0.9972	0.9973	0.9974
2.8	0.9974	0.9975	0.9976	0.9977	0.9977	0.9978	0.9979	0.9979	0.9980	0.9981
2.9	0.9981	0.9982	0.9982	0.9983	0.9984	0.9984	0.9985	0.9985	0.9986	0.9986
3.0	0.9987	0.9987	0.9987	0.9988	0.9988	0.9989	0.9989	0.9989	0.9990	0.9990
3.1	0.9990	0.9991	0.9991	0.9991	0.9992	0.9992	0.9992	0.9992	0.9993	0.9993
3.2	0.9993	0.9993	0.9994	0.9994	0.9994	0.9994	0.9994	0.9995	0.9995	0.9995

附录二　泊松分布表

$$P(X=k)=\frac{\lambda^{k}\mathrm{e}^{-k}}{k!}(\lambda>0)$$

k \ λ	0.1	0.2	0.3	0.4	0.5	0.6	0.7	0.8	0.9	1.0	1.5	2.0	2.5	3.0
0	0.9048	0.8187	0.7408	0.6703	0.6065	0.5488	0.4966	0.4493	0.4066	0.3679	0.2231	0.1353	0.0821	0.0498
1	0.9953	0.9825	0.9631	0.9384	0.9098	0.8781	0.8442	0.8088	0.7725	0.7358	0.5578	0.4060	0.2873	0.1991
2	0.9998	0.9989	0.9964	0.9921	0.9856	0.9769	0.9659	0.9526	0.9371	0.9197	0.8088	0.6767	0.5438	0.4232
3	1.0000	0.9999	0.9997	0.9992	0.9982	0.9966	0.9942	0.9909	0.9865	0.9810	0.9344	0.8571	0.7576	0.6472
4		1.0000	1.0000	0.9999	0.9998	0.9996	0.9992	0.9986	0.9977	0.9963	0.9814	0.9473	0.8912	0.8153
5				1.0000	1.0000	1.0000	0.9999	0.9998	0.9997	0.9994	0.9955	0.9834	0.9580	0.9161
6							1.0000	1.0000	1.0000	0.9999	0.9991	0.9955	0.9858	0.9665
7										1.0000	0.9998	0.9989	0.9958	0.9881
8											1.0000	0.9998	0.9989	0.9962
9												1.0000	0.9997	0.9989
10													0.9999	0.9997
11													1.0000	0.9999
12														1.0000

k \ λ	3.5	4.0	4.5	5.0	5.5	6.0	6.5	7.0	7.5	8.0	8.5	9.0	9.5	10.0
0	0.0302	0.0183	0.0111	0.0067	0.0041	0.0025	0.0015	0.0009	0.0006	0.0003	0.0002	0.0001	0.0001	0.0000
1	0.1359	0.0916	0.0611	0.0404	0.0266	0.0174	0.0113	0.0073	0.0047	0.0030	0.0019	0.0012	0.0008	0.0005
2	0.3208	0.2381	0.1736	0.1247	0.0884	0.0620	0.0430	0.0296	0.0203	0.0138	0.0093	0.0062	0.0042	0.0028
3	0.5366	0.4335	0.3423	0.2650	0.2017	0.1512	0.1118	0.0818	0.0591	0.0424	0.0301	0.0212	0.0149	0.0103
4	0.7254	0.6288	0.5321	0.4405	0.3575	0.2851	0.2237	0.1730	0.1321	0.0996	0.0744	0.0550	0.0403	0.0293
5	0.8576	0.7851	0.7029	0.6160	0.5289	0.4457	0.3690	0.3007	0.2414	0.1912	0.1496	0.1157	0.0885	0.0671
6	0.9347	0.8893	0.8311	0.7622	0.6860	0.6063	0.5265	0.4497	0.3782	0.3134	0.2562	0.2068	0.1649	0.1301
7	0.9733	0.9489	0.9134	0.8666	0.8095	0.7440	0.6728	0.5987	0.5246	0.4530	0.3856	0.3239	0.2687	0.2202
8	0.9901	0.9786	0.9597	0.9319	0.8944	0.8472	0.7916	0.7291	0.6620	0.5925	0.5231	0.4557	0.3918	0.3328
9	0.9967	0.9919	0.9829	0.9682	0.9462	0.9161	0.8774	0.8305	0.7764	0.7166	0.6530	0.5874	0.5218	0.4579
10	0.9990	0.9972	0.9933	0.9863	0.9747	0.9574	0.9332	0.9015	0.8622	0.8159	0.7634	0.7060	0.6453	0.5830
11	0.9997	0.9991	0.9976	0.9945	0.9890	0.9799	0.9661	0.9467	0.9208	0.8881	0.8487	0.8030	0.7520	0.6968
12	0.9999	0.9997	0.9992	0.9980	0.9955	0.9912	0.9840	0.9730	0.9573	0.9362	0.9091	0.8758	0.8364	0.7916
13	1.0000	0.9999	0.9997	0.9993	0.9983	0.9964	0.9929	0.9872	0.9784	0.9658	0.9486	0.9261	0.8981	0.8645
14		1.0000	0.9999	0.9998	0.9994	0.9986	0.9970	0.9943	0.9897	0.9827	0.9726	0.9585	0.9400	0.9165
15			1.0000	0.9999	0.9998	0.9995	0.9988	0.9976	0.9954	0.9918	0.9862	0.9780	0.9665	0.9513
16				1.0000	0.9999	0.9998	0.9996	0.9990	0.9980	0.9963	0.9934	0.9889	0.9823	0.9730
17					1.0000	0.9999	0.9998	0.9996	0.9992	0.9984	0.9970	0.9947	0.9911	0.9857
18						1.0000	0.9999	0.9999	0.9997	0.9993	0.9987	0.9976	0.9957	0.9928
19							1.0000	1.0000	0.9999	0.9997	0.9995	0.9989	0.9980	0.9965
20									1.0000	0.9999	0.9998	0.9996	0.9991	0.9984
21										1.0000	0.9999	0.9998	0.9996	0.9993
22											1.0000	0.9999	0.9999	0.9997
23												1.0000	0.9999	0.9999

附录三　简易积分表

1. 有理函数积分表

(1) $\int (ax+b)^n \, dx = \dfrac{(ax+b)^{n+1}}{a(n+1)} + C \quad (n \neq -1)$.

(2) $\int \dfrac{dx}{ax+b} = \dfrac{1}{a}\ln|ax+b| + C$.

(3) $\int x(ax+b)^n \, dx = \dfrac{(ax+b)^{n+2}}{a^2(n+2)} - \dfrac{b(ax+b)^{n+1}}{a^2(n+1)} + C$
$(n \neq -1, -2)$.

(4) $\int \dfrac{x\,dx}{ax+b} = \dfrac{x}{a} - \dfrac{b}{a^2}\ln|ax+b| + C$.

(5) $\int \dfrac{x\,dx}{(ax+b)^2} = \dfrac{b}{a^2(ax+b)} + \dfrac{1}{a^2}\ln|ax+b| + C$.

(6) $\int \dfrac{x^2\,dx}{ax+b} = \dfrac{1}{a^3}\left[\dfrac{1}{2}(ax+b)^2 - 2b(ax+b) + b^2\ln|ax+b|\right] + C$.

(7) $\int \dfrac{dx}{x(ax+b)} = -\dfrac{1}{b}\ln\left|\dfrac{ax+b}{x}\right| + C$.

(8) $\int \dfrac{dx}{x^2(ax+b)} = -\dfrac{1}{bx} + \dfrac{a}{b^2}\ln\left|\dfrac{ax+b}{x}\right| + C$.

(9) $\int \dfrac{dx}{(x^2+a^2)^n} = \dfrac{x}{2(n-1)a^2(x^2+a^2)^{n-1}} + \dfrac{2n-3}{2(n-1)a^2}\int \dfrac{dx}{(x^2+a^2)^{n-1}}$.

(10) $\int \dfrac{dx}{x^2-a^2} = \dfrac{1}{2a}\ln\left|\dfrac{x-a}{x+a}\right| + C$.

2. 无理函数积分表

(11) $\int \sqrt{a^2-x^2}\,dx = \dfrac{1}{2}\left(x\sqrt{a^2-x^2} + a^2\arcsin\dfrac{x}{a}\right) + C \quad (|x|\leqslant a)$.

(12) $\int x^2\sqrt{a^2-x^2}\,dx = \dfrac{x}{8}(2x^2-a^2)\sqrt{a^2-x^2} + \dfrac{a^4}{8}\arcsin\dfrac{x}{a} + C \quad (|x|\leqslant a)$.

(13) $\int \dfrac{dx}{\sqrt{a^2-x^2}} = \arcsin\dfrac{x}{a} + C \quad (|x|\leqslant a)$.

(14) $\int \dfrac{x^2\,dx}{\sqrt{a^2-x^2}} = -\dfrac{x}{2}\sqrt{a^2-x^2} + \dfrac{a^2}{2}\arcsin\dfrac{x}{a} + C \quad (|x|\leqslant a)$.

(15) $\int \sqrt{a^2+x^2}\,dx = \dfrac{1}{2}\left[x\sqrt{a^2+x^2} + a^2\ln(x+\sqrt{a^2+x^2})\right] + C$.

(16) $\int x\sqrt{a^2+x^2}\,dx = \dfrac{1}{3}(a^2+x^2)^{3/2} + C$.

(17) $\int \dfrac{\sqrt{a^2+x^2}}{x}\mathrm{d}x = \sqrt{a^2+x^2} - a\ln\left|\dfrac{a+\sqrt{a^2+x^2}}{x}\right| + C.$

(18) $\int \dfrac{\mathrm{d}x}{\sqrt{x^2+a^2}} = \ln\left(x+\sqrt{x^2+a^2}\right) + C.$

(19) $\int \dfrac{x\,\mathrm{d}x}{\sqrt{x^2+a^2}} = \sqrt{x^2+a^2} + C.$

(20) $\int \dfrac{x^2\,\mathrm{d}x}{\sqrt{x^2+a^2}} = \dfrac{x}{2}\sqrt{x^2+a^2} - \dfrac{a^2}{2}\ln\left(x+\sqrt{x^2+a^2}\right) + C.$

(21) $\int \dfrac{\mathrm{d}x}{x\sqrt{x^2+a^2}} = -\dfrac{1}{a}\ln\left|\dfrac{a+\sqrt{x^2+a^2}}{x}\right| + C.$

(22) $\int \dfrac{\mathrm{d}x}{x^2\sqrt{x^2+a^2}} = -\dfrac{\sqrt{x^2+a^2}}{a^2 x} + C.$

(23) $\int \sqrt{x^2-a^2}\,\mathrm{d}x = \dfrac{1}{2}\left[x\sqrt{x^2-a^2} - a^2\ln\left|x+\sqrt{x^2-a^2}\right|\right] + C.$

(24) $\int x\sqrt{x^2-a^2}\,\mathrm{d}x = \dfrac{1}{3}(x^2-a^2)^{3/2} + C \quad (|x|\geqslant a).$

(25) $\int \dfrac{\sqrt{x^2-a^2}}{x}\mathrm{d}x = \sqrt{x^2-a^2} - a\cdot\arccos\dfrac{a}{x} + C \quad (|x|\geqslant a).$

(26) $\int \dfrac{\mathrm{d}x}{\sqrt{x^2-a^2}} = \ln|x+\sqrt{x^2-a^2}| + C \quad (|x|>a).$

(27) $\int \dfrac{x\,\mathrm{d}x}{\sqrt{x^2-a^2}} = \sqrt{x^2-a^2} + C \quad (|x|>a).$

(28) $\int \dfrac{x^2\,\mathrm{d}x}{\sqrt{x^2-a^2}} = \dfrac{1}{2}\left[x\sqrt{x^2-a^2} + a^2\ln|x+\sqrt{x^2-a^2}|\right] + C \quad (|x|>a).$

3. 三角函数类积分表

(29) $\int \sin ax\,\mathrm{d}x = -\dfrac{1}{a}\cos ax + C.$

(30) $\int \sin^n ax\,\mathrm{d}x = -\dfrac{\sin^{n-1}ax\cdot\cos ax}{na} + \dfrac{n-1}{n}\int \sin^{n-2}ax\,\mathrm{d}x \quad (n>0).$

(31) $\int x\sin ax\,\mathrm{d}x = \dfrac{\sin ax}{a^2} - \dfrac{x\cos ax}{a} + C.$

(32) $\int x^n\sin ax\,\mathrm{d}x = -\dfrac{x^n}{a}\cos ax + \dfrac{n}{a}\int x^{n-1}\cos ax\,\mathrm{d}x \quad (n>0).$

(33) $\int \dfrac{\mathrm{d}x}{\sin ax} = \dfrac{1}{a}\ln\left|\tan\dfrac{ax}{2}\right| + C.$

(34) $\int \dfrac{\mathrm{d}x}{1+\sin ax} = \dfrac{1}{a}\tan\left(\dfrac{ax}{2} - \dfrac{\pi}{4}\right) + C.$

(35) $\int \dfrac{\mathrm{d}x}{1-\sin ax} = \dfrac{1}{a}\tan\left(\dfrac{ax}{2} + \dfrac{\pi}{4}\right) + C.$

(36) $\int \cos ax\,\mathrm{d}x = \dfrac{1}{a}\sin ax + C.$

(37) $\displaystyle\int \cos^n ax\,\mathrm{d}x = \frac{\cos^{n-1}ax \cdot \sin ax}{na} + \frac{n-1}{n}\int \cos^{n-2}ax\,\mathrm{d}x \quad (n>0).$

(38) $\displaystyle\int x\cos ax\,\mathrm{d}x = \frac{\cos ax}{a^2} + \frac{x\sin ax}{a} + C.$

(39) $\displaystyle\int x^n\cos ax\,\mathrm{d}x = \frac{x^n\sin ax}{a} - \frac{n}{a}\int x^{n-1}\sin ax\,\mathrm{d}x \quad (n>0).$

(40) $\displaystyle\int \frac{\mathrm{d}x}{\cos ax} = \frac{1}{a}\ln\left|\tan\left(\frac{ax}{2}+\frac{\pi}{4}\right)\right| + C.$

(41) $\displaystyle\int \frac{\mathrm{d}x}{1+\cos ax} = \frac{1}{a}\tan\frac{ax}{2} + C.$

(42) $\displaystyle\int \frac{\mathrm{d}x}{1-\cos ax} = -\frac{1}{a}\cot\frac{ax}{2} + C.$

(43) $\displaystyle\int \sin ax\cos ax\,\mathrm{d}x = \frac{1}{2a}\sin^2 ax + C.$

(44) $\displaystyle\int \sin^n ax\cdot\cos ax\,\mathrm{d}x = \frac{1}{a(n+1)}\sin^{n+1}ax + C.$

(45) $\displaystyle\int \sin ax\cdot\cos^n ax\,\mathrm{d}x = \frac{-1}{a(n+1)}\cos^{n+1}ax + C.$

(46) $\displaystyle\int \frac{\mathrm{d}x}{\sin ax\cdot\cos ax} = \frac{1}{a}\ln|\tan ax| + C.$

(47) $\displaystyle\int \frac{\sin ax}{\cos^n ax}\,\mathrm{d}x = \frac{1}{a(n-1)\cos^{n-1}ax} + C \ (n\neq 1).$

(48) $\displaystyle\int \frac{\mathrm{d}x}{\tan ax+1} = \frac{x}{2} + \frac{1}{2a}\ln|\sin ax+\cos ax| + C.$

(49) $\displaystyle\int \frac{\mathrm{d}x}{\tan ax-1} = -\frac{x}{2} - \frac{1}{2a}\ln|\sin ax-\cos ax| + C.$

4. 指数函数积分表

(50) $\displaystyle\int e^{ax}\,\mathrm{d}x = \frac{1}{a}e^{ax} + C.$

(51) $\displaystyle\int x^n e^{ax}\,\mathrm{d}x = \frac{1}{a}x^n e^{ax} - \frac{n}{a}\int x^{n-1}e^{ax}\,\mathrm{d}x.$

(52) $\displaystyle\int e^{ax}\cdot\sin bx\,\mathrm{d}x = \frac{e^{ax}}{a^2+b^2}[a\sin bx - b\cos bx] + C.$

(53) $\displaystyle\int e^{ax}\cdot\cos bx\,\mathrm{d}x = \frac{e^{ax}}{a^2+b^2}[a\cos bx + b\sin bx] + C.$

(54) $\displaystyle\int e^{ax}\sin^n x\,\mathrm{d}x = \frac{e^{ax}\sin^{n-1}x}{a^2+n^2}(a\sin x - n\cos x) + \frac{n(n-1)}{a^2+n^2}\int e^{ax}\sin^{n-2}x\,\mathrm{d}x.$

(55) $\displaystyle\int e^{ax}\cos^n x\,\mathrm{d}x = \frac{e^{ax}\cos^{n-1}x}{a^2+n^2}(a\cos x + n\sin x) + \frac{n(n-1)}{a^2+n^2}\int e^{ax}\cos^{n-2}x\,\mathrm{d}x.$

5. 对数函数积分表

(56) $\displaystyle\int \ln^n x\,\mathrm{d}x = x\ln^n x - n\int \ln^{n-1}x\,\mathrm{d}x \quad (n\in\mathbf{N}).$

$(57)\ \displaystyle\int x^m\ln^n x\,\mathrm{d}x=\frac{x^{m+1}\ln^n x}{m+1}-\frac{n}{m+1}\int x^m\ln^{n-1}x\,\mathrm{d}x\quad(m\neq-1,n\in\mathbf{N}).$

$(58)\ \displaystyle\int\frac{\ln^n x}{x}\,\mathrm{d}x=\frac{1}{n+1}\ln^{n+1}x+C\quad(n\neq-1).$

$(59)\ \displaystyle\int\frac{\ln^n x}{x^m}\,\mathrm{d}x=-\frac{\ln^n x}{(m-1)x^{m-1}}+\frac{n}{m-1}\int\frac{\ln^{n-1}x}{x^m}\,\mathrm{d}x\quad(m\neq1,n\in\mathbf{N}).$

$(60)\ \displaystyle\int\frac{1}{x\ln x}\,\mathrm{d}x=\ln|\ln x|+C\quad(x\neq1).$

$(61)\ \displaystyle\int\frac{\mathrm{d}x}{x(\ln x)^n}=-\frac{1}{(n-1)\ln^{n-1}x}+C\quad(n\neq1,x\neq1).$

$(62)\ \displaystyle\int\sin(\ln x)\,\mathrm{d}x=\frac{x}{2}[\sin(\ln x)]-\cos(\ln x)+C.$

$(63)\ \displaystyle\int\cos(\ln x)\,\mathrm{d}x=\frac{x}{2}[\sin(\ln x)+\cos(\ln x)]+C.$

6.反三角函数积分表

$(64)\ \displaystyle\int\arcsin\frac{x}{a}\,\mathrm{d}x=x\arcsin\frac{x}{a}+\sqrt{a^2-x^2}+C.$

$(65)\ \displaystyle\int x\arcsin\frac{x}{a}\,\mathrm{d}x=\left(\frac{x^2}{2}-\frac{a^2}{4}\right)\arcsin\frac{x}{a}+\frac{x}{4}\sqrt{a^2-x^2}+C.$

$(66)\ \displaystyle\int\arccos\frac{x}{a}\,\mathrm{d}x=x\arccos\frac{x}{a}-\sqrt{a^2-x^2}+C.$

$(67)\ \displaystyle\int x\arccos\frac{x}{a}\,\mathrm{d}x=\left(\frac{x^2}{2}-\frac{a^2}{4}\right)\arccos\frac{x}{a}-\frac{x}{4}\sqrt{a^2-x^2}+C.$

$(68)\ \displaystyle\int\arctan\frac{x}{a}\,\mathrm{d}x=x\arctan\frac{x}{a}-\frac{a}{2}\ln(a^2+x^2)+C.$

$(69)\ \displaystyle\int x\arctan\frac{x}{a}\,\mathrm{d}x=\frac{1}{2}(a^2+x^2)\arctan\frac{x}{a}-\frac{ax}{2}+C.$

$(70)\ \displaystyle\int x^n\arctan\frac{x}{a}\,\mathrm{d}x=\frac{x^{n+1}}{n+1}\arctan\frac{x}{a}-\frac{a}{n+1}\int\frac{x^{n+1}}{a^2+x^2}\,\mathrm{d}x\quad(n\neq1).$

$(71)\ \displaystyle\int\operatorname{arccot}\frac{x}{a}\,\mathrm{d}x=x\operatorname{arccot}\frac{x}{a}+\frac{a}{2}\ln(a^2+x^2)+C.$

$(72)\ \displaystyle\int x\operatorname{arccot}\frac{x}{a}\,\mathrm{d}x=\frac{1}{2}(a^2+x^2)\operatorname{arccot}\frac{x}{a}+\frac{ax}{2}+C.$

$(73)\ \displaystyle\int x^n\operatorname{arccot}\frac{x}{a}\,\mathrm{d}x=\frac{x^{n+1}}{n+1}\operatorname{arccot}\frac{x}{a}+\frac{a}{n+1}\int\frac{x^{n+1}}{a^2+x^2}\,\mathrm{d}x\quad(n\neq-1).$

参 考 文 献

[1]郭欣红. 经济数学[M]. 2版. 北京：清华大学出版社，2018.

[2]陈燕燕，崔新兰，郭欣红. 经济数学应用教程[M]. 北京：高等教育出版社，2019.

[3]陈笑缘. 经济数学[M]. 2版. 北京：高等教育出版社，2014.

[4]同济大学数学系. 高等数学[M]. 上册. 北京：人民邮电出版社，2016.

[5]刘忠东，罗贤强，黄旋，等. 高等数学[M]. 重庆：重庆大学出版社，2015.

[6]沈建根. 经济数学[M]. 北京：经济科学出版社，2007.

[7]盛祥耀. 高等数学[M]. 北京：高等教育出版社，2008.

[8]钱椿林. 线性代数[M]. 北京：高等教育出版社，2010.

[9]吴赣昌. 概率论与数理统计[M]. 北京：中国人民大学出版社，2017.

[10]吴素敏. 经济数学[M]. 北京：高等教育出版社，2007.

[11]李心灿. 高等数学[M]. 北京：高等教育出版社，2008.

[12]顾静相. 经济数学基础[M]. 3版. 北京：高等教育出版社，2008.

[13]王金金，李广民. 高等数学[M]. 北京：清华大学出版社，2007.

[14]冯翠莲. 经济应用数学[M]. 3版. 北京：高等教育出版社，2019.

[15]比尔·伯林霍夫，费尔南多·辜维亚. 这才是好读的数学史[M]. 北京：北京时代华文书局，2019.

[16]李文林. 数学史概论[M]. 3版. 北京：高等教育出版社，2010.